Das Erbe von Atlantis

Die geheimen Vermächtnisse einer längst vergangenen Kultur

von Roland M. Horn

Weitere Bücher des Autoren:

Erinnerungen an Atlantis - Unsere geheime Vergangenheit, Edgar Cayce und die Suche nach unseren Ursprüngen, Bohmeier Verlag 1998
Sie kamen aus der Zukunft – Das Geheimnis der alten Propheten, Bohmeier Verlag 1999

© **1. Auflage, Copyright 2001 by Bohmeier Verlag, Germany-23564 Lübeck, Hüxtertorallee 37, Tel.: +49 (0) 451-74993 - Fax: +49 (0) 451-74996, Aktuelle Informationen über unsere Internet-Homepage:** www.magick-pur.de

© **Covererstellung Joe A. Davis**

© **Die Fotos im Bildteil sind alle von Klaus Horn.**

Gesamtherstellung: Bohmeier Verlag, Printed in Germany

ISBN 3-89094-344-6

Das Erbe von Atlantis

Die geheimen Vermächtnisse einer längst vergangenen Kultur

von Roland M. Horn

Danksagung

Mein herzlichster Dank gilt dem Bestseller-Autor Walter Jörg Langbein, der sofort bereit war, ein Vorwort für dieses Buch zu verfassen. Weiter möchte ich meinem Bruder Klaus Horn danken, der mir spontan eine große Menge an Bildmaterial zur Verfügung stellte. Mario Ringmann sei gedankt für seine Rolle bei der Vermittlung des Manuskripts.

Ich danke meiner Verlegerin Johanna Bohmeier, und nicht zuletzt gebührt mein Dank dem Mann, ohne den wir über unsere Vorfahren vermutlich niemals etwas erfahren hätten: Dem großen Philosophen Plato.

4. Januar 2001
Roland M. Horn

Inhaltsverzeichnis

Vorwort

Offen gestanden, als ich hörte, dass es ein weiteres Buch zum Thema Atlantis geben solle, da dachte ich resignierend: und noch ein überflüssiges Opus über den geheimnisvollen Kontinent. Gewiss würde sich das Bibelwort, wonach es nichts Neues unter der Sonne gibt, bewahrheiten. Sicherlich würde da wieder ein Schreiberling unhaltbare Hirngespinste absondern, Fantastereien unter dem Schlagwort „Atlantis" verkaufen, die nicht das Mindeste mit dem Atlantis-Text aus der Feder Platos zu tun haben würden.

Dann aber hörte ich den Namen des Verfassers: Roland M. Horn. Ich schätze den engagierten, gründlich recherchierenden Forscher und Autor sehr. Ich kenne seine Arbeit und weiß daher, wie sachlich, fundiert und seriös er sich mit dem „Himmelsphänomen" auseinander setzt. Dabei geht er mit der nötigen Skepsis, die ich bei vielen „gläubigen UFO-logen" vermisse, ans Werk. Er hebt sich wohltuend von jenen Spinnern ab, die jedes Glühwürmchen am nächtlichen Himmel zu einem außerirdischen Flugvehikel machen. Er unterscheidet sich aber auch von jenen militanten Erzskeptikern, die selbst ein außerirdisches „Raumschiff Enterprise", sollte es gar einmal im heimischen Garten landen, zum Partyballon erklären.

Als ich also hörte, dass Roland M. Horn sich mit Atlantis auseinander setzen würde, konnte ich es gar nicht erwarten, sein Manuskript vorab lesen zu dürfen. Dieses Privileg wurde mir zuteil. Gern war ich dazu bereit, ein Vorwort zu schreiben.

Da ich mit eigenen Manuskriptarbeiten arg unter Zeitdruck stand, wollte ich zunächst das Horn'sche Opus nur durchblättern, es diagonal lesen, um rasch einen Überblick gewinnen zu können. Um ein Vorwort verfassen zu können, würde das reichen müssen. Später einmal würde ich mir die gedruckte Fassung zu Gemüte führen. Es kam aber anders. Am frühen Abend nahm ich mir *Das Erbe von Atlantis* vor – und es wurde Mitternacht, dann graute der Morgen und schließlich wurde es Tag. Ich las und las. Ich konnte, auch wenn ich gewollt hätte, *Das Erbe von Atlantis* nicht aus der Hand legen, bevor ich es von der ersten bis zur letzten Seite genossen hatte.

Es ist überzeugend geschrieben, unglaublich informativ und spannend. Kurz gesagt, es ist so, wie ich mir ein gutes Sachbuch wünsche.

Viele Bücher wurden über Atlantis geschrieben. Aber die meisten haben einen gravierenden Fehler: Sie haben absolut gar nichts mit dem zu tun, was Plato schreibt. Da lobe ich mir Roland M. Horn. Ich kann sein Werk jedem Zeitgenossen, der sich für die Erforschung der Vergangenheit des Menschen interessiert, nur wärmstens empfehlen. Roland M. Horns Werk ist voll gepackt mit Informationen, so dass es eigentlich unmöglich ist, auf alle wichtigen Themen, die er abhandelt, hinzuweisen. Selbst lesen macht hier nicht nur schlau, sondern bietet echten Lesegenuss.

Roland M. Horn macht deutlich, dass vom „zentralen" Atlantis aus ein weltumspannendes Imperium aufgebaut wurde. Wo lagen seine Grenzen? Das Atlantis-Imperium beeinflusste die frühen Hochkulturen der Sumerer und Ägypter. Das Wissen der Dogon, deren „Sirius-Kenntnisse" uns an der Schwelle zum dritten Jahrtausend immer noch in Erstaunen versetzen, geht auf uralte, vorägyptische Quellen zurück: auf Atlantis. Auch die Großen Pyramiden und die Riesensphinx sind noch viel geheimnisvoller, als es uns die Schulwissenschaft glauben lassen möchte. Sie verweisen uns auf vorsintflutliche Zeiten: auf Atlantis.

Wo lagen die Grenzen des Atlantis-Imperiums? War Atlantis überhaupt real? Oder verlassen wir uns zu sehr auf letztlich unglaubwürdige Geschichten und Märchen? Sah die Welt vor der Sintflut ganz anders aus, als uns das in der Schule beigebracht wurde? Waren Atlantis und seine Kolonien technisch unserer heutigen Zivilisation ebenbürtig oder gar überlegen?

Und wie ging Atlantis zu Grunde? Roland M. Horn beschreibt eine gewaltige Katastrophe, die sich einst, vor Jahrtausenden, ereignet haben muss, die das Bild von unserem Heimatplaneten in schier unvorstellbarer Weise veränderte. Ein weltweiter Kataklysmus fand statt – daran kann es keinen Zweifel geben. Das lässt sich an Hand von konkreten Spuren, die Roland M. Horn kenntnisreich beschreibt, nachweisen. So wurden die Pole verlagert, die Westantarktis wurde vereist, die Antarktis hat sich gesenkt, die südamerikanischen Anden wurden hoch gestemmt, die Hafenstadt Tiahuanaco wurde überflutet und mit den Anden 4000 Meter angehoben. Die Überlebenden begannen ihren Irrweg durch den amerikanischen Kontinent, bis sie sich schließlich in Mexiko niederließen. Wir kennen sie unter dem Namen Olmeken.

Die Guanchen waren Glieder des atlantischen Imperiums, lebten einst nahe an der Kerninsel...

Rätsel über Rätsel hat unser Planet zu bieten. Fragen über Fragen drängen sich uns auf. Gewiss, in der herkömmlichen Wissenschaft gibt es einzelne Antworten auf einzelne Fragen. Sie lassen sich aber schwerlich oder gar nicht in Einklang miteinander bringen. Liest man aber *Das Erbe von Atlantis* von Roland M. Horn, dann wird auf verblüffende Art und Weise deutlich, dass sich erstaunlich viele Geheimnisse als einzelne Bestandteile in das Bild von der Geschichte unseres Planeten einfügen lassen wie einzelne Steinchen in ein schillerndes Mosaik. Gewiss, für sich genommen mutet manche Überlegung Horns spekulativ an. Im Gesamtkontext betrachtet aber leuchten seine Überlegungen ein.

Lesen Sie *Das Erbe von Atlantis* und Sie werden erkennen, dass die Geschichte unseres Planeten umgeschrieben werden muss. Erkennen Sie, dass Erinnerungen an eine höchst reale Vergangenheit Eingang gefunden haben in den Glaubenswelten und Theologien rund um den Globus (zum Beispiel bietet Horn eine verblüffende, aber wirklich nachvollziehbare Erklärung dafür, wie der Teufel zur Schlange wurde und zur Erde kam).

Lesen Sie *Das Erbe von Atlantis*! Es wird sich lohnen. Folgen Sie dem Autor, der Sie durch die Jahrtausende führt – vom einstigen Atlantis-Imperium bis hin zur möglichen apokalyptischen Zukunft. Schmökern Sie, staunen Sie. Es lohnt sich, das Werk Horns von der ersten bis zur letzten Seite aufmerksam zu lesen. Highlights gibt es viele, einige möchte ich nennen: „Artefakte aus der Azorengegend", „Alte Seekarten",

„Artefakte und technische Errungenschaften" in der Welt, „Ein Indianerstamm berichtet von Atlantis", „Von Tiahuanaco, den Olmeken und Alt-Athen", „Das Testament von Atlantis" und „Die Prophezeiungen des Edgar Cayce".

Es ist erfreulich, dass Horn sein Augenmerk verstärkt auf Informationen lenkt, die dem Leser bislang kaum begegnet sein dürften. Er erweist sich wieder einmal als gründlicher Ausarbeiter und Forscher. Das heißt, er bewegt sich außerhalb ausgetretener, altvertrauter Pfade. Gewiss, das macht das Schreiben eines Buches für den Verfasser mühsam, für die Leserinnen und Leser aber zur erfreulichen Fundgrube! Gerade wer meint, „alles" über Atlantis zu wissen, der sollte unvoreingenommen das Buch von Roland Horn studieren.

„Ich mag es, wenn etwas geheimnisvoll und rätselhaft ist!" sagte Jostein Gaarder, Autor von *Sophies Welt* in einem Interview. Wenn Sie sich für die großen Geheimnisse unseres Planeten interessieren, dann werden Sie von *Das Erbe von Atlantis* begeistert sein. Es gelingt dem Autor, so manches Geheimnis vernünftig zu erklären. Aber wie sagte schon der Nobelpreisträger Richard Feynman? „Es schadet dem Mysterium nicht, wenn wir etwas darüber wissen!"

Mir scheint, dass ein Wort von Justus von Liebig gut zu Roland M. Horns Buch passt: „Die Wissenschaft fängt eigentlich erst da an, interessant zu werden, wo sie aufhört." Vielleicht führt ja Horns Arbeit dazu, dass Bewegung in die Welt der Wissenschaft kommt. Werden überkommene Theorien endlich einmal überdacht?

All zu optimistisch bin ich aber nicht. Es ist zu befürchten, dass so mancher Gelehrte mit Unverständnis reagieren wird. Und dazu fällt mir ein Wort von Richard Bach, vom Autor der *Möwe Jonathan* ein (aus Der „unsichtbare Ring"): „Aber bedenke dabei stets, dass Unverständnis die Wahrheit nicht davon abhält, wahr zu sein!"

Und mancher Gelehrte wird sich verärgert zeigen. Das wird sich nicht vermeiden lassen. Denn wie schrieb Lichtenberg? „Wer die Fackel der Wahrheit schwingt, wird nicht umhin können, manchem Zeitgenossen den Bart zu versengen."

Marie Curie warnte: „Hütet euch vor den Gelehrten, denen es wichtiger erscheint, fremde Gedankengebäude einzureißen als eigene aufzurichten." Vielleicht gefällt mir auch und gerade deshalb „Das Erbe von Atlantis" so gut. Der Autor baut da ein faszinierendes, in sich schlüssiges Theoriengebäude auf. Er beschreibt die geheimen Vermächtnisse einer längst vergangenen Kultur. Er wagt kühne Thesen und Spekulationen, entwirft ein insgesamt schlüssiges Bild der vielleicht wichtigsten Phase der Geschichte unseres Planeten.

Walter Jörg Langbein

Einleitung

Das vorliegende Buch stellt im Wesentlichen eine überarbeitete Neuauflage des erstmals 1997 erschienenen Buches *Das Erbe von Atlantis* dar.

Während es bei dem 1999 im Bohmeier-Verlag erschienenen Buch *Erinnerungen an Atlantis* um Atlantis und die Zeit davor geht, thematisiert dieses Buch Atlantis und die Zeit danach. Es geht um die Lokalisation der ehemaligen Großinsel, ihre Stellung in der Welt, den schrecklichen Untergang und die Suche nach der geheimnisvollen Insel wie um das prophezeite Wiederauftauchen von Atlantis.

Viele Bücher wurden über diese geheimnisvolle Insel geschrieben. Geologen streiten sich, ob es tatsächlich möglich sein kann, dass ein kompletter Kontinent in den Fluten des Atlantischen Ozeans innerhalb einer schrecklichen Nacht und innerhalb eines schrecklichen Tages verschwunden sein kann. Dabei sprach Plato niemals von einem Kontinent.

Andere Experten versuchen sich dem Problem auf ganz andere Weise zu nähern. Da wird überlegt, ob sich der Philosoph Plato mit seinen Zeit- und Ortsangaben nicht einfach vertan haben könnte. Zudem wird manchmal zwar von einem Kontinent, dann aber wieder von einer Inselscholle gesprochen, und bisweilen degradiert man den Kontinent schlicht und einfach zu einer „Stadt", und so findet er in jedermanns Heimat Platz. Andere versuchen, den geheimnisvollen Kontinent in die Polargebiete zu verbannen. So gibt es kaum einen Ort auf dieser Erde, auf dem Atlantis noch nicht vermutet worden ist.

Atlantis lag jedoch im Atlantischen Ozean und hinterließ uns eine Reihe von Vermächtnissen, die unser heutiges Leben nachhaltig beeinflussen. Gerade wir Europäer hätten hier keinerlei Kultur aufbauen können, ohne (unbewusst) das Vermächtnis von Atlantis anzutreten. Ohne dieses wären wir eine Art Eskimos, die sich hier in Deutschland ihre Iglus bauten, um sich vor den Unbilden des rauen, kalten Klimas zu schützen. Wir könnten nicht in der Sonne liegen oder Elefanten im Zoo besuchen. Vermutlich müssten wir uns von Zeit zu Zeit mit Eisbären auseinander setzen, die sich gierig über unsere spärlichen Vorräte hermachten.

Aber dank des Vermächtnisses von Atlantis leben wir auf in einem Kontinent, der Jahreszeiten kennt – wir leben in einem Klima, das sowohl gemäßigte Sommer wie auch mildere Winter zulässt. Wir lieben den Frühling, wenn die Vielfalt der Blumen erscheint und die Vögel zwitschern, und wir erfreuen uns an der Schönheit des Herbstes, wenn die Blätter bunt werden und wenn erste Nebel das Herannahen des Winters ankündigen. All dies wäre ohne das Vermächtnis von Atlantis nicht möglich gewesen.

Unser Denken ist geprägt von der christlichen Religion. Egal, ob wir nun katholisch, evangelisch oder freikirchlich sind, überall steht das Alte Testament neben dem Neuen im Mittelpunkt, und auch die vielen in unserem Land lebenden jüdischen und islamischen Mitbürger berufen sich doch letztendlich auf das Alte Testament bzw. beziehen die Quellen ihrer Religion größtenteils aus ihm. Und ob wir nun „Katholiken",

„Protestanten" oder vielleicht Angehörige einer Freikirche sind, ob wir uns vielleicht der mosaischen oder der muslimischen Religion zugehörig zählen – überall sind Begriffe wie „Gott", „Sünde" und „Teufel" gegenwärtig. All diese Begriffe stammen aus dem Vermächtnis von Atlantis.

Vieles hat sich geändert, seit Atlantis den ewigen Fluten des „Wahren Meeres" anvertraut wurde. Seine Geschenke an andere Völker haben sich bruchstückhaft erhalten. Viele haben bewusst versucht, das Erbe von Atlantis anzutreten und sind daran gescheitert. Andere konnten das Erbe nicht bewahren, weil sie selbst in die Tod bringende Vernichtung mit hineingezogen wurden.

Viele unserer Gewohnheiten stellen ein Vermächtnis von Atlantis dar, die durch dessen Untergang erst zum Tragen kamen. Die Menschheit war nicht immer so, wie sie heute ist. Die ehemalige Existenz von Atlantis und erst recht der plötzliche Untergang dieses Landes haben uns ein Erbe hinterlassen, das die ganze Welt auf den Kopf gestellt hat!

Und möglicherweise, viele Indizien sprechen dafür, hat Atlantis speziell den Bewohnern des 21. Jahrhunderts ein Testament hinterlassen, das den unumstößlichen Beweis für seine einstige Existenz darstellt.

Ich lade Sie nun dazu ein, mit mir in die geheimnisvolle Welt des Landes einzutauchen, in dem einst die Lichter nie verlöschten, wie eine Indianerlegende sagt, um dessen Erbe zu erkunden.

Kleinblittersdorf, 4. Januar 2001
Roland M. Horn

Teil 1: Das ATLANTIS-Imperium

Als es in Europa noch bitterkalt war

Atlantis, verloren & doch zuhause auf der ganzen Welt

Way down below the ocean
The continent of Atlantis was an island, which lay before the great flood in the area
we now call the Atlantic ocean...
So great an area of land that from her western shores those beautiful sailors journed to
the South and the North America with ease,
in their ships with painted sailes.
To the east africa was her neighbour,
across a short strait of sea miles.
Ihe great Egyptian age is but a remnant of the atlantic culture...
the antidilutian kings kolonised the world;
all gods who play in the mythological dramas in all legends
from all lands were from fair Atlantis
Knowing her fate, Atlantis send out ships to all corners of the earth...
On board were the twelfe;
the poet, the physician, the farmer, the scientist,
the magician, and the other so called gods of our legends.
Though Gods they were, and as the elders out of our time
choose to remain blind let us rejoice
and let us sing and ring in the new.
Hail Atlantis
Way down below the ocean where I wanna be, she may be.

Donovan besingt in dem bekannten Song einen Kontinent, der vor der Sintflut im Atlantischen Ozean lag und von dem aus die Bewohner mit Leichtigkeit nach Nord-Amerika fahren konnten. Es wird berichtet, dass alle unsere Sagen und Legenden von Atlantis stammen. Das ägyptische Imperium sei in Wirklichkeit ein kulturelles Überbleibsel der Kultur von Atlantis. Ihr Schicksal kennend, sandten die Atlanter Schiffe aus. Und alle *so genannten* Götter seien in Wirklichkeit von Atlantis gekommen.

Die *so genannten* Götter. Sollten unsere gesamten Göttersagen tatsächlich auf einen verlorenen Kontinent zurückzuführen sein? Haben unsere Geschichten und Religionen diesen einen unerkannten Ursprung?

Was war Atlantis eigentlich? Vielleicht ist der eine oder andere Leser noch nicht so ganz mit der Thematik vertraut. Fassen wir kurz zusammen: Den Stein ins Rollen brachte der griechische Philosoph Plato, der in seinen *Timaios-* und *Kritias-Dialogen* einen Inselkontinent beschrieb, der jenseits der Säulen des Herakles lag (das war der damalige Name für Gibraltar). Plato berichtet von dem Besuch des großen Staatsmannes Solon in Ägypten, der dort erfahren haben will, dass die ägyptischen Priester von Sais schriftliche Berichte zum Atlantis-Thema besitzen. Solon wiederum vertraute seinem Verwandten Dropides die unglaubliche Story an, die er an seinen Sohn Kritias den Älteren weitergab, der die Geschichte wiederum seinem Enkel Kritias „dem Atlantischen" erzählte, nach dem einer der beiden Plato-Dialoge benannt ist.

In Platos *Timaios*- und *Kritias-Dialogen* wird diese Insel als das Herz eines großen und wundervollen Reiches beschrieben, das aus einer blühenden Bevölkerung, Städten mit goldenen Dächern, einer mächtigen Flotte und einer Armee für Eroberungsfeldzüge bestand. Plato sagt, dass Atlantis von größerer Bedeutung gewesen sei als (Klein-)Asien und Libyen zusammengenommen, wobei Libyen den damals bekannten Teil des afrikanischen Kontinents bezeichnet. Man könne von dieser Insel noch zu den anderen Inseln hinüberfahren und von den Inseln auf das ganze gegenüberliegende Festland, das jenes in Wahrheit so heißende Meer umschließe.

Und das ist doch ausgesprochen bemerkenswert an der ganzen Sache. Plato kannte offensichtlich Amerika, obwohl die „Neue Welt" angeblich erst 1492 durch Kolumbus entdeckt worden ist.

Weiter zu Plato: Er beschreibt Atlantis als ein Paradies, als eine Insel mit gewaltigen Gebirgen und fruchtbaren Ebenen, schiffbaren Flüssen und reichen Bodenschätzen. Doch dieses mächtige Reich verschwand „im Verlaufe eines schlimmen Tages und einer schlimmen Nacht" im Meer. Die Flutkatastrophe wird von Plato auch noch datiert, und zwar auf etwa 9000 Jahre vor seiner Zeit. Platos Dialoge erschienen um 355 v. Chr.; hiervon 9000 Jahre zurück gerechnet, kämen wir auf etwa 9355 v. Chr. als Untergangsjahr. Und wohlgemerkt, Plato spricht von *„etwa 9000 Jahre"* vor seiner Zeit.

Atlantis wurde zum Mythos. Unzählige Gelehrte befassten sich mit der Thematik. Die einen lehnten die Existenz dieses einstigen Reiches glattweg ab, und interessanter Weise war Platos Schüler Aristoteles, der grundsätzlich neuen und fremdartigen Ideen gegenüber skeptisch eingestellt war, der erste, der die Legende scharf kritisierte und der davon ausging, Plato habe das Ganze erfunden, um einen mustergültigen Staat, quasi als Vorbild für sein eigenes Volk, darzustellen. Die Dialoge waren damals nämlich jäh abgebrochen und so urteilte Aristoteles: „Er, der träumte, ließ sein Traumbild auch wieder zerrinnen." Andere Schriftsteller versuchten fieberhaft und euphorisch, die Existenz des Kontinents zu beweisen, und wieder andere Künstler waren (und sind) eifrig dabei, Atlantis in alle möglichen Teile der Welt, mit Vorliebe in ihr eigenes Heimatland, zu verlegen.

Versuche der Lokalisierung

„Atlantis lag in Wirklichkeit östlich von Helgoland vor der Elbmündung in der Nordsee", behauptet der deutsche Forscher und Pastor Jürgen Spanuth. Er bezieht sich auf Berichte von versunkenen Bauten, die dort lange Zeit verbreitet waren. Atlantis soll die Hauptstadt (!) eines nordischen Reiches gewesen sein, von dem im 12. Jh. (!) v. Chr. der Angriff auf Ägypten ausging, über den die ägyptischen Unterlagen berichteten. Einige große, rote Felsen sollten nach Spanuths Theorie die atlantische Zitadelle sein. Jedenfalls liegt die Elbmündung wohl ein gewaltiges Stück von Gibraltar entfernt, Diese Umrechnerei halte ich für äußerst fragwürdig.

Die beiden griechischen Autoren Dr. Spyridon Marinados und Dr. Angelos Galanopoulus vertreten wie ihr Autorenkollege John v. Luce die Meinung, die Atlantis- Legende sei auf eine vulkanische Explosion in der Ägäis zurückzuführen, die 1500 v. Chr. die Insel Thera auseinander riss und die einen Teil der Insel in eine tiefe unterseeische Schlucht verwandelte. Vermutlich wurde Kreta bei diesem Erdbeben ebenfalls betroffen. Durch dieses Erdbeben brach das minoisch-kretische Imperium zusammen. Man unternimmt nun eine unglaubliche mathematische Akrobatik, um das von Plato genannte Datum mit dieser Katastrophe in Einklang zu bringen, was wir uns an dieser Stelle ersparen wollen. Dass Kreta und Thera innerhalb Gibraltars liegen, scheint die Autoren auch nicht sonderlich zu stören. Es handelt sich um einen verzweifelten Versuch, die Atlantis-Legende mit dem archäologischen Schulwissen in Einklang zu bringen, und nebenbei kann man Atlantis so auch noch im Heimatland der beiden griechischen Forscher ansiedeln. Ich meine, die These ist für die Erklärung des Atlantis-Rätsels vollkommen unbrauchbar.

Albert Hermann, ein deutscher Forscher, vertrat die Ansicht, dass Atlantis in Tunesien lag. Falsche Übersetzungen, mathematische Gedankenakrobatik – und schon haben wir eine neue Theorie. Man misst ab, rechnet um, vergleicht und kommt so auf den Schott el Djerid, den einstigen Tritonis-See, und entdeckt angebliche Reste des Poseidon-Tempels, und siehe da: Schon hat man Atlantis nach Tunesien verlegt!

Andere Forscher wollen Atlantis mit Tartessos, dem biblischen Tarschisch gleichsetzen. Tartessos soll eine reiche Stadt direkt hinter den Säulen des Herakles gewesen sein. In der Bibel wird von einer mächtigen tarschischen Flotte berichtet, die Gold, Silber, Elfenbein usw. an König Salomo lieferte. Tartessos verschwand *plötzlich*. Manche „Tartessos = Atlantis"-Befürworter beziehen Südspanien und Nordmarokko mit ein. Aber auch so wird aus Tartessos keine versunkene Insel…

Der deutsche Archäologe Leo Frobenius bezog sich auf seltsame Erzählungen phönizischer Seeleute über geheimnisvolle Zivilisationen auf der anderen Seite des Ozeans auf Yorubaland und anderen Gebieten entlang der nigerianischen Küste. Olkün, der Meeresgott der Yoruba, soll Eigenschaften besessen haben, die auch Poseidon – nach der Legende der Gründer von Atlantis – zugeschrieben werden.

Ägyptische Aufzeichnungen wissen von den Sagen umwobenen Orten Punt und Ophir am unteren Teil der Ostküste Afrikas. Die Hebräer und die Phönizier suchten dort nach seltenen Juwelen und exotischen Ölen, um sie dann verkaufen zu können. Nun ist Afrika aber keine Insel und die beschriebenen Orte sind keiner Katastrophe zum Opfer gefallen. Die Afrika-Theorien entbehren also jeglicher Grundlage.

Der englische Philosoph Francis Bacon brachte als erster Amerika mit Atlantis in Verbindung. (Allerdings sprach er von einer größeren Landmasse. Teile von Ur-Amerika seien untergegangen. So bringt er die Komponente der „versunkenen Insel" ins Spiel, auch wenn in seiner These von einer „Insel" nicht die Rede sein kann.) Er beruft sich darauf, dass Plato Amerika einen „gegenüberliegenden Kontinent" nannte.

Ähnlichkeiten zwischen den Sprachen, Sitten und der Architektur bestimmter Teile Europas und Amerikas sieht er als Bestätigung für seine Theorie an. Hierzu ist zu sagen. dass erstens Amerika von Plato als ein Festland beschrieben wurde, zu dem man von Atlantis aus fahren kann (man muss die Aussagen nur richtig lesen), und zweitens, dass Amerika wohl kaum eine versunkene Insel ist.

Wir werden später noch darauf zurückkommen, dass die Geheimnis umwobene alte Stadt Tiahuanaco in Bolivien vor etwa 11-12.000 Jahren eine blühende Hafenstadt gewesen sein soll, ja, gewesen sein *muss*, die im Zuge der Bildung neuer Gebirgszüge um 3000 Meter angehoben wurde und dadurch einen Teil des Andenplateaus bildete. Arthur Poznanski ist einer der Experten, die diese Theorie vertreten. Als Beleg wird angeführt, dass auf den umliegenden Bergen verkalkte Salzwasser-Meerespflanzen gefunden wurden, die auf eine einstige Nähe von Meerwasser schließen lassen. Die Architektur ist erstaunlich und verweist auf ein hohes astronomisches Wissen dieser offensichtlich untergegangen Kultur. Prähistorische Tiere, die auf Artefakten abgebildet sind, weisen auf Tiahuanaco als eine der ältesten Kulturen der Erde hin! Aus diesem Grund wird Tiahuanaco oft mit Atlantis in Verbindung gebracht. Obwohl hier deutliche Hinweise auf eine durch eine Katastrophe zerstörte alte Kultur gegeben werden, stimmt die Lokalisation und auch die Größe nicht mit Platos Angaben überein. Davon abgesehen ist eine Hafenstadt keine Insel!

Interessante Funde wurden in der Gegend um Bimini/Bahamas gemacht. Der Forscher Dr. Manson Valentine entdeckte im Jahre 1959 die so genannte Bimini-Straße im Bereich der Bahamainseln. Im seichten Wasser der Kleinen Bahama-Bank, und zwar nördlich der Bimini-Inseln, fand er im Sand riesige quaderförmige Felsblöcke von drei bis sechs Metern Kantenlänge. Und die waren in parallelen Reihen angeordnet wie ein riesiges Pflaster einer Straße oder einer Mauerkrone. Diese Steinformation erstreckt sich über eine Länge von mehreren 100 Metern. Dann verschwindet sie im Sand. 50 Kilometer südlich der Bimini-Inseln fand Valentine auf der Großen Bahama-Bank in nur vier Meter Wassertiefe lange Steinreihen und dunkelfarbige rechteckige Steinblöcke. Östlich dieser Inseln entdeckte Valentine eine riesige mauerartige Steinanlage in Gestalt eines Dreiecks. Ein etwa 100 Meter langes Rechteck schloss sich an. Dieses war von einem Steinwall umgeben, durch den sich quer ein Kanal zieht. Nördlich der Anlage wurden noch drei kreisförmige Steinkonstruktionen gefunden. Valentine soll 30 Plätze lokalisiert haben, in denen sich derartige Ruinen befinden dürften.[1]

1968 wurden von zwei Piloten, die der „Association for Research and Enlightment" (einer Organisation, die dem Heiler und Propheten Edgar Cayce, auf den wir noch zu sprechen kommen werden, nahe steht) angehörten, bei der Insel Andros ein rechteckiges Bauwerk gefunden, dessen von Seegras und Schwämmen bedeckte Ränder sich ziemlich nahe unter der Wasseroberfläche abzeichneten. Das Innere des Baus war durch steinerne Trennwände in verschiedene Abschnitte aufgegliedert. Und die Seitenwände setzten sich nach unten im Sand weiter ab. Einen möglichen Fußboden hat man jedoch noch nicht gefunden.

---

[1]   Klaus Aschenbrenner: Die Antilliden.

1977 wurde im Biminibereich eine große Unterwasserpyramide entdeckt. Sie soll vom Meeresgrund in 200 m Tiefe bis 45 Meter unter die Wasseroberfläche emporragen. Diese wurde durch Echolot-Messungen festgestellt. Ob diese Pyramide nun künstlichen oder natürlichen Ursprungs ist, ist wenig gesichert.[2]

Die Taucher D. Rebikoff und P. Turolla fanden später sechseckig geformte Steinfliesen mit einem Durchmesser von annähernd 20 Zentimetern. Sie waren in gerade Reihen angeordnet.

Herb Sawinski registrierte im Jahre 1982 auf der weiter südlich gelegenen Cay-Sal-Bank mehrere Mauern und Steinpflaster.[3]

Schon früher wurden aus dem Bahama/Bimini-Gebiet interessante Entdeckungen (Säulen) gemacht. Aber oft konnten die Untersuchungen wegen höherer Gewalt (Sturm) nicht zu Ende geführt werden.

Entweder haben wir in diesem Gebiet eine Reihe zufälliger geometrischer Formationen, oder aber wir haben hier tatsächlich die Überreste einer alten Zivilisation gefunden.

Erich von Däniken glaubt, dass Atlantis einst in der Karibik gelegen hat. Er kann sich vorstellen, dass eine ehemalige Landmasse „irgendwo im karibischen Raum" am Ende der letzten Eiszeit überschwemmt worden sein könnte. Möglicherweise sei noch der Einschlag eines Asteroiden[4] dazu gekommen, so dass Atlantis tatsächlich im Laufe eines furchtbaren Tages und einer furchtbaren Nacht versunken sein könnte, denn der Einschlag eines solchen Körpers hätte eine Flutwelle zur Folge, wodurch das Eis blitzschnell geschmolzen wäre.[5]

Anderseits liegt das Bimini/Bahama-Gebiet bzw. die Karibik recht weit von Gibraltar entfernt, denn Plato scheint anzudeuten, dass Atlantis im Ost-Atlantik lag. Aber wir dürfen die Funde bei Bimini/Bahamas nicht außer Acht lassen. Möglicherweise haben wir es hier mit einer Besiedlung einiger Inseln durch die weiter östlich gelegene atlantische Mutterinsel zu tun. Möglicherweise sind es die Inseln, über die man ans gegenüberliegende Festland (Amerika) gelangen kann, von denen Plato spricht.

Charles Berlitz schreibt über Brasilien[6]:

„Der Name Brasilien selbst erhält Anklänge an seltsame Erinnerungen, die verschiedene Kulturen zu beiden Seiten des Ozeans gemeinsam sind. In Westeuropa beheimatete Sagen aus der Zeit vor der Entdeckung Amerikas wussten von einem Land jenseits des unerforschten Atlantiks zu berichten, das den Namen Brasil oder Hy Brasil trug. Später, als Brasilien tatsächlich entdeckt wurde, gab man ihm den Namen aus

---

[2]   Charles Berlitz: Geheimnisse versunkener Welten.
[3]   Klaus Aschenbrenner: Die Antilliden.
[4]   Asteroiden oder Planetoiden sind sehr kleine, Planeten ähnliche Gebilde (Kleinplaneten), die sich zwischen dem Mars und dem Jupiter auf elliptischen Bahnen um die Sonne bewegen. Einige kommen auf ihrer Bahn der Erde recht nahe.
[5]   Erich von Däniken: Im Namen von Zeus.
[6]   Zitiert aus: Murry Hope: Atlantis, s. a. Charles Berlitz: Der 8. Kontinent.

der Legende. Dem Namen aber schien eine Botschaft innezuwohnen, denn B-R-S-L bedeutet sowohl im Hebräischen als auch im Aramäischen, der einstigen Hautsprache Mesopotamiens und der Levante, Eisen. Und erst viel später stellte sich heraus, dass Brasilien die größten Eisenerzvorkommen der Welt besitzt."

Ich kann beim besten Willen in diesem Bericht nichts erkennen, was darauf schließen lässt, dass Brasilien Atlantis gewesen sein soll. Ich habe ihn nur der Vollständigkeit halber aufgenommen und um zu zeigen, was für absonderliche Ideen zu diesem Thema ins Spiel gebracht werden!

Offensichtlich war die Sahara nicht immer Wüste. Sie war einst Teil eines Ozeans, wurde später zu einem See, und dann entwickelte sie sich zu einem fruchtbaren Gebiet. Auf Satellitenbildern der Raumfähre Columbia sind ausgetrocknete Flussläufe zu erkennen, wie der *Data Announcement Bulletin* der NASA vom November 1982 bestätigt. Von diesen sollen einige größer als der Nil gewesen sein, sie besaßen kleinere Nebenflüsse und flossen anscheinend von Süden nach Westen. Die Sahara wird deswegen mit Atlantis in Verbindung gebracht, obwohl es hierfür absolut keine Hinweise gibt.

Es gibt alte Karten, die die Antarktis, mehr oder weniger genau, eisfrei zeigen. Aber sie mit Atlantis in Verbindung zu bringen, überzeugt nicht, wenn man sich Platos Aussagen vor Augen hält. Andererseits muss darauf hingewiesen werden, dass die „Antarktis = Atlantis"-These als die Erstauflage dieses Buches erschien, relativ starke Popularität genoss. Mehrere Bücher sind geschrieben worden, deren Autoren eine Urheimat des Menschen in der Antarktis für möglich halten, und einige bringen diese auch mit Atlantis in Verbindung. Vielleicht gab es ja dort einmal Leben. Aber wir werden noch sehen, dass die Antarktis *nicht* Atlantis war, jedoch wurde durch das Vermächtnis von Atlantis auch dieser Kontinent auf ganz dramatische Weise verändert.

Weiter wurde Atlantis von verschiedenen Forschern in folgenden Teilen der Welt vermutet: Israel und Libanon, Gibraltar selbst, Malta und andere Mittelmeerinseln, Versunkener Kontinent im Pazifik, Iran, Kanarische Inseln, Ceylon, Mexiko, Grönland, Krim und Südrussland, Niederlande, Kaukasus, Arabien, Belgien, Großbritannien, Katalonien, Ostpreußen, Äthiopien, Frankreich, Irak, Mecklenburg, Nordeuropa, Nördlicher Polarkontinent, Portugal, Sibirien, Spitzbergen, Schweden, Venezuela, Westindien, Versunkene Insel im Indischen Ozean, und neuerdings auch im schönen Ort Bliesbrücken, gerade mal 20 Kilometer von meinem Wohnort entfernt und nun auch noch in Mönchengladbach. Weitere kuriose Ideen werden folgen. (In den letzten Jahren wurde es auch „modern" Atlantis mit „Troja" gleichzusetzen).

Gehen wir aber jetzt, nach der Darstellung dieser Abstrusitäten, dorthin zurück, wo lt. Plato die geheimnisvolle Insel tatsächlich gelegen hat, nämlich außerhalb von Gibraltar, *vor* den gegenüberliegenden Inseln und dem gegenüberliegenden Festland, und gehen wir zurück zu einer Zeit, die der Schul-Wissenschaft (oder zumindest einem großen Teil dieser zweifellos wichtigen Disziplin), wohl kaum schmecken wird, gehen wir zurück in die Zeit um 9355 v. Chr. Da soll der Kontinent nämlich im Verlauf eines schrecklichen Tages und einer schrecklichen Nacht in den Fluten des „wahren Meeres" untergegangen sein.

Atlantis lag im Atlantik – nirgends sonst!

1882 wurde das Buch *Atlantis – die vorsintflutliche Welt* von Ignatius Donnelly veröffentlicht. Donnelly wollte beweisen, dass Atlantis eine Insel von der Größe eines Kontinents war, die einst im Atlantik existierte. Für Donnelly war Atlantis die Wiege der Zivilisation. Dort entwuchsen menschliche Wesen erstmals der Barbarei. Die Könige, Königinnen und Heroen von Atlantis waren für ihn die Göttinnen und Götter der griechischen, phönizischen, indischen und skandinavischen Mythen. Atlantis stand für Donnelly für Urerinnerungen an ein großartiges Land; es bildete die Ursache für die Geschichten vom Garten Eden, dem Garten der Hesperiden, dem Olymp und dergleichen mehr.

Die Einwohner von Atlantis trieben Handel mit Ägypten, Afrika, Nord- und Südamerika, Skandinavien und Mittelmeerländern. Die Atlanter waren Sonnenanbeter und breiteten ihre Religion bis nach Ägypten und Peru aus. Die Atlanter sollen die ersten Menschen gewesen sein, die Bronze und Eisen schmiedeten; ihr Alphabet soll der Vorläufer der phönizischen- wie auch der Maya-Hieroglyphen gewesen sein. Donnelly betrachtete Atlantis als die ursprüngliche Heimat der innereuropäischen sowie der semitischen Völker. Nach der Katastrophe seien die Überlebenden in den Westen und den Osten geflüchtet, wo die Erinnerung an die Sintflut als Mythen erhalten geblieben seien. Donnelly argumentiert z.B. mit der Tatsache, dass die Banane auf beiden Seiten des Ozeans vorkomme; dies deute auf einen gemeinsamen Ursprung hin. So schließt er, dass die Banane einst auf Atlantis kultiviert worden sei, von wo aus man sie auf beide Seiten des Ozeans hin exportiert hätte Dasselbe gälte auch für andere Pflanzen.

Ebenso sei dies verantwortlich für viele Bräuche, die sich auf beiden Seiten des Ozeans unabhängig voneinander entwickelt hätten, wie z.B. das Tabak-Rauchen oder die Mumifizierung der Toten. Weiter beruft sich Donnelly auf die Legenden vieler Völker, die von einer Urheimat im atlantischen Meer berichten. Nach Donnelly hätte sich Plato als berühmter Philosoph wohl kaum eine derartige Geschichte ausgedacht, zumal Plato seinen Bericht mit einer plastischen Beschreibung von Schiff-Fahrt, Kanälen und dergleichen, und nicht mit vagen Göttergeschichten, begonnen hätte.

Lewis Spence hat drei Bücher zum Thema verfasst *Das Problem von Atlantis, Die Geschichte von Atlantis* und *Atlantis in Amerika*. Seine Hauptannahme besteht darin, dass Atlantis eine Landbrücke zwischen Europa und Südamerika bildete. Auf diesem Wege sei möglicherweise der Cro-Magnon-Mensch nach Europa gekommen.

Der amerikanische Heiler und Seher Edgar Cayce, der in den 30er und 40er Jahren des 20. Jahrhunderts am stärksten in Erscheinung trat, sollte als nächster erwähnt werden. Cayce hatte in verschiedenen „Readings", in denen er in einem tranceartigen Zustand erkrankten Menschen Tipps für deren Genesung gab, sich auf frühere Leben der Kranken bezogen, die damals in Atlantis weilten, und so hatte er ein komplexes Bild

Bild der Atlantis-Geschichte entwickelt. Nach Cayce ist die Insel Atlantis insgesamt 3x(!) einer Katastrophe anheim gefallen, von denen die dritte die endgültige Zerstörung des riesigen Kontinents zur Folge hatte. (Im Gegensatz zu Plato bezeichnete Cayce Atlantis als einen Kontinent).

In der ersten Katastrophe um 50.000 vor unserer Zeit seien große Teile des Kontinents zerstört worden, während bei der zweiten Zerstörung um 28.000 v. Chr. die Restinsel in zwei Teile gespalten wurde. In seiner letzten Zerstörung um 10.000 v. Chr. versanken die letzten beiden Inseln. Der Mensch, der bereits vor der ersten Zerstörung auf Atlantis gelebt und ein außerordentlich hohes technisches Niveau erreicht haben soll, habe alle drei Zerstörungen durch unsachgemäßen Umgang mit hoch wirksamen Energien, die er (wie heute wohl auch), nicht voll im Griff hatte selbst hervorgerufen. Die Überschätzung der eigenen Möglichkeiten und Fähigkeiten scheint eine Untugend der Menschheit zu sein, die ganz schnell ihr Verderben herbeiführen kann, ganz unabhängig davon, ob Cayces Geschichte zutreffend ist oder nicht. Jedenfalls beschreibt Cayce in seinen Tranceaussagen die Geschichte von Atlantis von ihren Anfängen bis zum Goldenen Zeitalter mit den großen Steinstädten, die sich aller Formen moderner Errungenschaften erfreuten wie z. B. Massenkommunikation, Transportmitteln zu Wasser und zu Luft (!) sowie einigen, die wir (noch?) nicht kennen. So beschreibt Cayce die Neutralisierung der Schwerkraft und die Nutzung der Sonnenenergie durch elektrische Kristalle oder „Feuersteine". Der Missbrauch dieser Kristalle war es, der die Flutkatastrophen ausgelöst hätte, die Atlantis vernichtet hätte.

Ist hier an ein Analogon zur Atomspaltung zu denken? Im Gegensatz zu unserer Zeit soll sogar eine Verbindung zwischen den materiellen Erfindungen und den geistigen Kräften bestanden haben. Ebenso beschreibt Cayce ein bedeutend näheres Verhältnis der Menschen zu Tieren sowie eine Verständigungsmöglichkeit mit ihnen, bis negative Werte wie Materialismus, Dekadenz und Perversionen das Ende des Goldenen Zeitalters herbeigeführt hätten.

Der Wiener Wissenschaftler Otto Muck stellt meiner Meinung nach den kompetentesten Atlantis-Forscher überhaupt dar. Er bezieht sich einerseits auf die Sagen der Völker links und rechts vom Atlantik, andererseits auch auf die Tatsache, dass aufgrund der Temperaturverteilung in den gleichen Regionen jetzt und während der letzten Eiszeit einst eine Golfstrom-Sperrinsel existiert haben *muss,* die im Azoren-Gebiet gelegen hätte. Wenn man sich das Azoren-Plateau etwa drei Kilometer angehoben vorstellt, kommt man auf eine Großinsel mit den Ausmaßen, die Plato für Atlantis angibt, sowie auf die gleiche Gebirge-Ebene-Verteilung. Auf dieser durch den Golfstrom klimatisch begünstigten Insel könnte sich eine Zivilisation durchaus entwickelt haben. Muck erklärt auch das Geheimnis der Aalwanderungen mit der einstigen Existenz von Atlantis. Im Kapitel „Beweise" möchte ich darauf noch einmal eingehen.[7]

---

[7] Grundsätzlich kann ich das Buch Alles über Atlantis von Otto H. Muck jedem Leser als Basisliteratur empfehlen. Allerdings dürfte es heute nur noch schwer erhältlich sein. Noch besser wird es sein, in Antiquariaten nach der ausführlichen Ur-Ausgabe zu fahnden, die 1956 unter dem Titel Atlantis – Die Welt vor der Sintflut erschien. In Alles über Atlantis wurde an einigen Stellen stark gekürzt.

Aber zunächst sollten wir dem Mann Respekt zollen, der das Nachdenken über die versunkene Insel Atlantis ins Rollen gebracht hat, in dem er die Überlieferung niedergeschrieben hat: dem Philosophen Plato.

Aus Platos Dialogen – eine Auswahl

Bevor ich nun die Beweislage darlegen und auf einen Teil der Vermächtnisse von Atlantis eingehen werde, möchte ich gerne noch einige Zeilen aus den Dialogen des Plato, von denen der eine die Bezeichnung „Timaios" und der andere die Bezeichnung „Kritias – der Atlantische" trägt, abdrucken.

Ich werde mich auf eine kleine Auswahl beschränken, die der Übersetzung von Barbara Pischel (*Die Atlantische Lehre*) entstammen.[8]

Timaios 21 e: „Es gibt in Ägypten im Delta, in welches der Nilfluss am Ende gespalten wird, einen Saitischen Gesetzgeber, nach diesem Gesetz ist die größte Polis Sais benannt, von welcher auch Amasis der König stammte. Die Einwohner der Polis hatten einen gewissen Gott als Urheber, auf ägyptisch namens Neith, auf griechisch aber, wie jene sagen, Athena; zum größten Teil sollen sie Philathener und an einem bestimmten Platz Mitbürger von diesen sein. Dorthin soll nun Solon gereist und bei ihnen bald geschätzt werden, und er soll die damals in den alten Überlieferungen am besten erfahrenen Priester befragt haben; kaum soll er selbst und kein anderer Grieche etwas gewusst haben – und wie es heißt über diese Dinge habe ausfindig machen können."

Timaios 24 e: „Dieses offene Meer nun hatte eine Insel vor der Mündung, welche ihr, wie es heißt, Stelen des Herakles, nennt. Diese Insel, von welcher aus den damaligen Reisenden ein Zugang auf die anderen Inseln war, und von denen Inseln aber auf das ganze Festland gegenüber, dasjenige inmitten des wahren Meeres ringsum, hatte größere Bedeutung als Libyen und Asien zusammen genommen."

Oft wird fälschlicherweise übersetzt, Atlantis sei „größer" als Libyen und Asien gewesen.

Timaios 25a: „Diese (Insel) nun nämlich, ungefähr innerhalb der Mündung, von welcher wir sprachen, schien irgendeinen Hafen zum Einfahren von Schiffen zu haben. Das Land, welches jenes offene Meer (Nordatlantik) um sich ringsherum hatte, durfte wirklich wahr und wahrhaftig am richtigsten Festland genannt werden."

Kritias 112e/113 a-b: „Solon fand die ägyptischen, jene ersten selbst geschriebenen Schriftzeichen (Autographen) in deren Sprache übertragen; er selbst hat seinerseits wiederum von jedem Namen den Sinn (das Durchscheinende) aufgegriffen, diesen erfasst und in unserer Sprache niedergeschrieben; und solches nun hatte also mein Großvater schriftlich, wie ich es jetzt noch habe; indessen von mir, seit ich Kind war, vernachlässigt worden ist. Möget nun auch ihr diese Namen hören, wie sie in unserer Sprache lauten, und euch darüber nicht verwundern, denn ihr wisst ja nun den Grund hierfür."

---

[8] Das Werk von Fr. Pischel ist eine der modernsten und genauesten Übersetzungen, wenn nicht sogar die genaueste Übersetzung schlechthin. Wer sich für den vollen Text der Atlantisrelevanten Passagen Dialoge interessiert, ist mit diesem Buch gut beraten. Für diejenigen unter Ihnen, die die griechische Sprache beherrschen, wird interessant sein, dass der Text dort auch im griechischen Original abgedruckt ist.

Kritias 113c: „Vom Meer bis zur Mitte der ganzen Insel zog sich eine Ebene hin, welche unter allen Ebenen die schönste und zufolge ihrer Beschaffenheit günstig gewesen sein soll; zur Ebene hin, wiederum nach der Mitte, etwa 50 Stadien entfernt, war ein Berg, im ganzen klein."

Kritias 116 a: „Die Insel, auf welcher sich der Königssitz (Residenz) befand, hatte einen Durchmesser von 5 Stadien."

Hier sieht Barbara Pischel den „Inselkern" beschrieben.

Kritias 115 a: „Der größte der Erdringe, gegen welchen das Meer brandete, war drei Stadien (= 554,94 m) breit; der nächstliegende Wasserring aber gleich groß (3 Stadien = 554,94 m). Von den beiden folgenden hatte der feuchte (Wasserring) eine Breite von 2 Stadien (=399,96 m), der trockene (Erdring) war gleich groß, ebenfalls eine Breite von 2 Stadien (= 399,96 m) und der (Wasserring), welcher die Insel in der Mitte (den Inselkern) umgab, 1 Stadion (=184,98 m)."

Kritias 115e: „Und danach nahmen sie – und zwar in Hinblick auf die Erdringe, welche die Wasserringe voneinander trennten, für die Brücken soviel fort, dass zwei Trieren aneinander vorbeifahren konnten, und die Erde schütteten sie nach oben auf, so dass ein ziemlich volles Schiff unterhalb blieb; der Uferrand der Erdringe war nämlich so hoch, dass er über das Meer (den Meeresspiegel) herausragte."

Kritias 116, a, b, c: „Die Insel selbst umgaben sie im Kreis ebenso wie die Ringe und die 30,83 m breite Brücke, hier und dort mit einem aus Steinen gemauerten Damm, und sie ordneten Türme und Tore auf den (Anlage-) Brücken über den Meeres-Furten (also Brückenarkaden) überall an, den Stein dazu schnitten sie 1. aus dem Inneren des Inselkerns und 2. aus den Gräben außen und innen ab, bald weiß, bald schwarz, bald rötlich, beim Stechen der Gräben legten sie sogleich paarweise gewölbte Schiffsdocks innen an; mit dem Felsen überdeckt. Und von den Mauern legten sie die einen offen an, die anderen entwarfen sie aus verschiedenen Steinen zusammengesetzt, den Spielen der Kinder zuliebe, welchen sie eine natürliche Freude zukommen ließen; und die ganze äußere Seite, den ganzen Umlauf der Mauer und den äußersten Ring überkleideten sie mit Erz, als wenn sie mit Fett bestrichen, die Mauer weiter nach der Küste zu aber verkleideten (verlöteten) sie innen; diejenige (Mauer) um die Akropolis selbst mit Kupfer, das feurig funkelte."

Kritias 116 b: „Den ganzen Tempel aber umkleideten sie von außen mit Silber außer die äußersten Giebel, die Giebelspitzen des Daches nämlich mit Gold; das Innere aber, die elfenbeinerne Bedachung sichtbar ganz mit Gold und Silber und Kupfer ausgeschmückt; das ganze übrige der Dächer aber, und die Säulengänge und Fußböden vernieteten sie mit Kupfer. Sie stellten goldene Götterbilder auf, den Gott nämlich auf einem Wagen stehend, sechs geflügelte Pferde lenkend, ihn selbst in seiner Größe den Scheitel des Dachgiebels berührend; Nereiden, aber auch Delphinen auf die hundert im Kreis, denn so viele, glaubte man, gäbe es damals von ihnen, Viele andere Götterbilder (agalmate) aber waren im Inneren als Weihegeschenke der Bürgerinnen angebracht."

In den Versen zuvor ist die königliche Ausstattung in der Akropolis beschrieben; *und* es wird beschrieben, wie der Gott Poseidon (nach Plato der Gründer von Atlantis) und seine Nachkommen dort von Anfang an ihre Residenz einrichteten.

Kritias 117 c: „Im Hain des Poseidon wuchsen an Bäumen das Schönste, was die Erde hatte, und dank ihrer Höhe lagen die Brücken im Schatten. Gymnasien, Sportplätze, Hypodrome und Gestüte konnte man über sie erreichen."

Kritias 116: „Die Mauer um die Akropolis selbst belegten sie rundherum mit Kupfer, das feuriges Gefunkel verursacht Die Mauer weiter nach der Küste verkleideten (verlöten) sie von innen; diejenige (Mauer) um die Akropolis selbst mit Kupfer, welches feurige Funkeln gab (mit feurigem Kupfer)."

Kritias 114e/115: „An Arten von Elefanten gab es auf der Insel die größte Zahl; Weide gab es nämlich für die anderen Lebewesen genug, wie viel man auch braucht (wegnimmt); von stehenden Gewässern und Flüssen – wie viel auch wieder auf den Bergen und wie viel in den Gefilden entnommen (abgezweigt) wird – war freilich genug für alle da und eben dies für jedes Lebewesen für das größte zum Wachstum und auch für den Vielfrass."

Kritias 115 c: „Von dem, womit die duftende Erde die Heutigen ernährt, von heilkräftigen Wurzeln oder frischem Gras oder Bauholzarten oder säfteträufelnden Bäumen, seien es Blumen oder Früchte, hat sie getragen und gut gedeihen lassen; auch die kultivierte Frucht, die getrocknete (dürre) nämlich, welche wir der Ernährung wegen lieben, und viele andere, mit denen wir wiederum den Durst stillen, – denn wir nennen alle zusammen Obst – und diejenigen Holzarten, welche Apfel und Speiseobst und medizinische Früchte für Salben tragen, und auch die Früchte der Nussbäume (und Edelkastanien), welche, den Spielen der Kinder zuliebe schwer aufzubewahren sind, alles was wir zur willkommenen Linderung des Sättegefühles nach der Abendmahlzeit dem Kranken hinstellen: alles dies trug damals die nach Osten liegende Insel heilsam schön sowohl wunderbar als auch in unendlicher Fülle."

Timaios 25a: „Die es (= das offene Meer) an allen Seiten herrührende Erde, im großen und ganzen wahrheitsgetreu am richtigsten vielleicht Festland genannt."

Kritias 118: „Dieser Landstrich aber lag über dem Meer (beherrschte das Meer von oben)."

Kritias: 118 a: „Die ganze vom Meer abgeschnittene Hochebene erstreckt sich um die Peripherie der Stadt (polis) sie (die Ebene) selbst war im Kreis von Bergen die sich bis zum Meer herabsenken, umgeben; glatt und gleichmäßig, im Ganzen länglich, bis zu jenem Südatlantik 3000 Stadien (=369,96 km) vom Meer aufwärts bis zu ihrer Mitte 2 000 Stadien (=396 km)."

Kritias 118 b: „Dieser Teil aber der großen Insel war nach Süden zugekehrt, weg vom Großen Bären nördlich. Die Berge um sie pries damals eine große und schöne Menschenmenge, vor allem, dass das Gegenwärtige geworden sei; dass es viele reich bewohnte Dörfer mit Periodiken in ihnen gab, auch Flüsse und stehende Gewässer und

Wiesen… Vielfältiger mannigfaltiger Wald für alle Arten von Werken für jedes im Überfluss."

Kritias 118 c/d: „Auf folgende Weise nun war die Ebene von der Natur und durch viele Könige in langer Zeit mit Anstrengung und Mühe gebildet worden. Ein rechteckiges (oder trapezförmiges) Feld beherrschte alles; im Wesentlichen geradlinig, und wo etwas überlappte, war es mit dem Zirkel begradigt worden, nachdem ringsherum ein Bewässerungsgraben ausgehoben worden war.

Unglaublich aber wahr, muss man sagen, wie ein von Menschenhand geschaffenes Werk im Verhältnis zu den anderen Anstrengungen so groß sein kann; wie wir gehört haben, wurde der Graben nämlich ein Plethron (=30,83 m) tief, im Ganzen ein Stadion (=184,98 m) breit angelegt. Der Umfang um die ganze Ebene rechtwinklig herumgehend war 10.000 Stadien (=1.849,8 km) lang."

Kritias 118 d: „Die Bäche, welche die Zuflüsse aus den Bergen aufnahmen, um die Ebene kreisförmig herumgeführt, und von hier aus zur Stadt und von dort abgeleitet wurden, wurden ebenfalls als Zuflüsse ins Meer geleitet."

Kritias 118 d/e: „Oberhalb vom Südatlantik aber waren geradlinige „Stichkanäle" von maximal 30,83 m „in der großen Breite 100 Fuß abgeleitet worden. Jeder Stichkanal (Durchstich) war vom nächsten 100 Stadien (=18,498 km) entfernt, regelmäßig über die ganze Ebene hin bis wieder zu jenem Graben, der zum Meer abfloss. Es gab auch einen Kanal, in welchem sie Holz aus den Bergen zur Unterstadt (asty) führten und den sie zu anderen Zeiten mit Booten benutzten (befuhren), da sie Durchfahrten aus dem einen Stichkanal in die anderen und seitlich auch nach der Stadt (polis) eingeschnitten hatten."

Kritias 118 e: „Und am Jahresschluss hatten sie zweimal die Erde abgeerntet, denn im Winter nutzten sie die Wasser des Gottes (Himmels) aus; im Sommer aber führten sie Bewässerungswasser, soviel wie die Erde aus den Stichkanälen aufnimmt, herbei."

Kritias 119 c: „Auf die Stelen waren die „Epistel", (die Aufträge, Befehle, Gebete, Verordnungen, Anweisungen, Botschaften lt. Menge-Güting) Poseidons in Kupfer geschrieben worden."

Kritias 120 d, e/121: „Diese so große und so beschaffene Macht, welche damals in jenem topographischen Bereich vorhanden war, hat der Gott wiederum auf jene Gebiete als die Ordnungssysteme übertragen, aus eben besagter Veranlassung als eine Lehre. Über viele Geschlechter (Generationenfolge), solange ihnen die Natur des Gottes genügte, waren die Bewohner gesetzestreu und hielten aus liebender Einsicht gegenüber dem Stammvolk am Göttlichen fest; denn sie richteten die Gedanken auf das Wahrhafte und das im Ganzen Große aus; Milde zufolge dieses Denkens benutzten sie sowohl im Hinblick auf dabei immer eintreffende Glücksfälle als auch gegeneinander, und weil sie, indem sie über alles Kleine außer der Tugend hinweg sahen, das ihnen Geziemende taten, trugen sie es ebenso leicht wie die Last des Geldes und der anderen Besitztümer; aber; als sie, trunken von der Schwelgerei nach Reichtum, aus sich selbst heraus schwächer, wankend wurden und nicht nüchtern, nicht scharf erkannten, dass auch dies alles aus allgemeiner Liebe mit Tugend vermehrt wurde, schwand –

wegen ihrer Hetze und Angst danach – das eine und das Andere selbst wurde gleich ihnen mitzerstört."

Wir haben hier schon einmal einen interessanten Hinweis auf ein einstmals friedliches und reich beschenktes Land, dem es an nichts fehlte, das jedoch später dekadent wurde, von seinen moralischen Tugenden mehr und mehr abwich – eine Erscheinung, die wir bei vielen „historisch anerkannten" Kulturen ebenfalls beobachten können. Wie wir uns erinnern, hatte auch der bereits erwähnte Seher Edgar Cayce auf diese Entwicklung hingewiesen.

Kritias 121 a/b: „Zufolge solchen Zusammenhanges und der bleibenden göttlichen Natur war ihnen alles vermehrt worden, was wir vorher durchgegangen sind. Als aber einerseits die schickliche Ordnung des Gottes in ihnen ausgelöscht wurde, da sie von allerlei Sterblichen und vielfältig abhängig gemacht worden war, andererseits die menschliche Gewohnheit obsiegte, damals schon unfähig, das vor ihnen liegende (das Schickliche) zu tragen, benahmen sie sich ungeziemend und zeigten Gewaltsamkeit; da sie das Schönste von Dem-am-meisten-Geachteten trennten, galten sie aber bei denen, die unfähig waren, das wahrhaftige vom glücklichen Leben zu unterscheiden, dann am ehesten wunderschön und glücklich zu sein, wenn sie sich an Vorteil aus Ungerechtem und Gewalt sättigten."

Ein weiteres Merkmal der Dekadenz: Die Zunahme der Gewalt!

Das große Mysterium an dem Kritias-Dialog ist aber der Vers 121 c:

„Gott der Götter Zeus, der in Gesetzesangelegenheiten als König herrscht, welcher, da mächtig durch solcherlei Dinge hindurchzublicken, das tugendhafte Geschlecht in einem mühseligen Zustand versetzt bemerkt hatte und willens war, ihnen Gerechtigkeit aufzuerlegen, damit die Verständigen bescheidener würden, holte alle Götter in ihren ehrwürdigen Sitz, der schon, – nachdem er zur Mitte des ganzen Kosmos geschwankt hatte – alles, was an der Schöpfung Anteil hatte, überblickte, zusammen und redete zu den Versammelten:..."

Aus. An dieser Stelle endet der Dialog. Von einigen Autoren wird der nahende Tod des Philosophen als Erklärung herangezogen, aber dies ist unwahrscheinlich, da Plato hinterher noch mindestens einen Dialog (Politikos) geschrieben hatte. Der Schweizer Bestseller-Autor Erich von Däniken ist der Meinung, seine Nachfahren hätten die Aufzeichnungen „wohl verschlampt".[9]

Zur Aufklärung dieses Problems könnten möglicherweise die Theorien der Autoren Fritz Nestke oder Martin Freksa beitragen, doch dazu später mehr.

---

[9]   Erich von Däniken: Im Namen von Zeus.

Beweise für die einstige Existenz der Großinsel

Bevor wir zusammenfassen können, was wir an Vermächtnissen dieses geheimnisvollen Landes bis jetzt erarbeitet haben, müssen wir einen Blick auf die Beweislage werfen, um aufzuzeigen, dass dieser „Erblasser" tatsächlich in der von mir proklamierten Form existierte.

Geologische Beweise

In einer Untersuchung im Jahr 1947 am *Atlantis Seamount*, einem Tiefseevulkan südwestlich der Azoren, wurde einer der geförderten Kalksteinkiesel mit Hilfe der Radiokarbonmethode auf ein Alter von 12.000 Jahren plus/minus 900 Jahre datiert. Weiterhin lässt der Zustand der Versteinerung einer der Kalksteinkiesel vermuten, dass er unter Lufteinwirkung versteinert wurde und dass dieser Seamount innerhalb der letzten 12.000 Jahre eine Insel gewesen sein kann.[10]

J. Verhof und B. J. Colette haben in ihren Untersuchungen in diesem Gebiet südlich vom *Atlantis-* und *Plato Seamount* ein großes Gebiet entdeckt, in dem die unterseeische Sedimentdicke mehr als 400 Meter beträgt. Auch nördlich und nordwestlich dieser untermeerischen Berge fällt eine dicke Sedimentschicht auf, die eine große A-symmetrie zu dem umgebenden Gebiet zeigt. Östlich dieser Berge ist praktisch kein Sediment zu entdecken.[11]

Die meisten Geologen glauben jedoch nicht daran, dass es einst im Atlantik Land gegeben haben könnte. Sie argumentieren, dass die Ozeanböden heute so gut vermessen seien, dass da einfach nichts sei, was mit einer Großinsel im Atlantik korreliert werden könne. Dies sei auch von der Plattentektonik her überhaupt nicht möglich, da im Atlantikboden kein Ozeanboden versenkt oder subduziert würde.

Was ist aber, wenn Atlantis nicht durch einen geologischen Prozess, sondern durch einen abrupten Kataklysmus vernichtet wurde, wie es Plato auch nahelegt? Wäre dann nicht ein plötzliches – im Atlantik ansonsten unübliches – Absinken einer atlantischen Kleinscholle denkbar?

Tatsächlich fehlt im Bereich des Azoren-Rückens weithin die ansonsten übliche Sedimentbedeckung über der Basaltkruste des Ozeans – und das spricht für einen Basaltaustritt erst in jüngerer Zeit. Es gibt also tatsächlich geologische Indizien, die für die ehemalige Existenz von Atlantis genau dort sprechen, wo es laut Plato einst lag – im Atlantischen Ozean vor den Toren Gibraltars.

Edith und Alexander Tollmann – beides Geologen – halten die einstige Existenz eines atlantischen Mikrokontinents im Atlantik durchaus für denkbar – und wahrscheinlich.

---

[10] Aus: Flat-Topped Atlantis, Cruiser and Great Meteor Seamonts, Bruce C. Heezen, Maurice Ewing, D. B. Ericson and C. R. Bentley, Lamont Geological Observatory (Columbus University) Palisades, N.Y., Bulletin of the Geological Society of America, Volume 65, 1954).

[11] Aus: A geophysical investigation of the Atlantis-Meteor Seamount Complex by J. Verhof and B. J. Colette, 1985.

Die Tollmanns weisen darauf hin, dass es auf dem Atlantikboden kein ungestörtes Magnetstreifenmuster gibt. Wenn ausgetretenes Basalt abkühlt, erfolgt eine neue Magnetisierung der Eisenminerale, die wiederum dem Ozeanboden das Streifenmuster „aufdrückt". Nun fehlt aber gerade im Raum nordöstlich und südwestlich der Azoren dieses Muster. Und das spricht für den Einschlag eines Meteoriten, Asteroiden oder Kometen. Denn bei einem Einschlag würden die Muster durch die starke Erhitzung tatsächlich ausgelöscht werden.[12]

Otto Heinrich Muck führt weitere geologische Beweise für die einstige Existenz der Großinsel Atlantis an. Als das Transatlantik-Kabel auf 49 Grad Nord und 29 Grad westlich von Paris riss, waren die Kabelenden scheinbar ins Bodenlose gefallen. Sie mussten mit Tiefseegreifern recht mühsam heraufgeholt werden, und dabei wurden auch andere Gegenstände vom Meeresboden mit hochgeholt, darunter ein gewichtiger Felsbrocken. Das Stück war ein Tachylit von ausgesprochen glasiger Struktur, der später von Paul Termier, einem geschätzten Gelehrten. untersucht wurde. Seine Schlussfolgerungen:

Das Stück ist vulkanischer Herkunft, der Meeresboden ist dort in weitem Umkreis von Lava bedeckt. Im Raum des Telegraphenplateaus müssen einst sehr starke Vulkanausbrüche stattgefunden haben, bei denen jene Lava ausgeflossen ist, von der das Fundstück stammt.

Das Stück ist amorph, glasig und nicht kristallin in seiner Struktur. Es *kann nicht* im Tiefenwasser, es *muss* an freier Luft erstarrt sein. Nur ein damals obermeerischer Vulkan kann es ausgeworfen haben. Die Lava, die gewaltige Areale heutigen Meeresbodens bedeckt, stammt aus ehemaligen Landvulkanen.

Zugleich mit diesem Ausbruch oder sehr bald danach muss das ganze Gebiet sich um mehr als 2000 m abgesenkt haben. Das Stück dokumentiert eine vorzeitliche Katastrophe mitten im Atlantik – dort, wo nach Platon die Insel Atlantis versunken sein soll.

Das Stück ist seiner mineralogischen Zuordnung nach, wie erwähnt, ein Tachilyt. Tachilyte lösen sich binnen etwa 15.000 Jahren im Meerwasser auf. Das Fundstück weist aber scharfe, nicht angefressene Konturen auf. Die durch seine Auffindung indirekt bezeugte Katastrophe im Atlantik müsste sich vor weniger als 15.000 Jahren, also nach 13.000 v. Chr., ereignet haben, wahrscheinlich erheblich später. Dieses Altersmaximum deckt sich überraschend mit Platons Zeit-Angabe 9000 Jahre vor Solon, also um 10.000 v. Chr.[13]

Nun wird dieses These von geologischer Seite bestritten. „Bei Argumentionen aus dem 19. Jahrhundert muss man vorsichtig sein", heißt es. Und was sagt die „moderne", „zeitgemäße" Geologie? Da hört man einmal, es könne sich bei dem Tachyliten auch um ein Gestein von den Azoren oder von kurzlebigen Unterwasservulkanen gehandelt haben, während es aus einer anderen Ecke verlautet, der Tachylit müsse entweder im Tiefwasser entstanden sein, da der Kontakt mit dem Meerwasser das glut-

---

[12] Tollmann und Tollmann: Und die Sintflut gab es doch.
[13] Otto H. Muck: Alles über Atlantis.

flüssige Meerwasser derart abschrecke, dass gar keine Zeit zum Auskristallisieren bliebe und die Schmelze abmorph erstarrte. Damit sei eher erwiesen, dass der Tachylit im Tiefwasser und nicht an freier Luft erstarrt sei. Die erste Aussage stammt von einem Buchrezensenten, der die Urausgabe dieses Buches besprach und dabei mit einem Geologen in Kontakt stand, und die zweite stammt von einem Geologiestudenten.[14]

Widersprüchlicher könnten diese beiden Aussagen kaum sein. Man ist sich nur in einem einig: Die Ausführung Termiers ist wertlos, und Atlantis kann es nicht gegeben haben! Ob man das als wissenschaftliche Vorgehensweise bezeichnen kann?

Der deutsche Geologe Hartung hat 1860 eine Beschreibung der Azoreninsel hinterlassen, in der von erratischen Strandblöcken, bestehend aus inselfremdem Gestein, die Rede ist. Sie sind mit größter Wahrscheinlichkeit durch treibende Eisberge herangefrachtet worden. Das Eis ist abgeschmolzen, die Felsblöcke sind noch da. *Und* sie liegen auf den *heutigen* Strandlinien. Also kann es im Azorenraum keine größeren postglazialen Absenkungen mehr gegeben haben. So das Hartung-Argument.

Was aber, wenn sich eine solche Absenkung knapp vor Beginn des Postglazials ereignet hat, als die postglaziale Abschmelzperiode langsam begann? Dann würde Hartung Termier sogar bestätigen. Dieser beschreibt ja eine mit mächtigen vulkanischen Ausbrüchen verbundene Niveauabsenkung um mehr als 2000 Meter. Und zwar muss diese sich mit katastrophaler Plötzlichkeit vollzogen haben. Und als die Eisberge die Südreise antraten, trafen sie nun nicht mehr die Insel Atlantis, sondern nur die Azoreninseln an, und somit konnten sie sich ja nur an den heutigen Strandlinien festsetzen! Und seither hat es *selbstverständlich* keine größere Niveauveränderung mehr gegeben.

Das „Hartung-Argument" beweist also nicht, dass es im Azorengebiet keine Großinsel gegeben haben kann, sondern sie beweist bei genauerer Betrachtung, dass die von Termier behauptete Absenkung kein langsamer, schleichender Prozess gewesen sein kann, der erhebliche Phasen des Postglazials in Anspruch genommen hätte. Denn dann wären jene erratischen Blöcke, die während dieser langen Zeitspanne herangefrachtet wurden, nicht an den heutigen, sondern an den früheren Strandlinien deponiert worden. Die Behauptung Platos, dass Atlantis im *Verlaufe eines furchtbaren Tages und einer furchtbaren Nacht* versunken sein soll, kann demnach durch das „Hartung- Argument" keinesfalls widerlegt werden. Es sollte eher als Beweisdokument geführt werden!

Weitere Indizien: Im Azorenraum ist der Meeresboden in dem überall steil abfallenden schmalen Seichtgebiet auffällig reich an scharfen Kanten und steilen Felszacken, wohl erhaltenen, nicht abgerundeten Schroffen und tiefen, nicht ausgerundeten Rissen – eine veritable untermeerische Felslandschaft, von der jede Spur ehemaliger Erde radikal weggewischt ist, und das stimmt wieder mit Platos Bericht überein. Denn: Läge all dies länger als 15.000 Jahre unter der Wasseroberfläche, hätte das Meerwasser die

---

[14]   Roland M. Horn: Gelöste und ungelöste Mysterien dieser Welt.

den Boden bedeckende Lava angefressen und die scharfen, feinen Profilierungen vollkommen zerstört. Daneben wirken mechanische Kräfte wie Abrasion, Erosion und Brandungseffekte. Sie schleifen und runden alle Spitzen und Kanten. Der ganze Meeresboden unterhalb der heutigen Brandungszone ist aber scharf und profiliert geblieben, also kann er gar nicht *langsam* untergegangen sein. Die Auffälligkeiten wären weggeschliffen und vernichtet worden. Die Azoren sind also nicht langsam, sondern schnell untergegangen, und das vor weniger als 15.000 Jahren.[15]

Es existieren einige interessante Granitfels-Proben, die bei einer Expedition zu der Unterwasserbrücke zwischen Venezuela und den Jungferninseln aus dem Meer geborgen wurden und sich mittlerweile im Besitz der Duke University befinden. Der leitende amerikanische Ozeanograph Dr. Bruce Heezen bemerkte zu diesem Fund, dass die Geologen bislang eigentlich der Meinung gewesen seien, dass sich helle Granite oder säurehaltiges Eruptivgestein lediglich auf den Kontinenten fände, während die Erdkruste auf dem Meeresboden aus schwerem, dunkelgefärbtem Basaltgestein bestehe. Das Auftreten heller Granite könnte nach Meinung dieses Ozeanographen die alte Theorie untermauern, dass es im östlichen Karibikraum einst einen Kontinent gegeben hätte und dass dieses Gestein den Kern dieses versunkenen Kontinentes darstellte.

Bereits zu Donnellys Lebzeiten gab es Beweise für die „Atlantis-im-Atlantik"-Theorie. Donnelly verwies seinerzeit darauf, dass sich die Schiffe verschiedener Nationen mit der Atlantis-Angelegenheit beschäftigt hatten. So waren sowohl das amerikanische Schiff *Dolphin*, die deutsche Fregatte *Gazelle* und die englischen Schiffe *Hydra*, *Porcupine* und *Challanger* unterwegs, um den Meeresgrund des atlantischen Ozeans karthographisch aufzuzeichnen. Das Ergebnis dieser Aufnahme war, dass man eine ausgedehnte Bodenerhebung fand, die sich von den Küsten der britischen Inseln südwärts bis zum Kap Orange erstreckt, von dort aus weiter südostwärts bis zur afrikanischen Küste abspringt, um dann wieder südlich bis zur Insel Tristan da Cunha zu verlaufen. Und diese Bodenerhebung steigt im Durchschnitt bis zu 2700 Meter über die großen atlantischen Tiefen in der unmittelbaren Nachbarschaft empor, und in den Azoren, den St. Pauls-Felsen, Ascension und Tristan da Cunha erreicht sie die Oberfläche des Meeres.

Donnelly sah es als bewiesen an, dass diese ganze submarine Bodenerhebung (also nicht ausschließlich das Azorengebiet!) einst trockenes Land war. Donnelly führte aus, dass sich die Unebenheiten (Berge und Täler) niemals in Übereinstimmung mit den Gesetzen der Ablagerung des Bodenniederschlages hätten bilden können. Sie müssten im Gegenteil durch Kräfte eingeschnitten und geformt worden sein, wie sie nur über dem Wasserspiegel wirken können. Der damalige britische Premierminister war von Donnellys Bericht derart beeindruckt, dass er die Royal Navy für weitere Expeditionen einsetzen wollte. Leider war diese jedoch an anderer Stelle mit dringlichen Aufgaben beschäftigt, so dass aus dem Unternehmen bedauerlicherweise nichts wurde.[16]

---

[15]   Otto H. Muck: Alles über Atlantis.
[16]   Murry Hope: Atlantis: Mythos oder Wirklichkeit?.

Artefakte aus der Azorengegend

Eine ganz interessante Geschichte ist die vom Fund des Kapitäns Robson. Da ist von einem rätselhaften Fundstück die Rede. Ein britisches Handelsschiff, die *S. S. Jesmond*, soll 1882 zwischen Messina und New Orleans unterwegs gewesen sein. Die Schiffsbesatzung, die unter dem Kommando von Kapitän David Robson stand, erblickte in einer Gegend ungefähr 320 Kilometer von Madeira und ebenso weit südlich der Azoren eine große Anzahl toter Fische sowie eine ungewöhnliche Anhäufung von Schlamm. Es war, als ob eine Unterwasser-Explosion den Tod der Fische herbeigeführt und gleichzeitig die Ablagerungen vom Meeresgrund aufgewühlt hätte. Später wurde am Horizont Rauch entdeckt. War ein anderes Schiff in der Nähe?

Nächster Tag: Die Schwärme toter Fische sind noch dichter. Jetzt kann man erkennen, dass der Rauch von Bergen aufsteigt. Der Blick auf die Karten zeigt, dass es in diesem Gebiet kein Land geben dürfte! Die *Jesmond* kommt bis etwa 19 Kilometer an die Insel heran. Man wirft einen Anker aus. Er erreicht den Boden bei nur sieben Faden Tiefe, während er gemäß der Karten mehrere Tausend Faden tief hätte sein müssen!

Nun geht man an Land. Man hat eine Insel betreten, die von Vulkantrümmern übersät ist. Aber: Es gibt keinen Sand, keine Bäume, keine Vegetation. Es ist, als sei die Insel gerade erst aus dem Meer aufgetaucht. In einiger Entfernung können die Männer ein Plateau mit rauchenden Bergen im Hintergrund erkennen. Man will nun weiter ins Innere der Insel, doch eine Reihe tiefer Erdspalten behindert die Leute...

Und jetzt kommt das für unsere Beweisführung Relevante: Einer der Seeleute findet eine seltsame Pfeilspitze; man sucht nach weiteren Artefakten. Später, als man in New Orleans angekommen war, erzählte Robson der Presse, dass er und seine Crew die verfallenen Überreste massiver Mauern freigelegt hätten. Unter den Artefakten, die sie in zwei Tagen ausgegraben hatten, fanden sie Bronzeschwerter, Ringe, Hämmer, gemeißelte Köpfe, Figuren von Vögeln und anderen Tieren, zwei Vasen oder Krüge mit Knochenfragmenten, einen beinahe vollständig erhaltenen Schädel sowie etwas, das aussah wie eine Mumie in einem steinernen Sarg, der von einer so dicken Kruste vulkanischer Ablagerungen überzogen war, dass man ihn kaum vom Felsen unterscheiden konnte.[17]

Ich erinnere an Donnelly, der der Meinung war, dass die Mumifizierung von Toten ursprünglich eine Gepflogenheit der Atlanter war, die sich dann auf beide Seiten des Ozeans hin verbreitete.

Das Dumme an der Geschichte ist, dass die Entdeckungen der *Jesmond* spurlos verschwunden sind! Das Logbuch wurde bei Angriffen der deutschen Luftwaffe zerstört. So kann man diese Geschichte bestenfalls als ein vages Indiz werten. Schade, es hätte ein guter Beweis sein können! Aber erfindet man eine Geschichte von einem Sarg mit einer mumifizierten Leiche? Wenn die Geschichte stimmt, ist bemerkenswert, dass

---

[17] Charles Berlitz: Der achte Kontinent und Murry Hope: Atlantis: Mythos oder Wirklichkeit.

unter den Fundstücken Bronzewerkzeuge waren, die angeblich erst 3000 v. Chr. in Mesopotamien erfunden worden sind.

Nun hatten andere Kapitäne ähnliches berichtet. Aber da bin ich wieder skeptisch, weil sich in solchen Fällen oft „Trittbrettfahrer" einschleichen.

Nun gibt es noch den Bericht von dem schwachen Glied einer Kupferkette, das von der aus Ozeanologen bestehenden Crew der Jacht *Hirondelle* südwestlich der Azoren-Insel Santa Maria im Schlamm gefunden wurde.[18] Laut Autor Kurt Aschenbrenner wurde dieses Fundstück im Jahre 1920 aus 800 Metern Tiefe geborgen, ebenso wie eine Kalksteinscheibe von 14 Zentimetern Durchmesser mit einer Durchbohrung in der Mitte. (Im steinzeitlichen Brünn (Tschchien) hätte man ähnlich geformte Steinscheiben gefunden, die einen Durchmesser von 20 Zentimetern aufwiesen. Deren Alter wurde auf mindestens 22.000 Jahre geschätzt).[19]

Unterirdische Bauten

Auch Piloten wollen zuweilen Bauten wie Städte, Torbögen und Pyramiden gesehen haben.

Das sowjetische Forschungsschiff *Petrovski* wurde Anfang 1974 bei einer Tiefsee-Expedition eingesetzt. Es sollten Fotos vom Meeresboden im Gebiet des so genannten Hufeisen-Archipels (eine U-förmige Gruppe von Unterwasserbergen, die ungefähr 483 Kilometer westlich von Gibraltar aus dem Meeresboden aufsteigen) angefertigt werden. Es liegt in jenem Gebiet, in dem Kapitän Robsons Insel aufgetaucht und wieder verschwunden war. Heezen, Thorpe und Young beschrieben in ihrem Buch *The Atlantic Floor* die Unterwasserberge des Hufeisen-Archipels. Die Unterwasserkuppen Ampere und Josefine sowie einige andere kommen bis auf weniger als hundert Faden an den Wasserspiegel heran. Auf Fotografien von der Oberfläche dieser Kuppen sollen Klippen, Oszillationsrippen und vereinzelt lebende Korallen zu erkennen sein. Die Unterwasserschwellen der nördlichen Hälfte des Hufeisens, die noch nicht genau untersucht worden waren, hätten sich von West nach Ost erstreckt, während die südliche Hälfte der Gruppe offensichtliche Ähnlichkeiten mit Vulkankegeln aufweist. Bei der nördlichen Hälfte scheinen tektonische Veränderungen eine Rolle gespielt zu haben.

Die Autorin Murry Hope glaubt, dass die *Petrovski* die ersten Fotos vom versunkenen Atlantis gemacht hat. Erst später hatte man erkannt, dass auf einigen der vielen Fotografien auch archäologische Relikte zu sehen waren. An Bord hatte sich unter anderem ein Forscher und Mitarbeiter des Instituts für Ozeanographie der UdSSR, Herr Wladimir Iwanowitsch Marakujev, ein Spezialist für Unterwasserfotografie, befunden. Am Forschungsort angekommen, wurden Spezialkameras und Beleuchtungsgeräte bis zu einer Tiefe von rund dreieinhalb Metern über dem Meeresboden hinabgelas-

---

[18] Matthias Kappel: Atlantis- Ewige Legende in: Das Große Experiment (Hrsg.: Thomas Mehner).
[19] Klaus Aschenbrenner: Die Antiliden.

sen. Aufnahmen wurden gemacht; Experimente durchgeführt. Das Ziel war die Untersuchung der Sandbänke in den seichten Gewässern der Gegend.

Als die Fotos endlich vorlagen, war man besonders von jenen Aufnahmen überrascht, die die Kuppe des Amperes zeigten; jener submarinen Erhebung, die aus einer Tiefe von mehr als dreitausend Metern bis zu sechs Meter unter dem Meeresspiegel ansteigt. Der Fotograf war von den Bildern beeindruckt.

Was war auf den Fotos im einzelnen zu sehen? Aus einem Zeitungsartikel (Znanie-Sila) geht hervor, dass auf dem ersten Bild links eine Mauer zu sehen ist; an deren oberen Rand seien deutlich einzelne Steinblöcke zu erkennen. Obwohl die Linse fast senkrecht nach unten gerichtet war, hätte man das Mauerwerk an insgesamt fünf Stellen ganz deutlich erkennen können. Die einzelnen Steinblöcke dürften etwa 1 ½ m hoch und etwas mehr als das lang sein.

Auf dem zweiten Foto ist die Mauer von oben zu sehen. Diese zieht sich diagonal durch das Bild. Die Stärke der Mauer lässt sich auf etwa 75 Zentimeter berechnen. Mauerblöcke sind auf beiden Seiten der Mauer deutlich zu erkennen. Seetang sieht man auf allen Fotos, dick und rötlichbraun.

Das dritte Foto, das aus einer anderen Aufnahmeserie von der Kuppe des Ampere stammt, zeigt eine mit Lava bedeckte Fläche, die scheinbar in drei Stufen abfällt. Man könnte auch fünf Stufen erkennen, die allerdings verfallen und von Schwämmen überwuchert sind

Professor Andreij Aksinov, Vizedirektor des Instituts für Ozeanographie der sowjetischen Akademie der Wissenschaften, äußerte, sich, nachdem er die Originalaufnahmen gesehen hatte, folgendermaßen: „Meiner Ansicht nach standen diese Gebilde früher auf der Erdoberfläche."[20]

Bald kamen Zweifel an der Theorie auf und 1985 führte man eine Nachfolgeexpedition durch, und wieder glaubte man, Reste von Häusern und Straßen zu erkennen. Bei einer näheren Untersuchung konnte man jedoch keine Spuren einer menschlichen Bearbeitung entdecken. Alles soll lediglich vulkanisches Gestein gewesen sein. War am Ende alles doch nur eine Laune der Natur?[21]

Die Quellen von Atlantis

Die von Plato beschriebenen heißen und kalten Quellen sind heute noch auf den Azoren zu finden, z. B. auf Sao Miquel. Im Bereich der Azoren befinden sich auch unter dem Meeresspiegel Süßwasserquellen.

---

[20]   Murry Hope: Atlantis: Mythos oder Wirklichkeit und Charles Berlitz: Der achte Kontinent.
[21]   Bernhard Makowiak: Atlantis.

Gefärbte Steine

Die zum Bau des Königspalastes verwendeten Steine in den Farben Weiß, Schwarz und Rot sind heute noch auf den Azoren anzutreffen.[22]

Verändertes Tierverhalten

Mit dem Rätsel der Aalwanderungen hat sich besonders Otto Muck beschäftigt. Bekanntlicherweise findet man in den europäischen Flüssen nur weibliche Aale. Wo sind also die männlichen Exemplare geblieben? Das fragten sich die Biologen in der vergangenen Jahrhunderten immer wieder. Und mittlerweile weiß man Näheres, obwohl das Rätsel dadurch nicht kleiner geworden ist.

Die Aale kommen in der Sargassosee zur Welt, die westlich und südwestlich von den Azoreninseln gelegen ist und Tangwälder enthält. Sie besitzt in etwa die Größe von Mitteleuropa. In diesen üppigen Tangwäldern laichen die Aale, die amerikanischen im Westteil, die europäischen im Ostteil. Durchsichtige, kleine Jungfische schlüpfen. Von ihrem Instinkt geleitet schlängeln sich die Jungaale gen Wirbelrand zum Golfstrom hin und lassen sich von diesem nach Osten, Richtung Westeuropa, treiben. Diese Reise dauert drei Jahre. Die Überlebenden werden dabei zu Glasaalen, die sich an den Küsten teilen. Die männlichen Aale bleiben im Salzwasser, die Jungweibchen schwimmen in die Unterläufe der europäischen Flüsse hinein. Diese Trennung der Geschlechter dauert drei Jahre. Mit fünf Jahren ist der Aal geschlechtsreif, dann treffen sich die Geschlechter wieder. An den Flussmündungen beginnt die gemeinsame Rückkreise zur Sargassosee. Sie schwimmen in großer Tiefe, wo sie vermutlich die kalte Unterströmung ausnutzen. In 140 Tagen sind sie wieder an ihrer Geburtsstätte angelangt, wo sie wiederum die Paarung vollziehen.

Muck fragt sich mit Recht, warum die Aale gleich zweimal eine so gefährliche und langwierige Reise unternehmen und warum die Weibchen ins Süßwasser wandern. Eine Teilantwort auf die zweite Frage gibt Muck selbst: Die Aalweibchen werden nämlich nur im Süßwasser geschlechtsreif. Nur: Warum schwimmen die Aalweibchen nach Westeuropa, und nicht nach Westindien, das ja viel näher liegt? Hierauf wird im allgemeinen geantwortet, die Aale vertrauten sich eben dem Golfstrom an. Aber der Golfstrom treibt sie eben weit weg nach Europa, wo er sich teils nach Süden, teils nach Norden langsam abschwächt. Jedenfalls strömt er nicht mehr zurück, und die Aale müssen ohne diesen schützenden Golfstrom den weiten Weg zurücklegen. War das immer so?

Wenn Muck recht hat, lag die Insel Atlantis auf dem Azorenplateau, das dem Golfstrom den Weg abgesperrt hätte. Dieser wäre dann zurück in Richtung Amerika abgelenkt worden, und so hätte der Golfstrom tatsächlich einen *Kreislauf* ausgeführt, dem sich die Aale sicher anvertrauen konnten. Die Aale wären also von ihrem Laichplatz in der Sargassosee vom Golfstrom an die nahe gelegenen Flüsse von Atlantis getragen

---

22   Klaus Aschenbrenner: Die Antiliden.

38

worden, die Weibchen wären dort geschlechtsreif geworden, während die Männchen draußen im Meer auf sie gewartet hätten. Dann wären sie gemeinsam, wieder vom Golfstrom getragen, zurück zu ihrem Geburtsort, der jetzt zu ihrem Laichgebiet wird, zurückgekehrt. Wenn die Insel, aus welchen Gründen auch immer, nicht mehr existiert, dann würde sie der Golfstrom ins ferne Europa verschleppen, wo er sie im Stich ließe. Und genau das tut er ja auch.[23]

Vögel kreisen oft über dem Azoren-Plateau, so als ob sie nach Land Ausschau halten würden.[24]

Klimaveränderungen

Wenn diese von Muck propagierte Golfstrom-Sperrinsel tatsächlich existiert hätte, müsste zur damaligen Zeit in Atlantis ein begünstigtes Klima geherrscht haben, während es in Europa bitterkalt gewesen wäre; und das war es ja auch vor 10.000 Jahren! Muck führt die Temperaturverteilung in Nordamerika und in Europa während der Eiszeit und heute als weiteren Beleg für die Notwendigkeit einer einstigen Golfstrom-Sperrinsel an. Nordwesteuropa war während des Quartärs (Muck bezeichnet die Zeit nach dem Untergang von Atlantis als „Quintov") gegenüber Amerika *nicht* klimabegünstigt, dies aber wäre zwangsläufig die Folge gewesen, wäre damals schon der Golfstrom nach Europa gekommen.[25]

Alte Seekarten

Verschiedene Buchautoren (Berlitz, Aschenbrenner und viele andere) weisen immer wieder darauf hin, dass vor Jahrhunderten des öfteren Seekarten im Umlauf waren, die uns heute unbekannte Inseln im Atlantik zeigen, von denen eine recht groß eingezeichnete als „Antillia" bekannt ist.

Artefakte und technische Errungenschaften in aller Welt

Der Autor Klaus Aschenbrenner ist davon überzeugt, dass viele technische Errungenschaften im Altertum, die heute wieder entdeckt werden, auf eben diese Antilliden zurückzuführen sind. In seinem Buch *Die Antilliden* beschreibt er Errungenschaften wie Fluggeräte, die auf uralten Abbildungen, und zwar bei *verschiedenen* Kulturen, immer wieder vorkommen; so z.B. im alten Ägypten, das ja eine ehemalige Kolonie des atlantischen Imperiums sein soll (darauf komme ich an anderer Stelle noch ausführlich zurück; es gibt Artefakte von Flugzeugmodellen!); als auch z.B. in China. Hier gibt es die Überlieferung von den „Fliegenden Wagen von Tschi-Kung", mit denen das Volk der Tschi-Kung China besucht haben soll. Dieses Volk soll 40.000 LI (ein altes chine-

---

[23] Otto H. Muck: Alles über Atlantis.
[24] Charles Berlitz: Das Atlantis-Rätsel.
[25] Otto H. Muck: Alles über Atlantis.

sisches Längenmaß, wobei ein LI vermutlich 245 Metern entsprach) jenseits des Jadetores entfernt beheimatet gewesen sein. Aschenbrenner vermutet, dass die „Antilliden", die man wohl im großen und ganzen mit den „Atlantern" gleichsetzen kann, dieses geheimnisvolle Volk waren. Die Legende finden wir in dem Werk *Po-Wü-Tschi*, das aus dem dritten Jahrhundert. stammt. Zur Legende ist ein chinesischer Holzschnitt erhalten geblieben, der diese fliegenden Wagen zeigt. Ebenso interessant in diesem Zusammenhang sind die Überlieferungen der Inder bezüglich der Vimanas, von denen in den *Veden* die Rede ist.[26] Nicht minder interessant ist die Legende vom „Donnervogel-Mythos" der Mandan-Indianer.[27]

Charles Berlitz bildet in seinem Buch *Der. 8. Kontinent* ein Artefakt aus einem Grab in Kolumbien ab, das auf etwa 1400 v. Chr. datiert wurde. Nach Charles Berlitz wurde das Objekt, das ursprünglich für einen Vogel oder ein anderes Tier mit Flügeln gehalten wurde, von Piloten und Sachverständigen untersucht; und diese hätten eine Reihe von Merkmalen gefunden, die man bei Vögeln oder anderen fliegenden Tieren nicht findet. Das Artefakt scheint z.B. ein Querruder aufzuweisen, ein Heckleitwerk, ein kastenförmiges Motorengehäuse sowie ein Cockpit. Insgesamt gleiche das Objekt nicht einem Vogel, sondern einem Kampfflugzeug mit Deltaflügeln, und auch mir scheint es, dass die Flügel tatsächlich etwas mit Deltaflügeln gemein haben.[28]

Aschenbrenner verweist auf Eisen, das die Antiliden als erste Kultur verarbeitet haben sollen. Er beruft sich auf den Taucher B. Vogel, der vor etwa 20 Jahren in fast 20 Metern Meerestiefe vor der französischen Küste merkwürdige kuppelförmige Gebilde mit schornsteinartigen Fortsätzen entdeckt hat. Bei der Untersuchung habe man Schlacke gefunden, wie sie bei der Eisengewinnung in Hochöfen auftritt. Ein ähnlicher Fund wurde übrigens von Nelson Glueck 1940 im Wadi-Al-Arab, einem Wüstental südlich des Negev, gemacht. Dr. Werner Keller (*Und die Bibel hat doch recht*) identifiziert dieses Bauwerk als den Schmelzofen Salomos. Weiter verweist Aschenbrenner auf technische Errungenschaften, wie z. B. Aluminium im alten China.[29] In meinem Buch *Gelöste und ungelöste Mysterien dieser Welt* beschreibe ich noch eine ganze Reihe ähnlicher technischer Errungenschaften im Altertum.

Sprachverwandtschaften

Der Sprachexperte und Atlantis-Forscher Charles Berlitz ist einer der Autoren, die immer wieder auf die Ähnlichkeiten von Sprachen auf beiden Seiten des Atlantiks und auf gemeinsame Sagen, nach denen z.B. die amerikanischen Indios und Indianer oft von einer Urheimat im östlichen Meer berichten, hinweisen, während afrikanische und europäische Sagen oft von einem geheimnisvollen Land der Seligkeit im *Westen* berichten. Diese Sagen sind also immer auf den Atlantik hin ausgerichtet. Außerdem

---

[26]   Klaus Aschenbrenner: Die Antiliden.
[27]   Den Artikel von Gisela Ermel in: UFO- Report Nr. 2/1996.
[28]   Charles Berlitz: Der achte Kontinent.
[29]   Klaus Aschenbrenner: Die Antiliden.

erwarten viele Indianerstämme die Rückkehr irgendwelcher Götter, die sie Richtung Meer verlassen und versprochen haben, von dort her wiederzukehren.

Auch Murry Hope erkennt Namensähnlichkeiten zu Atlantis, z. B. in den alten Stämmen Nordwestafrikas, wie z. B. Atlantas, Atarantas und Atlantioi. Die nordafrikanischen Berberstämme kennen Legenden von Attala, einem reichen Königtum, das jetzt am Boden des Ozeans ruht, aber eines Tages wieder auftauchen soll. Britische Ureinwohner glaubten, ihre Vorfahren seien einst aus einem Land im Westen gekommen. Bei den Kelten war dieses Land als „Avalon" bekannt. Es soll schließlich vom Meeresgott in Besitz genommen worden sein. Die Basken bezeichnen sich als Atlaintika und glauben, von den Atlantern abzustammen. Auch die Portugiesen haben eine Erinnerung an Atlantis oder Atlantida bewahrt, das im Azorengebiet gelegen haben soll. Die Südspanier glauben an eine Verbindung zu Atlantis, und die Bewohner der kanarischen Insel sehen sich als einen Überrest des „Alten Landes" an, der die Flut überdauerte. (Auf die „Guanchen", die Ureinwohner der Kanarischen Inseln, werde ich später noch einmal zurückkommen). Die Phönizier kannten ein geheimes Land, das sehr reich war und Antilla hieß. Im Karan wird von einem Land im westlichen Ozean namens „Ad" berichtet. Hier soll nach der Legende die Wiege der Zivilisation gestanden haben. Heilige indische Schriften berichten von den „Weißen Inseln", die auch als Kontinent „Attala" bezeichnet werden. Der Begriff „Atayantika" erscheint in diesen Texten oft im Zusammenhang mit einer großen Katastrophe. Die Azteken berichteten den Konquistadoren bei ihrer Ankunft in Amerika, dass ihre Rasse von einer großen Insel namens Atzlan abstamme, die im östlichen Ozean gelegen habe. Einige indianische Stämme Nordamerikas besitzen Überlieferungen, nach denen ihre Vorfahren von einer großen Insel im Meer im Osten stammten. Die ersten weißen Siedler, die nach Wisconsin kamen, trafen dort auf ein Dorf, das von seinen Einwohnern Azatlan genannt wurde. Gemäß Ignatius Donnelly konnten die Tolteken ihre Wanderungen bis zu einem Ort namens Atzlan zurückverfolgen, und auch das heilige Buch der Maya weiß von Reisen königlicher Prinzen zwischen Atzlan und seinen Kolonien im Westen. In diesem Zusammenhang bringt Aschenbrenner noch die Begriffe Amenti ein, das in Ägypten bekannt ist, sowie das Arallu der Babylonier und das Atli der Wikinger.

Westlich der Antillen gibt es mehrere hundert Wörter, die mit der Silbe „Atl" (= Wasser) beginnen. Etliche Lautübereinstimmungen gibt es zwischen der „Alten" und der „Neuen Welt", z. B. bedeutet „theos" bei den Griechen Gott, die toltekische Entsprechung ist „teo". „andi" bedeutet sowohl bei den Ägyptern als auch bei den Ketchua „Hochebene", um nur zwei Beispiele von vielen herauszugreifen. Ausführliche Listen finden Sie bei Aschenbrenner und Berlitz (*Geheimnisse versunkener Welten*).

Die Sprachverwandtschaften waren das letzte Beweismittel in unserer Kette, die ich bewusst so ausführlich dargestellt habe; um deutlich zu machen, dass es wirklich Beweise für das einstige Vorhandensein einer Großinsel, auf der eine hohe Kulturstufe herrschte, gibt, die im Azorenraum gelegen hat und möglicherweise noch ausgedehnter war bzw. noch einige Inseln/Inselgruppen beinhaltete. Jedenfalls könnte sich auf der klimabegünstigten Großinsel ohne weiteres eine fortgeschrittene Kultur entwickelt haben, die aus den so genannten Cromagnard bestand, während in Europa noch der „Neandertaler" sein Dasein fristete.

Die Sprachverwandtschaften weisen jedoch auch darauf hin, dass es auf dieser Groß-insel offenbar einmal eine Muttersprache gegeben hat, die sich in rudimentärer Form in aller Welt erhalten hat.

Jetzt stellt sich folgende Frage: Inwieweit kamen die Atlanter erst als Überlebende in andere Länder und inwieweit waren sie dort schon vorher präsent, in Form einer Ko-lonialmacht?

Von den Kolonien im Westen haben wir gerade gehört (Maya-Überlieferungen). Und Ägypten soll ja nach der Legende eine atlantische Kolonie gewesen sein. Und die Flugreisen, von denen alte Legenden, wie erwähnt, berichten, könnten ja eigentlich kaum nach einer Katastrophe, in der Atlantis im Laufe eines schrecklichen Tages und einer schrecklichen Nacht im Meer versunken sein soll, getätigt worden sein. Auf den Themenkomplex „atlantische Kolonien" wird noch einzugehen sein, zuvor jedoch noch ein paar Worte zum Untergang der Insel.

Der Untergang von Atlantis

Die Insel Atlantis versank nach Platos Worten innerhalb eines schlimmen Tages und einer schlimmen Nacht in den Fluten des Atlantiks. Wie ist das möglich? Wir haben doch in der Schule gelernt, dass die Evolution immer schön gleichmäßig verlaufen ist, dass es keine größeren Katastrophen gab, die das Bild auf unserem Planeten drastisch veränderten.

Also kann Atlantis gar nicht untergegangen sein, schon gar nicht innerhalb von 24 Stunden. Am besten hat Atlantis einfach nicht existiert, es war doch nur eine Sage; und unsere Schulwissenschaft braucht nicht umzudenken. Das wäre doch die ein-fachste Lösung. Aber wäre sie auch richtig?

Ein kleiner Teil des Testaments

Es ist schon eine ganze Menge, was wir bisher an Hinterlassenschaften von Atlantis zusammengetragen haben.

Ein negatives Vermächtnis wurde den Aalen beschert. Sie müssen, seit Atlantis, auf welche Weise auch immer, unter die Erde verschwunden ist, den beschriebenen und in der Biologie bekannten beschwerlichen Weg antreten, seit der Golfstrom nicht mehr von Atlantis gestoppt wird, und der den Aalen nicht mehr die Sicherheit bietet, die er ihnen einst geboten hat.

Aufgrund der Hinterlassenschaft von Atlantis fehlt den Vögeln, die über den Atlantik fliegen, ein Platz zum Ausruhen, ruhelos kreisen sie immer wieder über dem Azoren-Plateau, das einst ihr Ruheplatz war. Auch sie fielen einem negativen Vermächtnis von Atlantis zum Opfer.

Atlantis hat uns einige geologische Beweise sowie Artefakte und möglicherweise untermeerische Ruinen hinterlassen; die gefärbten Steine, die von Plato erwähnt wurden, sind ebenso wie die kalten und warmen Quellen im Bereich der Azoren noch vorhanden, Atlantis hat Hinweise auf eine Kolonialisierungstätigkeit in weiten Gebieten der Welt hinterlassen und es gibt Hinweise auf die Verwendung von Eisen und sogar von Fluggeräten; dies alles sollte genug sein für nachdenkliche Menschen, um auf den „Erblasser" aufmerksam zu werden, aber es dürfte zu wenig sein für hartgesottene Schulwissenschaftler, um grundsätzlich umzudenken.

Wir Europäer sind durch den Golfstrom erst zu dem geworden, was wir heute sind. Atlantis hat uns durch seinen Untergang einen Golfstrom hinterlassen, der nunmehr bis nach Nordeuropa reicht und der Europa zu einer klimabegünstigten „Ecke" macht. Nach dem Verschwinden von Atlantis, und nach dem Abklingen der Katastrophenfolgen, die noch zu besprechen sein werden, begann die Zukunft Europas! Unser gesamtes Dasein basiert ausschließlich aus dem Vermächtnis von Atlantis.

Dieses wunderbare Geschenk, das aus dem Erbe von Atlantis stammt, gilt heute als selbstverständlich. Aber wir sollten uns immer in Erinnerung rufen, dass der Golfstrom ein Geschenk ist-ein Geschenk, das erst durch das Verschwinden einer großen Insel im Azorengebiet zum Tragen kam und somit ein ganz spezielles Erbe an uns Europäer darstellt.

Ich habe vorhin die Errungenschaften in aller Welt angeschnitten, die vermutlich auf Atlantis zurückzuführen sind, und ich habe rudimentäre Sprachähnlichkeiten aufgeführt, die auf eine Urheimat der Menschen zurückzuführen sind. Aber ein noch wichtigerer Punkt, der bis jetzt nur angedeutet worden ist, ist die Frage nach den Göttern, die von den modernen Religionen zum Tabuthema erklärt worden sind. Interpretationen außerhalb der engen Grenzen der jeweiligen heiligen Bücher sind nicht zulässig; den „Kampf" mit den etablierten Religionen haben die „Paläo-SETIker", die der Meinung sind, die Götter seien aus dem Weltall gekommen, aufgenommen. Sie glauben, die Außerirdischen hätten uns die angesprochenen und noch anzusprechenden Errungenschaften gebracht; unsere Zivilisation, so wie sie sich heute darstellt, sei ein Erbe von außerirdischen Besuchern oder Manipulatoren gewesen, um es einmal genauer auszudrücken, doch ich bin der Meinung, die Götter kamen aus Atlantis.[30]

Oder, genauer gesagt, unsere Göttersagen, und somit all unsere modernen Religionen, basieren auf ehemalige Kolonialgebiete des Atlantischen Imperiums, in denen die Kolonialherren sich zum großen Teil als Götter verehren ließen! Letztendlich stellen unsere Religionen mit ihren speziellen Werten ein weiteres Vermächtnis von Atlantis dar, und es wird noch zu besprechen sein, wie Stützpfeiler der Bibel, Schlagworte, ohne die keine Religion existieren kann, auf das Erbe von Atlantis zurückgeführt werden können, die die Grundpfeiler der Religionen zusammenbrechen lassen.

Jetzt habe ich ständig von Kolonisationstätigkeiten gesprochen, die ich bislang lediglich mit den genannten gefundenen Artefakten und den in verschiedenen Ländern vorherrschenden Legenden stützte. Wir sollten uns nun jene Gebiete ansehen, in der die Atlanter einst Kolonialherren waren, und wir werden sehen, was die Atlanter jenen Völkern hinterlassen haben!

---

[30] Davon ausgenommen sind Begegnungen von Menschen mit „Gott und Engeln", wie wir sie in den biblischen Prophetischen Göttern finden. Diese Begegnungen haben oft erst wenige Jahrhunderte vor Christi Geburt stattgefunden – in einer Zeit also, in der es Atlantis schon lange nicht mehr gab. Zu diesem Themenkomplex habe ich das Buch Sie kamen aus der Zukunft – Das Geheimnis der alten Propheten (Bohmeier-Verlag 2000) verfasst.

Teil 2: Kolonialmacht Atlantis

Als eine Großinsel im Atlantik die Welt beherrschte

Der Machtbereich der Atlantischen Könige nach Plato

Ich zitiere wieder zwei Stellen aus der Übersetzung von Frau Barbara Pischel:

Timaios 25 a: „Auf jener Insel Atlantis hatte die große und bewundernswerte Macht der Könige ihren Sitz und regierte über die gesamte Insel viele andere Inseln und Teile des Festlandes; auch herrschte sie dort noch über die Teile innerhalb Libyens bis nach Ägypten (sowie) über die Teile von Europa bis zum Tyrrhenischen Meer."

Timaios 25 b: „Dieselbe Macht (der Könige mit Sitz auf Atlantis) hatte sich in Eins den ganzen Raum (Topos) verbunden, als sie den in Eurer und den (Raum) in Eurer Nähe sowie den innerhalb der Meerenge durch einen einzigen Ansturm sich zu unterjochen plötzlich Hand anlegte."

Plato spricht also davon, dass die Könige von Atlantis nicht nur über die Insel herrschten, sondern auch über viele andere Inseln. Einige davon könnten die (damals vermutlich größeren) Inseln im Bereich Bimini/Bahamas sein: Auf die dort gemachten Funde habe ich ja bereits hingewiesen. Die Ruinen im Bimini/Bahama-Gebiet stützen letztlich die Atlantis-Azorengebiet – These, wenn man das Bimini/Bahama-Gebiet mit Platos „gegenüber liegenden Inseln" identifiziert. Aus dieser Sichtweise sind diese Ruinen ebenfalls ein Vermächtnis der Atlanter, die sicherlich die „gegenüber liegenden Inseln" auch genutzt haben als Waffentestgelände, Stützpunkt für einen nicht ungefährlichen Energiekomplex (auf diese Idee werde ich später noch zurückkommen) oder was auch immer.

Dann ist da die Rede von Teilen des Festlandes. Ich habe keinen Zweifel daran, dass mit diesem Festland Amerika gemeint ist, denn Amerika wurde von Plato an mehreren Stellen als ein „Festland" bezeichnet, und die östlichen Gebiete werden separat erwähnt. So eine Kolonie könnte z.B. das hoch entwickelte Tiahuanaco gewesen sein, von dem in Teil 3 die Rede sein wird, da Tiahuanaco ebenfalls einer Katastrophe (genauer gesagt mit hoher Wahrscheinlichkeit einer Folgekatastrophe des Atlantis-Untergangs) zum Opfer gefallen war. Das heißt also, die Kultur von Tiahuanaco wurde mit dem allerschlechtesten der Vermächtnisse von Atlantis geschlagen, nämlich mit der totalen Vernichtung; aber ich möchte an dieser Stelle nicht vorgreifen.

Libyen und Ägypten werden separat erwähnt und die Informationen, die Plato zum Thema hat, stammen ja ursprünglich aus Ägypten. Folglich scheint zwischen Atlantis und Ägypten wohl die intensivste Verbindung bestanden zu haben. Und wenn die Atlanter ein bewusstes Testament für die Nachwelt hinterlassen haben (und ich behaupte, sie haben), dann ist es am ehesten in Ägypten zu suchen. Wir werden später auf diese Idee zurückkommen.

Teile von Europa bis zum Tyrennischen Meer, also das Mittelmeergebiet, werden als nächstes erwähnt. Die Megalith-Kulturen scheinen dies zunächst zu bestätigen. Diese Kultur der Großsteinbauten hat sich offensichtlich an den Küsten und Flussmündungen West- und Nordwesteuropas verbreitet und diese scheinen – beispielsweise in Karnak – auf das Vorhandensein einer hohen Kulturstufe hinzuweisen.

Die Sache hat allerdings einen Schönheitsfehler. Denn diese Kultur existierte nicht vor 5000 v. Chr. War diese Megalithkultur möglicherweise lediglich ein Abbild einer früheren hoch entwickelten Kultur? Hat man versucht, nach dem Abklingen der Katastrophenfolgen das Erbe von Atlantis anzutreten, getrieben von der Sehnsucht nach den einstigen goldenen Zeiten?

Das noch vorhandene Wissen wurde noch einmal zusammengetragen, um eine für die damalige Zeit erstaunliche Kultur auf die Beine zu stellen, die sich über Westfrankreich, England, Schottland, Irland, die portugiesische und spanische Südküste, Dänemark, Norddeutschland und die Ostseeküste sowie die Balearen, Sizilien, Malta und die kanarischen Inseln hinzog.

Professor Harald Braem vermutet[31], dass es sich bei dieser Kultur um das ursprüngliche Atlantische Imperium gehandelt habe, was ich jedoch anzweifeln möchte. Da es zur Zeit von Atlantis im Norden bitter kalt war, dürfte sich die atlantische Kolonisationstätigkeit vermutlich auf Südeuropa beschränkt haben: Nach dem Ende der Sintflut und deren Folgen, die im 3. Teil beschrieben werden, dürften einige einen Teil des ursprünglichen Wissens noch bewahrt haben, um diese Monumente zu errichten und sie bis in den nun gemäßigten Norden Europas hineinzutragen. Nach einer Weile ging das Wissen verloren, und die Kultur war dahin. Mancherorts[32] wird auch der Versuch gemacht, die Anlage der Megalithbauten in das Jahr 10.000 v. Chr. zurückzuschieben: Dagegen spricht die Tatsache, dass, wie ein Autor, der diese These vertritt, selbst zugibt, dass die Indizienkette, die seine Quellen aufweisen, „für einige Leser zu schwach ausfallen könnte", und - und das ist für mich wesentlicher – dass diese Megalithkultur ja auch im vereisten Nordeuropa Bestand hatte, und ich glaube nicht, dass dort zur damaligen Zeit irgend jemand Interesse daran gehabt hat, solche Monumente ins Dauereis zu setzen. Ich glaube auch nicht, dass potentielle Außerirdische an einer derartigen Aktion interessiert gewesen sein könnten, die ja oft für derartige Dinge häufig verantwortlich gemacht werden.

Weiter erwähnt Plato den ominösen Angriff auf Ur-Athen, das sich allerdings einer Kolonialisierung offenbar zu entziehen wusste. Dies lässt nur zwei Schlüsse zu. Entweder war Ur-Athen technisch genauso weit wie Atlantis, oder Plato hatte diese Passage in eine sonst wahre Geschichte eingebaut, um seine Ideen von einem idealen Staatsgefüge einzuflechten. Auf diese Idee des Autoren Fritz Nestke werde ich später noch zurückkommen.

Dann gibt es noch die Überlieferungen der „Hopis", die Rätsel aufgeben. Der Autor „J. E Blumrich"[33] beschreibt einen riesigen Kontinent im Pazifik, dessen Bewohner mit Atlantis im Dauerstreit gelegen haben sollen.

Was Plato nicht erwähnt, sind die Gebiete um das Zweistromland, Babylonien, Arabien, das frühere Akkad, das rätselhafte Sumer. Doch auch dort gibt es deutliche

---

[31] Harald Braem in: Das Geheimnis der Pyramiden.
[32] Matthias Kappel in seinem Beitrag Ursprung der Megalithbauten vor 10.000 Jahren in der Materialsammlung Das Große Experirnent - Eine Beitragsammlung (Hrsg. Thomas Mehner).
[33] J. E. Blumrich: Kasskara und die sieben Welten.

Hinweise auf Kultursprünge, die dort stattgefunden haben müssen. Sollten auch sie auf Atlantis zurückzuführen sein? Sollten die Sumerer Erben des wissenschaftlichen Hochstandes von Atlantis gewesen sein?

Pyramidenbauten in aller Welt lassen auf ein Weltimperium schließen: Pyramiden wurden gefunden im Nildelta, in Mesopotamien, in Arabien, auf den Inseln im persischen Golf[34] in Mexiko, Peru und Kolumbien (pyramidenförmige Tempelanlagen der Inkas, Mayas und Azteken), sowie in Ecuador, auf den kanarischen Inseln[35] und neuerdings sogar in China.[36] Und ich hatte ja bereits darauf hingewiesen, dass es in China Hinweise auf das Flugwesen gab: Das erwähnte Volk der „Tschu-Kung" soll ja von sehr weit gekommen sein. – Aus Atlantis? Aber dies nur am Rande: Pyramiden ähnliche Bauwerke wurden im Indus-Tal und auf den Malediven gefunden.[37] Vor wenigen Jahren wurden im Internet Fotos veröffentlicht, die deutlich Stufenpyramiden vor der Küste Japans zeigen![38] In Tikal, Guatemala, stehen Pyramiden, die der Maya-Kultur zugeschrieben werden.[39] Der bekannte Autor Walter Jörg Langbein[40] beschreibt, dass auf dem Meeresgrund des Rock Lake, eines Sees knapp östlich vom Städtchen Madison im Süden Wisconsins, USA, Unterwasserpyramiden gefunden worden seien, die halb im Schlamm steckten und von der die größte genau nach Norden ausgerichtet sei. Da die Pyramiden sich z. Zt. auf dem Grund des Sees befinden, glaubt Langbein, dass sie vor dem Ende der letzten Eiszeit erbaut worden sein müssen. Er geht davon aus, dass zu dieser Zeit das Eis in Amerika zurückging und die Pyramiden danach durch die Schmelzmassen überschwemmt worden seien.

Ich kann mir nicht so recht vorstellen, dass die Pyramiden ins Eis gesetzt worden waren. Sollten sie tatsächlich künstlichen Ursprungs sein müssten sie nach der Gletscherschmelze in Amerika gebaut worden sein, d.h. vermutlich in der Zeit zwischen 11.000 und 9.000 v. Chr. Und überschwemmt wurden sie erst durch die Sintflutkatastrophe, die nach dem Untergang von Atlantis einsetzte.

Wurden die Pyramiden von Rock Lake von den Atlantern erbaut, und stellen sie eine weitere Hinterlassenschaft jener Hochkultur dar?

Wir hörten bereits davon, dass auf Atlantis Tote einbalsamiert worden sein sollen. Und diese Gepflogenheiten finden wir bekanntlich in Ägypten wieder, aber auch in Peru sowie auf den kanarischen Inseln[41], wenn auch nur mit einem geringeren Grad an Perfektion. Es ist schon bemerkenswert, dass wir Mumifizierungen östlich und west-

---

[34] Harald Braem: Das Geheimnis der Pyramiden.
[35] Braem: Das Geheimnis der Pyramiden.
[36] Hartwig Hausdorf z. B. in Discover 2/95 (Diese Zeitschrift wurde mittlerweile eingestellt.) Dieser Autor schreibt in seinem Buch Die weiße Pyramide über entsprechende Entdeckungen in Ostasien, ebenso wie Peter Krassa, der zusammen mit Hausdorf das Buch Satelliten der Götter zu dieser Thematik geschrieben hat.
[37] Harald Braem: Das Geheimnis der Pyramiden.
[38] http://www.lauralee.com/japan.htm
[39] http://www.geocities.com/TheTropics/Shores/9173/tikal.htm
[40] Walter Jörg Langbein: Bevor die Sintflut kam.
[41] Harald Braem: Das Geheimnis der Pyramiden.

lich von der Stelle, nach der allem Anschein nach Atlantis gelegen hat, finden. Ein Einfluss des atlantischen Imperiums auf Mittelamerika ist aufgrund der genannten gemeinsamen Brüche unübersehbar. Plato hatte ja auch beschrieben, dass es von Atlantis aus eine Leichtigkeit gewesen sei, zu den gegenüber liegenden Inseln, die wir mit dem Bahama/Bimini-Gebiet identifiziert haben, und von dort aus zum Festland, womit wohl Amerika gemeint war, zu gelangen. Gab es also eine Kolonisationstätigkeit von Atlantis in Mittel- und Südamerika? Es wäre zu vermuten.

Hatte das atlantische Imperium aber eine Ausdehnung bis nach China? Auch daran müssen wir nicht zuletzt aufgrund der Entdeckungen von Peter Krassa und Hartwig Hausdorf (die selbst jedoch die These von den außerirdischen Besuchern vorziehen) denken.

Ich möchte Ihnen nun nacheinander die Orte vorstellen, bei denen am deutlichsten Spuren einer Kolonialisierung durch eine alte, sehr fortgeschrittene Kultur zu finden sind, und dort gezielt nach bewussten und unbewussten Hinterlassenschaften suchen. Beginnen wir bei einem geheimnisvollen Volk, das von Plato gar nicht genannt wird: den Sumerern.

Der Turmbau zu Babel – geht er auf einen atlantisch-sumerischen Konflikt zurück?

Ein Volk, das keine geringen Rätsel aufgibt, sind die Sumerer. Hören wir zunächst, was die Schulwissenschaft zu diesem Volk sagt, dann werden wir einen in der Paläo-SETI-Thematik bewanderten Sumerologen zu Rate ziehen und später werde ich Ihnen meine Schlüsse darlegen.

Sumer: das mittlere und südliche Babylonien, urspr. das Gebiet um Nippon, später das ganze seit Ende des 3. Jahrtsds. v. Chr. von den Sumerern bewohntes Gebiet, schließlich zus. mit dem Land Akkad (N.-Babylonien) bis ins 1. Jahrtausend die Bezeichnung für ganz Babylonien.

Sumerer: die Bewohner von Sumer (S-Mesopotamien) im 3. Jahrtausend vor Chr. Das Volk unbekannter Herkunft ist nur aufgrund seiner Sprache nachweisbar: Sie schufen die städtische Kultur Babyloniens in der Form der Tempelstadt, bei der das Eigentum an den Feldflur dem Tempel vorbehalten war. Unter wechselnder Vormachtstellung einzelner Königtümer (Uruk, Ur, Lagasch, Kisch, u. a.) bestimmte die von einer gut organisierten Priester- und Beamtenschaft getragene sumerische Kultur das Geschehen im 3. vorchristlichen Jahrtausend. Die Sumerer haben die Keilschrift entwickelt: Die Kunst der Sumerer vor allem ihre um 3000 v. Chr. geschaffene Monumentalarchitektur (Uruk, Ur, Eridu) war die Grundlage für die weitere Entwicklung der Kunst in Babylonien.

Sumerische Sprache: die Sprache der Sumerer, die um 1800 v. Chr. erlosch, aber als Kultsprache noch bis in sekleukid. Zeit überliefert wurde. Sie gehört zu den akklutinierten Sprachen und besaß versch. Dialekte, bes. auch eine „Frauensprache". Verwandtschaft mit anderen (auch orient.) Sprachen konnten bisher nicht nachgewiesen werden. Das Semit. Akkadisch wurde im Syntax, Lautstand und Wortschatz von der sumerischen Sprache beeinflusst, so wie das sumerische schon früh semitische Lexeme aufnahm.[42]

Die Sumerer waren also im dritten vorchristlichen Jahrtausend plötzlich da, haben Monumentalarchitektur geschaffen und den Grundstein für die weitere Entwicklung der Kunst in Babylonien gelegt. Woher kam diese Kultur? War die Fähigkeit zur Schaffung von Monumentalarchitektur ein weiteres Erbe von Atlantis, nachdem vor dem Verschwinden dieser Hochkultur diese deren Lehrmeister gewesen waren?

Da die Keilschriftinschriften den ägyptischen Hieroglyphen ähneln, ist anzunehmen, dass zwischen den Sumerern und den Ägyptern eine Verbindung bestand, wobei die sumerischen Zeichen wohl die älteren waren. Neben einer riesigen Keilschriftbibliothek wurden allerdings auch zahlreiche vollendet geformte Statuen aus Ton und Stein in den entsprechenden Ausgrabungsstätten gefunden.

---

[42] Großes Universal-Volkslexikon.

51

Die Sumerer haben mächtige Stadtstaaten im Bereich des Euphrat und Tigris errichtet. In der sumerischen Kultur scheint wie in anderen alten Kulturen auch die sehr schnelle Entwicklung von Religion, Kunst, Technik, Staatswesen und auch ein gewisser Hang zum Monumentalen vorhanden gewesen zu sein. Vollkommene Skulpturen wurden von den Sumerern erschaffen.

Sowohl Aschenbrenner[43] als der Autor Zecharia Sitchin verweisen wie auch das zitierte Lexikon darauf dass die sumerische Zivilisation *plötzlich* entstanden war. Besonders Sitchin[44] betont, dass der Mensch 10 Millionen Jahre gebraucht habe, um einen gewissen Umgang mit primitiven Werkzeugen zu erlernen, während man nur 50.000 Jahre seit der Neandertaler-Zeit gebraucht habe, um Menschen auf den Mond zu schießen. Sitchin beruft sich auf Funde in der Schanidar-Höhle in Mesopotamien, die in der Zeit von etwa 100.000 bis 13.000 Wohnstätte von Menschen gewesen sein soll. Von etwa 27.000 bis 11.000 v. Chr. soll die zusammenschrumpfende Bevölkerung auf einen Punkt gesunken sein, an dem es fast keinen Wohnsitz mehr gab. In etwa 16.000 Jahren verschwand der Mensch, vermutlich aus klimatischen Gründen, aus diesem Gebiet. Vor ungefähr 11.000 Jahren erschien aber der vernunftbegabte Mensch wieder mit neuer Kraft und einem deutlich höheren kulturellen Niveau.

Und das ist genau die Zeit, in der das Atlantische Imperium noch Bestand hatte. Sollte dieser Kulturschub auf jenes Volk zurückzuführen sein?

Aber hören wir zunächst einmal die von Sitchin angebotene Erklärung:

Sitchin will aus alten sumerischen Steintafeln und sumerischen Göttersagen herauslesen, dass Außerirdische diesen Kultursprung ermöglicht hätten, indem sie durch genetische Manipulationen aus irdischen „Urmenschen" vernunftbegabte Wesen machten, die von nun an als billige Arbeitskräfte für die Aliens tätig sein sollten – insbesondere, um Erz abzubauen. Auch die biblische Schöpfungsgeschichte samt Vertreibung aus dem Paradies soll auf diesen Vorgang zurückzuführen sein. Später kam es zu einem Aufstand der Arbeiter, der die Götter/Außerirdischen dazu verleitete, die Vernichtung der Menschheit zu beschließen, während aber andere „Götter" diesen Beschluss sabotierten und einige Menschen retteten. Auf diese Geschichte sollen auch die Begebenheiten rund um die biblische Sintflut hinweisen.

Die Außerirdischen selbst kommen nach Sitchin von einem Planeten unseres Sonnensystems (!), der sich zwischen Mars und Jupiter bewegen und seit einer Naturkatastrophe vor Urzeiten, bei dem die Erde aus einem älteren Planeten hervorgegangen sein soll, auf einer extrem langgestreckten elliptischen Bahn seines Weges ziehen soll und sich die meiste Zeit über (wie jetzt auch wieder) weit außerhalb der Reichweite unserer Beobachtungsmöglichkeiten befände. Sitchin glaubt, dieser 12. Planet (er bezieht nach seiner Interpretation der sumerischen Aufzeichnungen Sonne und Mond mit ein) nähere sich alle 36.000 Jahre der Erde und während dessen Anwesenheit käme es auf der Erde aufgrund der starken Anziehungskraft dieses größten aller Planeten zu Na-

---

[43] Aschenbrenner: Die Antiliden.
[44] Sitchin: Der 12. Planet.

turkatastrophen. Auch die biblische Sintflut sei in diese Periode gefallen. Immer, wenn dieser Planet sich in einer günstigen Position, in einem „Startfenster", wie man heute sagt, befand, führten die Außerirdischen, die deutlich länger als die Erdenmenschen lebten, einen „Schichtwechsel" auf der Erde durch. Während der Sintflut, die sie wohl selbst überraschte, sollen die Außerirdischen von der Erde geflohen sein.

Wie kann sich auf einem solchen Planeten, der sich die meiste Zeit über so weit von der Sonne entfernt befindet, hoch intelligentes Leben entwickeln? Nun, Sitchin vertritt die Meinung, die Sonne sei für den Prozess der Lebensbildung gar nicht so wichtig, wie wir annehmen, vielmehr hätte der 12. Planet eine Energiequelle, die von unten her wirke, ähnlich wie dies beim Jupiter der Fall sei.

Ich halte diese Argumentation für vollkommen abwegig, zumal der Vergleich mit Jupiter hinkt. Es stimmt, dass das Wetter auf Jupiter hauptsächlich von „unten" kommt, was eine gewisse Wärmeentwicklung betrifft, aber Ansätze zu einer Entwicklung von (intelligentem) Leben sind nun wahrlich nicht zu erkennen. Zudem hat dieser Planet kaum einen festen Kern, er ist ein Gasriese. Wie soll man sich denn auf einem solchen Planeten fortbewegen; geschweige denn einen solchen verlassen können, bei der immensen Anziehungskraft? Und wenn dies durch ein technisches Wunderwerk doch möglich wäre, dann müssten die „Zwölftplanetjaner" auf der Erde ja federleicht sein, ja beinahe von Kontinent zu Kontinent hüpfen, was sicher aus den Aufzeichnungen hervorgehen würde. Selbst wenn dieser Planet deutlich kleiner als Jupiter wäre, ist die Entstehung von Leben aus astronomischer Sicht praktisch undenkbar

Nein, von einem solchen hypothetischen Planeten kamen die Außerirdischen sicher nicht, wenn überhaupt welche da waren. Aus alten Göttersagen und Steinplatten lässt sich natürlich alles Mögliche herauslesen, was zum Schluss dann auch durchaus glaubwürdig klingen kann. So berufen sich andere Forscher auch auf sumerisch/babylonisch/akkadische Überlieferungen und kommen zu ganz anderen Ergebnissen. Und überlegen Sie sich bitte auch einmal, wie viele verschiedene religiöse Gemeinschaften sich auf die Bibel berufen und welche vollkommen unterschiedliche Lehren daraus resultieren.

Nun hat sich auch der Autor Wolfgang Siebenhaar in einer Serie, die in der Zeitschrift *Gral* erschien[45] mit Sitchins Thesen auseinander gesetzt und kommt zu ähnlichen und mehr Ergebnissen, so dass die Zwölft-Planetaner-Geschichte wohl in keinster Weise haltbar sein dürfte. Nicht nur von der astronomischen Seite her, sondern auch von archäologischer Seite scheint einiges nicht zu stimmen. Siebenhaar beschreibt, wie Sitchin einen „Trick" anwendet, indem er irgendwelche Rätsel in den Raum stellt, die so gar nicht existieren, jedoch mit Sitchins Theorie wunderbar gelöst werden könnten.

Meiner Meinung nach hat Sitchin trotzdem interessante Ansätze aufzuweisen, auf die man, ohne seine unkorrekte These zu unterstützen, aufbauen kann.

So scheint eine andere Sache, auf die Sitchin im genannten Buch hinweist, Hand und Fuß zu haben. Es geht um das semitische Wort „schem", das vom älteren sumerischen

---

[45] Zeitschrift Gral: Ausgabe 6/94 bis 2/95 (wird heute nicht mehr herausgegeben).

Ausdruck „mu" abgeleitet wird, das wiederum laut alten sumerischen Texten auf eine Art „Himmelskammer" hinweist. Dies wird auch aus Abbildungen ersichtlich.

Eine Hymne auf die Göttin Ischaschar besagt Folgendes:

„Herrin des Himmels
Sie legt das Himmelsgewand an, steigt kühn zum Himmel auf
über alle bevölkerten Länder fliegt sie in ihrem MU
Herrin, die Du in Deinem MU
fröhlich Dich schwingst zu den Himmelshöhn über alle die ruhenden Orte
fliegt sie In ihrem MU."[46]

Es gibt noch mehr derartige Texte, die doch mehr oder weniger deutlich auf ein Fluggerät hinweisen. Und da, wie ich im letzten Kapitel ausgeführt habe, es in den verschiedensten Kulturen Hinweise auf Fluggeräte gegeben hat, sollten wir diese Geschichte doch etwas ernster nehmen.

„Schem" bedeutet auch „das, was im Gedächtnis bleibt" und folglich wird es mit „Name" übersetzt. „Sein Name soll die Länder erfüllen." (Königliche Inschriften in Sumer und Akkad). Weiter. „Dein *Name* strahlt aus, er erreicht den Zenit des Himmels.

Nun wurden tatsächlich Skulpturen ausgegraben, die scheinbar einen Gott in einer raketenartigen Kammer darstellen. Und diese Götter durften nur in deren Haus angebetet werden. Jetzt wollten, so meint Sitchin, die Sumerer und Akkadier aber ihre Götter nicht nur dort, sondern auch in ihren Häusern anbeten, also wurden dort Imitationen aufgestellt. Bald stellten die (irdischen) Könige und Herrscher selbst solche Bildnisse von Raketen her, in die sie ihr *eigenes* Bildnis einmeißelten, in der Hoffnung, so selbst mit dem ewigen Wohnsitz der Götter in Verbindung gebracht zu werden. Da sie natürlich der körperlichen Vergessenheit nicht entgehen konnten, wollten sie dafür sorgen, dass wenigstens ihr *Name* für immer im Gedächtnis blieb. Und so wurde aus ‚Himmelskammer" „Name".

Lesen Sie sich doch einmal die Geschichte vom Turmbau zu Babel durch und ersetzen Sie „Name" durch „Himmelskammer"!

„Lasst uns eine Stadt bauen und einen Turm, dessen Spitze bis an den Himmel reicht, und lasst uns einen schem machen, denn wir werden vielleicht zerstreut in alle Länder".[47]

Ich habe die Stelle in 1. Mose 11, V. 4. nachgeschlagen, und da heißt es:

„Dann sagten sie: „Auf! Wir wollen uns einen Turm und eine Stadt bauen, dessen Spitze bis in den Himmel reichen soll, und wollen uns einen Namen (oder: ein Denkmal!) schaffen, damit mir uns nicht über die ganze Erde zerstreuen!"[48]

---

[46] Zitiert aus Sichins genanntem Buch.
[47] Bibelstelle, aus Sitchins genannten Buch zitiert.
[48] Bibelübersetzung nach Menge.

Konventionelle Bibelausleger gehen ja davon aus, dass Gott deshalb so erzürnt war, weil die Menschen sich „einen Namen machen" wollten. Doch Hermann Menge, vielleicht einer der besten Bibelübersetzer, stellt den Begriff „Name" zur Disposition und erwähnt den alternativen Begriff „Denkmal", womit Sitchins These von der Entstehung der Übersetzung „Name" gestärkt wird.

Gehen wir einmal davon aus, dass der Begriff „Denkmal" irgendwann auf dem Weg der Metamorphose von „Himmelskammer" zu „Name" entstanden ist (der gute Pfarrer Menge, konnte mit einer „Himmelskammer" im Zusammenhang mit dem Turmbau zu Babel wohl wirklich nicht allzu viel anfangen). Götter in „Himmelskammern", die wir als Fluggeräte deuten können. Aber er wusste offensichtlich, dass der Begriff „Name" nicht die ursprüngliche Bedeutung darstellte!

Sitchin zitiert weiter eine Stelle aus dem babylonischen *Epos der Schöpfung*:

„Bauet den Torweg der Götter
Lasst ihn auf Ziegelsteinen machen.
Sein *schem* soll am vorgezeichneten Ort stehen."

Sitchin zitiert noch eine weitere Anzahl von Stellen aus dem *Epos der Schöpfung*, dem *Gilgamesch Epos* und ähnlichen Quellen, die alle in die gleiche Richtung gehen!

Was können wir für ein Fazit ziehen?

Die These vom 12. Planeten scheitert daran, dass sich auf einem solchen Planet kaum Leben entwickeln kann, geschweige denn intelligentes.

Aus den alten Steintafeln herauslesen zu wollen, dass die Sumerer Besuch aus dem All bekommen hätten, erscheint zusätzlich fragwürdig.

Es weist aber einiges darauf hin, dass die Übersetzung „Name" für „schem" nicht der ursprünglichen Bedeutung entspricht, so dass die Überlegung, ob die Sumerer mit einem Volk in Verbindung standen, das Raketen kannte und benutzte und die diese (nicht unbedingt mit dem Einvernehmen dieses Volkes) nachbauen wollte, angebracht scheint.

Es bleibt unbedingt die Tatsache, dass die sumerische Hochkultur *plötzlich* aufgetaucht ist, womit wir wieder bei dem Kulturschub angelangt sind, der den Sumerern um 11.000 v. Chr. zuteil geworden ist. Und als Erklärung für diesen Kulturschub fällt mir als brauchbarste Erklärung ein: Atlantis hat die Prä-Sumerer beeinflusst!

Doch dieser Kulturschub war möglicherweise zu stark ausgefallen!

Die möglicherweise wahre Entstehungsgeschichte des Turmbau zu Babel

Waren diese Prä-Sumerer ein Volk, das einen militärischen Aufschwung plante, das einen „Turm" baute, mit dem man sich ein „schem"/eine „Himmelskammer"/ein Fluggerät bauen wollte? Handelte es sich bei diesem Turm möglicherweise um eine Raketenstartrampe, einen Flugplatz oder gar einen Luftwaffenstützpunkt? Die Geschichte vom „Turmbau zu Babel" macht auf einmal Sinn. Sollte die Überlieferung tatsächlich auf eine Zeit zurückgehen, in der das atlantische Imperium noch Bestand hatte? Fand sie in Wirklichkeit *vor* der Sintflut statt? Sollten die Atlanter es mit der Angst zu tun bekommen haben, weil da eine andere Kultur, zudem eine, der sie selbst Kultursprünge ermöglicht hatte und die möglicherweise sogar eine atlantische Kolonie war, sich plötzlich anschickte, einen militärischen Aufschwung zu erreichen, den man mit (Luft-) Waffengewalt niederschlug und mit einem Riesenspektakel das Volk in alle Winde zerstreute? Mir scheint diese Erklärung nicht unplausibel zu sein.

Das Erbe von Atlantis an Sumer

Somit kann ich nur noch einmal das wiederholen, was ich anfangs geschrieben habe. Die Monumentalkultur der Sumerer gründete auf das wissenschaftliche Erbe von Atlantis und stellte nur noch ein abgeschwächtes Abbild dessen dar, was das sumerische Volk früher (um 11.000 v. Chr.) zu leisten imstande war (sofern die atlantische Kolonialmacht es zuließ). Und trotzdem hat diese Monumentalarchitektur, diesen wissenschaftlichen Nachlass der ehemaligen Kolonialmacht, von Atlantis, die weitere Entwicklung in Babylonien stark beeinflusst, ja den Fortschritt forciert! Die Entwicklung der Astronomie in Babylonien, um nur ein Beispiel zu nennen, hätte vermutlich ohne das Erbe von Atlantis deutlich länger gedauert.

Wie das wissenschaftliche Erbe von Atlantis zu einem kleinen Eingeborenstamm geriet

Im Herzen Malis lebt ein kleines Bauernvolk, dessen ethnische Herkunft unbekannt ist. Und dieses Volk besitzt seit Jahrhunderten (!) astronomisches Wissen, das es gar nicht haben *dürfte!* Aus uralten Überlieferungen wissen die Priester dieses Volkes von dem mit bloßem Auge unsichtbaren Sirius B, dem Begleiter des in den Wintermonaten so hell am Firmament stehenden Sirius. Ebenso kannten sie den Saturnring, die vier großen Jupitermonde sowie die Oberflächenmaterie des Erdmondes.

Nach einer Legende dieses Volkes befand sich einst eines seiner Oberhäupter ein halbes Jahr lang auf dem Stern *„po"*. Bei diesem Volk handelt es sich um den Stamm der Dogon.

Die Herkunft dieses Stammes ist ungewiss; ebenso ist die Zugehörigkeit der eigenen Sprache nicht geklärt. Möglicherweise sind die Garamanten, ein Volk, das in prähistorischen Zeiten in Libyen lebte, über Algerien in das Land am Niger vorgedrungen und haben und sich dort mit den Einheimischen vermischt.

Das religiöse Oberhaupt der Dogon ist der Hogon. Er bewahrt die mythologischen Überlieferungen, die z. T. nur Eingeweihten zugänglich gemacht werden dürfen. Allerdings gelang es den französischen Ethnologen Marcel Griaule und Germaine Dieterlen in langwieriger Arbeit, das Vertrauen der Dogon zu erlangen und so an das Geheimwissen zu kommen.

Die Dogon feiern alle 60 Jahre ein Ritual, deren Bedeutung die Erneuerung der Welt ist. Und das kommt folgendermaßen zustande: Nach der Schöpfungslegende der Dogon musste früher die Welt alle sieben Jahre erneuert werden. Und das geschah so, dass man alle sieben Jahre den Stammeshäuptling (den „Hogon") opferte. Dessen toter Körper wie auch seine Seele wanderten dann zum Stern *po*. Dieser Name leitet sich von einem Getreidekorn ab, das ursprünglich als „Hungerreis" bekannt ist, und das botanisch *Digitaria exilis* heißt. Und dieser Stern ist für die Dogon der wichtigste am Himmel. Po ist der Stern, der allen Menschen gehört und von dem die Welterneuerung ausgeht. Die Tradition, dass alle sieben Jahre ein Häuptling geopfert werden muss, hatte nicht lange Bestand. Der achte Häuptling stellte sich nach der Opferung lediglich tot, versteckte sich ein halbes Jahr lang, tauchte danach wieder auf und erzählte, er sei auf dem Stern „po" gewesen und jetzt gäbe es eine neue Legislaturperiode. Von nun an werde jeder Hogon 60 Jahre lang regieren. So sagt die Legende.

Die Dogon sagen über den Stern *po:*

„Tatsächlich wiegt der Stern po so viel wie 480 Esellasten (etwa 35.000 kg), so viel wie alles Korn und alles Eisen der Erde, obwohl er nur so groß ist wie eine auseinander gezogene Ochsenhaut oder ein Mörser.

Die Digitalis-Umlaufbahn liegt in der Mitte der Welt. Digitaria ist die Achse der ganzen Welt, ohne seine Bewegungen kann sich kein Stern halten Das heißt, er bestimmt die Position der Himmelskörper, insbesondere die des Sirius, der regellosesten Sterns. Ihn sondert er von allen Sternen ab, indem er ihn ständig umkreist."

Sirius B wurde 1862 von unseren Astronomen erstmals als Lichtpunkt per Teleskop gesehen, während Jahre zuvor schon merkwürdige Pendelbewegungen des Sirius aufgefallen waren. Der Durchmesser von Sirius B entspricht lediglich drei Erddurchmessern, jedoch ist seine Masse kaum geringer als die unserer Sonne. Seine Leuchtkraft liegt um 10 Größenklassen unter der des Sirius. Wie wir heute wissen, ist Sirius B ein so genannter Weißer Zwerg. Seine Atome haben keine Elektronenhüllen mehr. Daher liegen die Atomkerne dicht beieinander. Die Elektronen selbst bilden lediglich ein „entartetes" Elektronengas. All dies ist den Dogon seit Jahrhunderten bekannt.

„Digitaria ist das kleinste Ding, das es gibt. Es ist der schwerste Stern. Er besteht aus einem Sagala genannten Metall, etwas glänzender als Eisen und so schwer, dass alle Erdenwesen es zusammen nicht heben könnten."[49]

Die Dogon wussten auch, dass es sich bei Sirius A und Sirius B um ein Doppelstern-System handelt, also, dass sie um einen gemeinsamen Schwerpunkt kreisen. Und sie kennen die Umlaufdauer von 50 Jahren. Dies geht aus sakralen Zeichnungen hervor.

Weiter kennen die Dogon den Stern emme ya, was so viel wie „weibliche Kaffeehirse" bedeutet. Dieser Stern soll größer sein als Digitaria, aber nur ein Viertel von dessen Masse besitzen. Er soll Sirius A in der gleichen Richtung umkreisen wie Digitaria, allerdings auf einer deutlich weiteren Bahn. Die Bahnen von emme ya und Digitaria sollen rechtwinklig aufeinander stehen. Ein dritter Begleiter, der „Schusterstern", taucht ebenfalls in den Zeichnungen der Dogon auf. Er soll weiter als alle Planeten von Sigui (Sirius) entfernt sein und sich in entgegengesetzter Richtung drehen.[50]

Tatsächlich gibt es Hinweise auf einen dritten und einen vierten Begleiter des Sirius.

Bereits Anfang des Jahrhunderts gab es mindestens vier ernst genomme Beobachtungen, die auf zwei verschiedene Begleiter des Sirius schließen lassen. Leider konnten sie bis heute nicht bestätigt werden.

Im Jahr 1995 veröffentlichten die beiden französischen Astronomen Daniel Benest und J. L. Duvent in der Zeitschrift *Astronomy and Astrophysics* einen Aufsatz mit dem Titel „Is Sirius A Triple Star?" (Ist Sirius ein Dreifach-Stern-System?). Darin gelangen die Wissenschaftler zu dem Schluss, dass es zumindest noch ein drittes Objekt im Sirius-System geben müsse, und zwar einen lichtschwachen Roten Zwergstern, der gerade mal 0,05 Sonnenmassen auf die Waage bringt.

Auch bei den alten Ägyptern spielt das Sirius-System eine große Rolle. Sie kannten die „Sothis-Periode" von 1460 Jahren zu 365 ¼ Tagen (Sothis ist der ägyptische Name für Sirius, während dieser sich der Anfang des 365-Tage-Jahres einmal durch alle Jahreszeiten bewegt.

---

[49] Die Dogon-Zitate stammen ebenso wie die zusammengefassten Informationen aus dem Buch Vision und Wahrheit von Felix P. Paturie.

[50] Griaule und Diterlen veröffentlichten ihre Erkenntnisse in dem Artikel Une systéme sudanaise de Sirius, das in den 50er Jahren erstmals veröffentlicht wurde.

Robert Temple[51] führt eine Reihe von Indizien dafür an, dass nicht nur die Ägypter, sondern auch die alten Sumerer Sirius B gekannt haben. Eine Auflistung würde allerdings den Rahmen dieses Buches sprengen. Jedenfalls spielt auch dort die Beschaffenheit des dunklen Sterns als auch die Zahl 50 eine große Rolle.

Die Dogon, um wieder auf unser Thema zurückzukommen, beschreiben den Erdmond als „trocken und tot wie trockenes und totes Blut." Die Dogon zeichneten den Saturn korrekt mit Ring. Und sie wussten schon frühzeitig, dass sich die Planeten um die Sonne bewegten. Jupiter folgt Venus, indem er langsam um die Sonne kreist.

„Als (der Fuchs) verstümmelt wurde, floss noch Blut. Das Blut seiner Genitalien tropfte zu Boden, doch Amma (der Schöpfergott) ließ es als vier Satelliten zum Himmel steigen, die dana tolo (Jupiter) umkreisten ... die vier kleineren Sterne sind Jupiter-Keile."

Dieses Dogon-Zitat braucht, glaube ich, nicht weiter kommentiert zu werden. Die Dogon kannten offensichtlich die vier großen Jupitermonde.

Weitere Zeichnungen der Dogon zeigen *Nommos*, das sind fischschwänzige Wesen, die nach Temples Interpretation aus dem Sirius-System gekommen sein sollen. In einem vor seinem Sirius-Artikel erschienen Buch Griaules namens *Conversations with Ogotemmeli* (der der letzte Hogon der Dogon war) – es erschien erstmals 1948 – heißt es hingegen, die Nommos seien Geschöpfe der Erde, die das Schicksal in den Himmel führte, wo sie die Lehren des Vaters empfingen; sie seien ein Paar und in allen Wassern gegenwärtig und vermittelten als „Unterweiser" ihr Wissen. Dort ist von Sirius noch nicht die Rede. Auch die Babylonier kennen eine Entsprechung. Sie erwähnen Oannes, ein amphibisches Wesen, das aus dem Roten Meer auftauchte und tagsüber den Menschen in Wissenschaft und Künsten unterwies. Auch andere Völker kennen ähnliche Geschöpfe.

Interessant ist noch zu erwähnen, dass drei benachbarte Stämme der Dogon – die Bambera, die Bozo und die Minianka – ein ähnliches astronomischen Wissen besitzen

Da kamen also amphibische Wesen, die die Nacht im Wasser verbrachten, aus 8,7 Lichtjahren Entfernung zur Erde. Nehmen wir einmal an, diese Wesen hätten die Entfernung von 100.000 Lichtjahren zurückgelegt, dann wären sie 95.000 Jahre lang unterwegs gewesen, ohne irgendwo Proviant aufzunehmen, die Amphibien, wohlgemerkt.

Nun, Sagen von irgendwelchen merkwürdigen Mensch/Tier-Wesen gibt es in anderen Teilen der Welt auch. Ich erinnere an Vogelmenschen und an den Yeti, den Bigfoot, sprechende Fische, in irgendwelchen Märchen wie der Geschichte vom Fischer und seiner Frau. Worauf diese Geschichten letztlich zurück gehen, ist ungewiss.

Es gibt Theorie-Ansätze, die die Evolution anders verstanden haben wollen, nach denen z.B. der Vogel aus bipeden Primaten hervorgegangen sein soll, wie der Zoologe Francois de Sarre glaubt, der somit die „Vogelmenschen" zu einer Entwicklungsstufe

---

[51] Robert Temple: Das Sirius-Rätsel.

erklärt.[52] Sitchin wiederum erklärt die Vogelmenschen als Hinweise auf Menschen mit Fluggeräten, die auf Zeichnungen künstlerisch interpretiert werden. Können wir möglicherweise ähnliche Rückschlüsse auf „Fischmenschen" als eine künstlerische Darstellung von Menschen in U- Booten schließen?

Gehen die Geschichten der Amphibien-Götter etwa auf eine Zeit zurück, in der Atlanter einige ihrer Kolonien in U-Booten aufsuchten?

Nun gibt es noch eine These, die Felix R. Paturie in seinem Buch erwähnt: Eine mögliche „Trancereise". Irgendein Ur-Dogon soll in Trance das Sirius-System erkundet und die Informationen dann weitergegeben haben. Das ist einmal mehr eine These, die man natürlich nicht widerlegen, aber auch nicht beweisen kann. Aber warum beziehen sich diese Trancereisen immer auf das Siriussystem, bzw. bei Eskimos auf mentale Ausflüge zum Kleinen Bären? Wieso besucht man nicht den Mars, der doch viel interessanter wäre? Dort wäre ich zuerst! Also, so ganz glücklich macht mich diese These auch nicht.

Ich komme nun noch einmal kurz auf die „Amphibienwesen" zurück., die auch bei den Babyloniern und anderen Völkern erwähnt werden. Das kann kaum Zufall sein. Nehmen wir einmal an, die Dogon hätten *keinen* Besuch von fischschwänzigen Wesen bekommen, dann müssen wir davon ausgehen, dass beide die selbe Quelle hatten, und wir erinnern uns, dass Vorfahren der Dogon möglicherweise aus der libyschen Gegend kommen, die wiederum geographisch in der Nähe des alten *Ägypten* angesiedelt ist, die (wie Libyen selbst auch) nach Platos Aussagen eine der größten atlantischen Kolonien gewesen sein soll.

Interessanterweise weist der Ägyptologe Wallis Budge darauf hin, dass die Kulturen Sumers und Ägyptens auf eine gemeinsame, ziemlich alte Quelle zurückzuführen seien.

„Es ist daher überraschend, so viele Ähnlichkeiten zwischen Urgöttern Sumers und Ägyptens zu finden, zumal diese Übereinstimmungen nicht das Ergebnis von Entlehnungen sein können. Es ist ganz ausgeschlossen, dass Aussurbanipals Redakteure ihr System in Ägypten entlehnten oder dass die Literaten der Zeit Sethos' I. bei babylonischen bzw. assyrischen ‚Intellektuellen' geistige Anleihen machten. Dies zwingt uns zu der Schlussfolgerung, dass sowohl die Sumerer als auch die Bewohner des frühen Ägypten ihre Ur-Götter aus einer gemeinsamen, doch ganz außergewöhnlich alten Quelle bezogen. Die Übereinstimmungen zwischen beiden Götterwelten sind zu eng, um auf bloßem Zufall beruhen zu können…Es ist sicher, dass die Schar der Urgötter … ganz anders war als die … die sich in Babylonien und Assyrien herausbildete, als sich semitische Bevölkerungen in den betreffenden Ländern niederließen."[53]

Es gibt ein altes Sprichwort: „Warum denn in die Ferne schweifen, wenn das Gute liegt so nah." Wenn wir uns diesen Spruch vor Augen halten und in etwas abge-

---

[52] S. hierzu auch: Roland. M. Horn: Rätselhafte Tierwesen (erscheint 2001/2002 im Bohmeier-Verlag).
[53] Wörtlich zitiert aus Robert G. Temple: Das Sirius-Rätsel nach: Budge, E. A. Wallis: The gods of the Egyptians.

wandelter Form auf unser Thema anwenden, dann müssen wir uns wirklich die Frage stellen, warum diese sirianische amphibische Zivilisation als diese ganz außergewöhnlich alte Quelle angesehen wird, wenn doch *auf der Erde* allem Anschein nach vor 11.000 Jahren eine hoch entwickelte Kultur existiert hat, die den Sumerern einen Kulturschub gebracht hat und in einem sehr engen Verhältnis zu Ägypten stand.

Ist es nicht naheliegend, anzunehmen, dass diese alte *irdische* Kultur es war, dessen wissenschaftliches Erbe von den Dogon verwaltet wird, das über Ägypten und Libyen zu ihnen gedrungen ist? Ich meine, ja. Die Dogon verwalten ein wissenschaftliches Erbe von Atlantis.

Ein Indianerstamm berichtet von Atlantis und einer Urheimat im Pazifik – Die Erinnerungen der Hopis

Die Überlieferungen der Hopis – ein Indianderstamm – berichten von einem einstigen riesigen Kontinent namens Kasskara, der im Pazifik gelegen haben und die frühere Heimat der Hopis gewesen sein soll. Dort seien sie von Lehrmeistern, den Kachinas, unterrichtet worden, die auf fliegenden Schilden reisten. Von den heute lebenden Hopis und von J. F. Blumrich[54] werden diese Kachinas als Außerirdische gedeutet, die vom „Bund der 12 Planeten kamen". Parallel dazu soll es eine kleinere Insel gegeben haben, deren Bewohner sehr kriegerisch waren, und die etwa dort gelegen haben soll, wo Plato Atlantis gesehen hat. Vor bereits 80.000 Jahren soll dieses Talawaichiqua auf einem Schlag im Meer versunken sein, während Kasskara *langsam* unterging.

Es gibt eine ganze Reihe von Erzählungen, die uns von den Hopis überliefert wurden. Sie berichten von sieben Welten, von denen Kasskara die dritte Welt darstellt. In der ersten Welt habe die Gottheit Taiowa, die „in der Höhe wohnt", den Menschen erschaffen. Und die erste Welt soll durch Feuer zerstört worden sein, weil der Mensch „böse geworden" sei. Doch diejenigen, die später die Hopis werden sollten, hätten diese Zerstörung überlebt.

Die zweite Welt, Topka, wurde durch Eis zerstört. Im Zusammenhang mit *Topka* erinnern sich die Hopis an ein Phänomen, das mit einer Veränderung der Pole zu tun zu haben scheint:

„Man sagt bei uns auch, dass die Erde einige Male umgekippt sei. Ich meine, dass der Nordpol dort war, wo jetzt der Südpol ist, und umgekehrt. Die Erde ist dabei jedesmal vollständig von Norden nach Süden gekippt und nicht etwa nur zur Hälfte, denn dabei wäre zu viel Schaden entstanden, und das war nicht die Absicht des Schöpfers.

In Topka, der zweiten Welt, kippte die Erde zur Hälfte, und alles ist erfroren".[55]

Der Autor Hans J. Andersen versteht unter dem Begriff *Polwende* eine Katastrophe, bei der, durch elektrische Phänomene von „außen" ausgelöst, die Erdkruste „verrutscht", so dass schließlich die südliche Hemisphäre unter dem Nordhimmel zu liegen kommt und umgekehrt. Bei einem „halben Kippen" käme die Äquatorregion unter einem Pol zu liegen, und in dieser Weise könnte nach Andersen Topka erfroren sein.

„Als sie (*die Vorfahren der Hopis*) sicher unter der Erde waren, befahl Sethuknang (*der Schöpfergott*) den beiden Zwillingen..., ihre Posten an dem Nord- und Südende der Weltachse zu verlassen, wo sie aufgestellt worden waren, um die Erde im richtigen Umlauf zu halten. Die Zwillinge hatten kaum ihre Posten verlassen, als die Welt, die niemand mehr überwachte, aus dem Gleichgewicht kam, wie trunken umher taumelte und sich zweimal überschlug. Berge stürzten mit grellem Klatschen in die Mee-

---

[54] J. F. Blumrich: Kasskara und die sieben Welten.
[55] Zitiert aus Polsprung und Sintflut v. Hans J. Anderssen.

re, Meere und Seen überfluteten das Land, und als die Welt durch den kalten, leblosen Raum wirbelte, gefror sie zu festem Eis." (*Zitiert aus Andersens Buch*).

Strandlinien auf den Anden in einer Höhe von ca. 3.800 Kilometern, die sich über etliche 100 Kilometer verfolgen lassen, werden von Andersen dahingehend gedeutet, dass Südamerika, „Topka", während der letzten Eiszeit unter Wasser lag, also entweder überflutet wurde oder abgesunken war!

Das Volk der Hopis überlebte jedenfalls wieder und kam in die Dritte Welt, die Kasskara war. Während der Zeit, als Kasskara über Wasser lag, lag Amerika nach der Hopi-Überlieferung *unter* Wasser, und während Amerika allmählich auftauchte, ging Kasskara langsam unter. Die Bewohner von Kasskara sollen wie jene von Talawachiqua sehr hohe Kenntnisse technischer und wissenschaftlicher Art gehabt haben, wobei die Kasskara-Bewohner sie nur zu guten Zwecken, die Talawaichiquaner aber auch zu kriegerischen Zwecken verwendet haben sollen. Sie, die Hopis, waren Pazifisten, und sie hatten einen „Schutzschild", ohne dass dessen Funktionsweise näher beschrieben wird. Da die Talawaichiquaner „schuldiger" waren als die Kasskaraner, ging die Zerstörung dieser Insel *plötzlich* vonstatten, während die von Kasskara *langsam* vor sich ging.

Schon seit der Ersten Welt seien die „Kachinas" mit den Hopis in Verbindung gestanden, das waren „hohe, geachtete Wissende" .Sie können unsichtbar sein; und sie kommen nach Blumrichs Kontaktperson aus dem Weltraum, genauer gesagt von einem weit entfernten Planeten – aus einem „Bund der 12 Planeten". Deren Schiffe seien mit Magnetkraft geflogen, wenn sie die Erde umrundet haben. Über den Kachinas hätten noch die Gottheiten gestanden, und über allen stünde der Schöpfer. Es soll drei Arten von Kachinas geben: Die einen haben mit dem Fortbestand des Lebens zu tun. die zweiten sind Lehrer, und die dritten sind Hüter des Gesetzes. Es wird betont, dass die Kachinas körperliche Wesen waren, die Fluggeräte, so genannte Fliegende Schilde, brauchten, um sich in der Luft fortzubewegen. Diese werden als *untertassenförmig* (!) beschrieben. Auch einige Hopis sollen in solchen Fliegenden Schilden mitgeflogen sein.

Während des Unterganges von Kasskara sind die Bewohner nacheinander in das auftauchende Amerika ausgewandert, das ursprünglich die Zweite Welt, Topka, war und die als Toowakachi, die Vierte Welt, nun wieder auftauchte.[56]

Es fällt mir sehr schwer, diese Geschichte, die uns von den heutigen Hopis präsentiert wird, so, wie sie uns erzählt wird, als glaubwürdig zu akzeptieren, zumal es an Hinweisen auf einen untergegangenen riesigen Kontinent im Pazifik mangelt.

Die andere Seite ist jedoch die, dass ein derartiger Mythos meist einen wahren Kern aufzuweisen hat, wobei der natürlich sehr schwer zu finden ist, zumal die Basis der Geschichte, nämlich der Kontinent „Kasskara", in Form einer riesigen Landmasse im Pazifik offensichtlich nie existiert hat.

---

[56] Ausführliche Schilderung in: J. F. Blumrich: Kasskara und die sieben Welten.

Was bei dieser Geschichte wieder einmal auffällt, ist die Zerstörung der Menschheit aufgrund seiner Bosheit, die wir in vielen anderen Überlieferungen auch finden. Dann haben wir, wie wir das z. B. auch in unseren Märchen finden (und den guten alten Westernserien wie „Rauchende Colts" oder „Bonanza", obwohl hier zugegebenermaßen die „Guten" keine Pazifisten sind...), einmal die „Guten" (Kasskaraner) und einmal die „Bösen" (Atlanter/Talawaichiquaianer), wobei aber auffällt, dass die Kasskaraner nicht „ganz gut" sind, sondern auch „etwas schuldig". Was hier auch interessant ist, ist die Behauptung, dass die Menschheit schon in sehr früher Zeit einen hohen Grad an Wissen gehabt haben soll.

Die Behauptung, dass die Hopis Unterweiser gehabt haben sollen, die aus dem Weltraum kamen und quasi „Fliegende Untertassen" benutzten, ist nicht weniger interessant. Auf den ersten Blick könnte man meinen, man entdecke hier ein Äquivalent zu heutigen „UFO"-Sichtungen, doch diese Annahme ist irrig, denn der Begriff „Fliegende Untertasse" ist aus einem Missverständnis heraus entstanden. Kenneth Arnold, der amerikanische Privatpilot, der 1947 neun ihm unbekannte sichelförmige Flugzeuge (!) gesehen und beschrieben hat, hat deren *Bewegung* verglichen mit der Bewegung von Untertassen, die man übers Wasser hüpfen lassen würde, und so entstand der Begriff „Fliegende Untertassen" Dieser Begriff wurde von der Presse geprägt, und seitdem wurden und werden häufig untertassenförmige unbekannte Fliegende Objekte beobachtet, was vor Kenneth Arnold nur selten der Fall war. Eher stellt sich hier die Frage, inwieweit sich die mündlichen Überlieferungen der Hopis mit der Zeit verändert, sich an das moderne Amerika, zu dem zweifellos auch die „Fliegenden Untertassen" gehören, angepasst haben.

Ich habe diese Geschichte deshalb aufgenommen, weil einmal ein Hinweis auf Atlantis zu finden ist, wie dies in so vielen anderen Mythen auch der Fall ist, und zum anderen, weil die Hinweise auf eine Verlagerung der Pole sehr interessant sind; wieder einmal ist ein Hinweis auf Katastrophen zu finden, die die Menschheit in mehr oder weniger regelmäßigen Abständen heimsuchen. Auch das deckt sich mit einer Unzahl von Überlieferungen; obwohl es nach Charles Darwin, der erstmals die Evolutionslehre aufstellte, und Charles Lyell, einem Geologen, der eine geradlinige Entwicklung lehrte, eine Erinnerung an vergangenen Katastrophen größeren Ausmaßes gar nicht geben dürfte.

Wie gesagt halte ich es aufgrund der fehlenden Hinweise für kaum denkbar, dass es einst einen riesigen Kontinent im Pazifik gegeben hat. Die Oster-Insulaner sehen sich zwar als Überlebende von größeren *Inseln* an, aber nicht von einem Kontinent.

Andererseits bleibt das Problem, dass man aus der Hopi-Geschichte tatsächlich Erinnerungen herauszuhören glaubt, eingebettet in eine oberflächliche und ungenaue Rahmenstory. So wird z. B. die Geografie des Kasskara-Kontinents kaum beschrieben.

Die Antarktis- und Osterinsel-„Connection"

Könnte es vielleicht sein, dass die Hopis mit der Zeit einiges durcheinander gebracht haben? Einmal war sicherlich Südamerika einst tiefer gelegen (zumindest was die westliche Hälfte des Kontinentes betrifft; wir werden später noch sehen, dass der Titicacasee früher ein Meer war). Aber *ganz* Amerika vollständig durch Eis zerstört und dann untergegangen? Das klingt kaum glaubwürdig und wir werden später noch sehen, dass vermutlich *Teile* von Amerika unter Wasser gelegen haben.

Wir werden auch noch sehen, dass es in der Gegend um Tiahuanaco durch die *Anhebung* des Kontinents eine kurze Eiszeit gegeben hat; vielleicht haben die Hopis, die später dort gelebt haben, diese im Nachhinein mit ihrer Zweiten Welt in Verbindung gebracht. Möglicherweise haben sich jedoch alle drei Zerstörungen auf ein und die selbe Welt bezogen, die zur gleichen Zeit wie Atlantis existiert hat und die Kontakte zu den Osterinsel gehabt und möglicherweise diese ominösen Bauten dort aufgestellt hat (wobei lt. Charles Berlitz allerdings Sprachähnlichkeiten zwischen den Osterinsulanern und der frühen Sprache im Indus-Tal bestehen sollen).[57] Möglicherweise spielte die Osterinsel in grauer Vorzeit eine große Rolle insofern, als sie sowohl von Westen[58] her als auch weit aus dem Nordwesten sowie vom Süden aus besiedelt wurde. Walter Jörg Langbein berichtet von blutigen Kämpfen zwischen verschiedenen Volksgruppen auf der Insel. Sind hier Angehörige des atlantischen Imperiums und die Vorfahren der Hopis in nicht gerade friedlicher Weise aufeinander getroffen?

Eine Einwanderung von Süden, die Vorfahren der Hopis, die Legenden von Seefahrern, die vom Westen, von einer untergegangenen Inselgruppe, kamen. Was steckt hinter all dem? Und wer war der fliegende Gott Make Make, der nach einer osterinsulanischen Überlieferung einen Überlebenden auf die Osterinsel flog, wie Langbein im genannten Buch schreibt?

Das Folgende könnte der wahre Kern der Geschichte gewesen sein. Die Urheimat der Hopis wurde möglicherweise im Zuge der Atlantis-Katastrophe, die noch zu beschreiben sein wird, zunächst durch Feuer (vulkanische Aktivitäten) heimgesucht, dann durch eine Verschiebung des Südpols, der nun vollständig in den südlichen Polarkreis gedrückt wurde (bzw. der Pol kam zu den Ur-Hopis und mit ihm das Eis), wobei der Kontinent letztendlich durch die schweren Eismassen abgesenkt wurde. Wir hätten dann alle drei Welten der Hopis in einer vereint. Die Hopis wanderten dann nach Südamerika ein, das durch eine gigantische Hebelwirkung empor gedrückt wurde, und die geologischen und klimatischen Veränderungen in Südamerika führten später dazu, dass man nun von *verschiedenen* zerstörten Welten sprach, so dass die Legende sich mehr und mehr veränderte und von der Wahrheit entfernte. Wenn dieser Gedankengang stimmen sollte, dann war die Heimatwelt der Hopis die Antarktis.

Und die Flüchtlinge aus dem Westen? Wer waren sie? Möglicherweise waren auch sie Ur-Hopis, die in der Nähe des neuen Polarkreises auf Inseln zu Hause waren, die, be-

---

[57]   Charles Berlitz: Das Atlantis-Rätsel.
[58]   Walter Jörg Langbein: Bevor die Sintflut kam.

dingt durch das Herabdrücken der Inseln durch die Eismassen, gezwungen waren, sich eine neue Heimat zu suchen. Möglicherweise haben einige Flüchtlinge auch Halt gemacht auf diversen Inseln in der Südsee, bevor sie dann tatsächlich aus westlicher Richtung die Osterinsel erreichten. Und der fliegende Gott Make Make? Vielleicht ist irgendwann einmal, früher, *vor* der Katastrophe, ein atlantisches Flugzeug auf der Osterinsel gestrandet, oder ein Pilot hat im Rahmen einer Rettungsaktion einen Überlebenden einer lokalen Katastrophe auf der Osterinsel abgesetzt, was später mit der ganz großen Katastrophe, die viele Flüchtlinge mit sich brachte, zu einem Mythos verschmolz Es gibt hier eine Reihe von Möglichkeiten, ohne dass man gleich Außerirdische bemühen müsste.

Wenn die Ur-Hopis tatsächlich auf der Antarktis beheimatet waren, stellt die Hopi-Geschichte gewissermaßen auch ein Vermächtnis von Atlantis dar, denn die Polverschiebung, und somit die Vereisung der Westantarktis, war eine direkte Folge der Katastrophe, die Atlantis heimsuchte.

Ich musste in diesem Kapitel leider etwas vorgreifen, was einige der Folgekatastrophen der Atlantis-Katastrophe betrifft, um die Geschichten der Hopis und der Osterinsularer aufzuhellen. Die konkreten Veränderungen in Amerika und der Antarktis werde ich in den entsprechenden Kapiteln noch genauer beschreiben.

Ägypten – größter Geheimnisträger des atlantischen Imperiums

Im allgemeinen wird die Geschichte Ägyptens in die folgenden Zeitabschnitte eingeteilt: Die Zeit von ca. 5000 v. Chr. bis 3600 v. Chr., die in Ägypten mit der JungSteinzeit zusammenfällt und die als frühe prädynastische Periode bezeichnet wird. Die Zeit von 3600 v. Chr. bis 3200 v. Chr. wird zur mittleren und späten prädynastischen Periode gerechnet. Und erst danach beginnt in Ägypten der Bereich der eigentlichen Geschichte. Archäologische Funde belegen, dass die ursprüngliche Bevölkerung Ägyptens zum langschädligen (dolichozephalischen) Typ gehörte. Zur Zeit der Amratian-Kultur im vierten Jahrtausend v. Chr. wanderten in Ägypten jedoch in großer Zahl Menschen ein, die zum breitschädligen (brachyzephalischen Typ) gehörten.

Ignatius Donnelly, von dem wir an früherer Stelle bereits gehört haben, äußerte sich auch über die ägyptische Kultur. Donnelly schreibt:

„Der erste ägyptische König war Menes. Zu seinen Zeiten waren die Ägypter schon ein hoch kultiviertes Volk. Manetho sagt uns, dass Athotis, der Sohn dieses ersten Königs Menes, den Palast zu Memphis erbaute; dass er Arzt war und anatomische Bücher hinterließ. Also die Angaben belehren uns darüber, dass die Ägypter selbst in dieser frühesten Zeit schon auf einer ganz bedeutenden Kulturhöhe standen. Nach einigen Autoritäten auf dem Gebiete der Ägyptologie gab es bei den Ägyptern lange vor Menes schon Architekten, Bildhauer, Maler, Mythologen und Theologen; es war eben schon vor Menes ein zivilisiertes Land mit einem politisch regierten Volke. Jene Gemeinschaft von Hirtenfamilien, die kleine nomadisierende Gemeinwesen bildeten, wie sie uns der Pentateuch schildert, mag man immerhin als eine Vorstufe zur Zivilisation betrachten; um wie viel höher über dieser aber steht eine Nation mit einer monarchistischen Regierung, aus verschiedenen Gesellschaftsgraden zusammengesetzt, mit einer weise eingerichteten Arbeitsteilung, bei welcher der Priesterkaste die Pflicht oblag, die Chroniken zu führen, die Namen der Dynastien und der Könige, die Zeitdauer ihrer Herrschaft und die wichtigsten Ereignisse derselben zu notieren. Ernest Renan macht darauf aufmerksam, dass Ägypten schon bei seinem allerersten geschichtlichen Auftauchen ausgereift und alt erscheine ohne Erinnerung an ein mythisches oder heroisches Zeitalter, als ob das Volk gar keine Jugendzeit gehabt hätte. Die ägyptische Kultur hat keine arkadische Periode. Die Kultur dieser alten Monarchie begann nicht, wie anderswo, mit der Kindheit der Völker; sie war schon gänzlich ausgereift."[59]

Wir haben also ein Analogon zu den Sumerern. Ein Volk, das quasi „fertig" – ohne erkennbare Entwicklungsstufen – auf der Bildfläche erschienen ist. Das „alte" ägyptische Weltreich stieß und stößt heute noch überall auf Bewunderung. Doch woher kam dieses Volk? Hatte das dynastische Ägypten, so wie wir es kennen, auch das Erbe ei-

---

[59] Zitiert aus Murry Hope: Atlantis – Mythos oder Wirklichkeit? Nach Donnelly Ignatius: Atlantis, die vorsintflutliche Welt.

ner älteren Kultur, nämlich Atlantis angetreten, mit dem es in enger Verbindung stand?

Nach den Aussagen Herodots, der sich auf Auskünfte ägyptischer Priester stützte, ging die geschriebene Geschichte Ägyptens auf einen Zeitraum zurück, der 11.340 Jahre vor Herodots Zeit lag; demnach also von heute an gerechnet etwa 14.000 Jahre zurück.[60]

Murry Hope beruft sich auf den elsässischen Philosophen R. A. Schwaller de Lubicz, der, nachdem er sich 15 Jahre lang in Ägypten aufgehalten hatte, eine große Anzahl an Material über Ägypten zusammengetragen hatte. Seine Stieftochter Lucie Lamy hatte genaue Messungen und Zeichnungen von den Steinen und Skulpturen des großen Tempels zu Luxor angefertigt, die deutlich machten, dass die alten Ägypterinnen eine bis dahin ungeahnte Kenntnis von der Mathematik und von kosmischen Vorgängen besaßen.[61]

Die Ägypter, also ein Volk, das keine Jugendzeit hatte, das plötzlich da war, das gesellschaftspolitisch und wissenschaftlich einiges zu bieten hatte? Ein Volk, das möglicherweise älter war, als von Ägyptologen vermutet wurde und wird?

Interessant ist auch die Überlieferung, dass das Land vor dem dynastischen Ägypten (das heißt, bevor Ober- und Unterägypten von Menes geeint wurden) von den „Horus-Verehrern" und zuvor von den Netern (= Göttern[!]) regiert wurde.

Die Sumer-„Connection"

Charles Berlitz[62] verweist auf eine eigentümliche Sammlung von Jahrtausende alten seltsamen Holzvögeln aus ägyptischen Gräbern, die als Dekorationsgegenstände, Modelle oder Spielzeug galten. Nach genauerer Untersuchung wurde festgestellt, dass es sich um funktionstüchtige Modelle von Segelflugzeugen handelt. Dr. Khalil Messiah, der etliche dieser „Vögel" 1969 geprüft hatte, wobei ihm sein Bruder, ein Luftfahrtingenieur, half, kam zu dem Schluss, dass ihre für einen Vogel etwas ungewöhnliche Gestalt sich hervorragend zum Gleitflug eignet. Ein Schubs mit der Hand genügt, und sie fliegen weg. Messiha wies auch darauf hin, dass normale Vögel keine Seitenruder haben ,und meinte, dass die Flügel dieser ungewöhnlichen Vögel jenen eines Flugzeugs ähnelten und mit dem Rumpf einen korrekten Winkel einschlössen.

Hier haben wir eine Verbindung, die uns wieder einmal zum Anfang des Buches zurückführt. Wir haben gehört, dass in allen Teilen der Welt Artefakte gefunden wurden, die auf einen hohen technischen Stand in sehr früher Zeit schließen lassen. Wir haben gehört, dass in verschiedenen Teilen der Welt sowohl Legenden von Fliegenden Wagen (z.B. China) existieren, und wir haben gehört, dass in verschiedenen Teilen der Welt Flugzeugmodelle bekannt waren. Wir haben gehört, dass die Sumerer

---

[60] Murry Hope: Atlantis – Mythos oder Wirklichkeit?.
[61] hierzu auch John Anthony West: Die Schlange am Firmament.
[62] Charles Berlitz: Der achte Kontinent.

von Raketen ähnlichen Geräten, in denen „Götter" saßen, wussten, dass sie diese vermutlich nachbauen wollten, und wir haben jetzt gehört, dass die (ganz) alten Ägypter offensichtlich *auch* Kenntnis von der Kunst des Fliegens hatten. Wir haben auch erfahren, dass die Ägypter und die Sumerer offensichtlich von einer weitaus älteren Kultur beeinflusst worden sind.

Hatten die Atlanter die Kunst des Fliegens nach Ägypten gebracht, in dem man den Ägyptern, wie möglicherweise auch anderen Ländern, das Segelfliegen beibrachte, während man bei den Sumerern sich irgendwie verkalkuliert und jenem Volk „zuviel des Guten" in die Hand gegeben hatte? Sind diese Flugzeugmodelle ein weiteres Erbe des atlantischen Imperiums?

War das vordynastische Ägypten tatsächlich eine atlantische Kolonie?

Die Dogon-„Connection"

Wir kommen nun wieder auf Schwaller de Lubicz zurück, der sich mit dem alten ägyptischen Kalender befasst. Und hier ist augenfällig, dass Sirius (Sothis) auch hier wieder eine große Rolle spielt…

„Der Sothis-Kreislauf beruht auf der Übereinstimmung des beweglichen Jahres von 365 Tagen mit dem Sothis- (oder Sirius-) Jahr von 365 ¼ Tagen. Alle staatlichen Angelegenheiten Ägyptens wurden entsprechend dem unbestimmten Jahr datiert, das aus genau 360 Tagen plus den epagomentalen Tagen bestand, die den Netern geweiht waren: Osiris, Isis, Seth, Nephtys und Horus.

Das Sirius- oder feste Jahr wurde nach dem heliakalischen Aufgang des Sirius festgelegt, obwohl das Intervall zwischen zwei heliakalischen Aufgängen des Sirius (seinem gleichzeitigen Aufgang mit der Sonne) weder mit dem tropischen Jahr übereinstimmt, das kürzer ist, noch mit dem siderischen Jahr, das wiederum länger dauert. Es ist in diesem Zusammenhang bemerkenswert; dass sich die Position der Sonne in Bezug auf den Sirius wegen der Rücklaufbewegung der Tagundnachtgleichen und der Bewegung des Sirius offenbar in derselben Richtung und in nahezu demselben Ausmaß verschiebt wie der Sirius selbst.

Astronomische Berechnungen haben gezeigt, dass das Sirius-Jahr zwischen 4231 und 2231 v. Chr..., der geschätzten Dauer des Zeitalters des Stieres, Apis, zusammenfiel. Diese Periode umfasste wahrscheinlich das gesamte alte Reich, und wir können nicht umhin, die Größe der Wissenschaft zu bewundern, die eine solche Übereinstimmung zu entdecken vermochte, denn Sirius ist der einzige Stern, der diese Eigenheit aufweist. Es kann sogar angenommen werden, dass Sirius im Kreislauf unseres gesamten Sonnensystems die Rolle des Zentrums einnimmt".[63]

Robert Temple zitiert Wallis Budge:

„Was Anubis angeht, so überliefert Plutarch (...) einige aufschlussreiche Glaubensvorstellungen. Zunächst ist davon die Rede, dass man Anubis als von Nephtys gebo-

---

[63] Zitiert aus: Murry Hope: Atlantis – Mythos oder Wirklichkeit?.

ren glaubte, obwohl anderseits Isis als seine Mutter galt. Dann fährt es fort: ‚Unter Anubis versteht man den horizontalen Kreis, der den unsichtbaren Teil der Welt – sie bezeichnen sie als Nephtys – vom sichtbaren trennt, dem sie den Namen Isis geben, und da der Kreis sowohl den Bereich des Lichtes wie den des Schattens berührt, kann er als beiden zugehörig gelten, woraus sich in ihrer Vorstellungswelt eine Ähnlichkeit zwischen Anubis und dem Hund ergibt, denn man beobachtete, auch Hunde wachen ja tagsüber ebenso wie nachts.'"

Temple glaubt, dass man diese Schilderung als Beschreibung des Sirius-Systems auffassen könnte. Isis stelle die verkörperte Lichtsphäre – also die Personifikation des Sichtbaren – dar, während ihre Schwester Nephtys als Verkörperung des Dunklen, Unsichtbaren angesehen werden könne, wobei ein horizontaler Kreis beiden gemeinsam sei, der sie gleichzeitig scheide. – Ist damit die Umlaufbahn des dunklen Sterns um den hellen gemeint?

Temple erkennt auch einen Versuch, die Hundesymbolik zu deuten, die stets auf Sirius hinweise, der schon seit jeher als „Hundsstern" bekannt ist.

Der ägyptische Totengott Anubis wird in der ägyptischen Kunst abwechselnd als schakal- und hundsköpfig dargestellt. Wallis Budge sagt dazu:

„Soviel jedenfalls ist sicher, dass in alten Zeiten die Ägypter dem Hund größte Verehrung und Ehrfurcht entgegenbrachten..."

Temple verweist auch auf den an Anubis erinnernden Namen Anukis – eine Muttergefährtin der Sothis, die neben der Göttin Satis auf ägyptischen Malereien im gleichen Himmelsboot wie Sothis fährt. „Ein Hinweis auf Sirius A, B und C?", fragt sich Temple.[64]

Murry Hope schreibt, dass Sirius schon immer mit Isis gleichgesetzt wurde, während Osiris als Sirus B betrachtet werden könnte. Sie kann sich außerdem vorstellen, dass entweder Nephis (die Verborgene) oder der ägyptische Totengott Anubis mit Sirius C gleichzusetzen ist. Temple hingegen ist der Meinung, dass die drei Sterne möglicherweise mit den drei ägyptischen Göttern Isis, Anubis und Satis gleichgesetzt werden könnten. Murry Hope verweist auch darauf, dass Sirius A als Träger weiblicher Energien angesehen wurde, während B als maskulin galt.[65]

Sie äußert sich an anderer Stelle deutlicher:

„spd" und „spd.t" stehen für die ägyptischen Hieroglyphen für Sothis (Sirius), das „t" zeigt das weibliche Geschlecht an. Sirius A galt als weiblich, Sirius B als männlich."[66]

Hierbei nimmt sie Bezug auf folgenden Pyramidentext:

Isis kommt zu Dir (Osiris), und erfreut sich Deiner Liebe
Dein Samen wächst in ihr, durchdringt (spd.t) wie Sirius (spd.t).
Der eindringende (spd) Horus kommt über sie in seinem Namen

---

[64] Robert Temple: Das Sirius-Rätsel.
[65] Murry Hope: Im Zeichen des Sirius. S. auch Robert Temple: Das Sirius-Rätsel.
[66] Mary Hope: Atlantis – Mythos oder Wirklichkeit?.

Horus-der- in-Sirius ist.[67]

Bei den Ägyptern wurde der Sirius „Der große Ernährer" genannt.

Wussten die Ägypter ebenfalls von Sirius B und vielleicht sogar von Sirius C? Wurde das Wissen, das der Dogon-Stamm über all die Jahre bewahrt hat, über ein paar Ecken von den Ägyptern übermittelt? Die Fakten lassen kaum andere Schlüsse zu, so dass sich das Dogon-Rätsel in Richtung Ägypten zu verlagern scheint. Woher aber haben die alten Ägypter das Wissen um Sirius B und überhaupt den hohen Wissensstand? Wurde hier einmal mehr auf das wissenschaftliche Erbe von Atlantis zurückgegriffen?

Aber warum wurde Sirius (A) eine so hohe Stellung beigemessen, während Sonne, Mond und Planeten offensichtlich weniger Beachtung fanden als der mit bloßem Auge unsichtbare Sirius B? Murry Hope vermutet, dass die Kräfte, die den Untergang von Atlantis auslösten, vom Sirius ausgegangen waren, aber diese Erklärung befriedigt nicht.

Auch die Erklärung Schwaller de Lubiczs, der der Auffassung ist, dass der Sirius nicht unwesentlich das Klima auf unserem Planeten beeinflusse, überzeugt nicht. Klimaänderungen könnten laut Schwaller de Lubicz von Veränderungen im System der Sterne abhängen; und Sirius könnte nach dem Philosophen mit verantwortlich sein für unser Klima, wie auch für das Klima des gesamten Sonnensystems. Klimatologische Veränderungen, die vielleicht nur wenige Grade oder Zehntelgrade betragen, haben ja bekanntlich große Auswirkungen auf das Leben auf der Erde.

Kann aber ein 8,7 Lichtjahre entfernter Stern tatsächlich Einfluss auf unsere Erde nehmen? Es scheint sehr unwahrscheinlich.

Waren doch Außerirdische aus dem Sirius-System auf der Erde? Schließlich soll Atlantis ja auch durch Götter gegründet worden sein. Zunächst mag man an die Probleme der langen Reisedauer und zwangsläufig entstehende Energieprobleme denken, allerdings gibt es heute Überlegungen, die nicht zuletzt von dem berühmten Physiker Stephen W. Hawking stammen, nach denen Blitzreisen durchs Universum – beispielsweise unter Zuhilfenahme künstlicher Wurmlöcher – theoretisch denkbar sein könnten. Allerdings gilt das instabile Sirius-System eher als lebensfeindlich.[68]

Vielleicht trifft auch jene These zu, dass Sirius der Mittelpunkt eines „Superuniversums" darstellt, um den unser Sonnensystem kreist:

„(...) Man sollte erwarten, dass das Sonnensystem sich um eine größere Einheit dreht, die ihrerseits um das Zentrum der Milchstraße kreist; wie der Mond sich um die Erde dreht, die ihrerseits die Sonne umläuft", schreibt Rodney Collin. „Was und wo ist die ‚Sonne' unser Sonne? Man hat verschiedentlich versucht, ein solches ‚lokales' System ausfindig zu machen...In der unmittelbaren Umgebung unseres Sonnensystems stoßen wir auf Sterne, deren Ausdehnung in bestimmten Verhältnissen zunimmt. Zwei dieser Sterne könnten im Rahmen unserer Fragestellung interessant sein. In einer Entfernung

---

[67] Mary Hope: Atlantis – Mythos oder Wirklichkeit?.
[68] Roland Horn in: Roland Roth (Hrsg.): Vorstoß zu den Göttern der Vorzeit. S. a. Stepen Hawking: Die illustrierte kurze Geschichte der Zeit.

von zehn Lichtjahren finden wir einen Stern von der Größenordnung unserer Sonne sowie den Sirius, der zwanzig Mal so hell ist. In einer Entfernung zwischen 50 und 70 Lichtjahren stoßen wir auf sechs Riesen, deren Leuchtkraft zehntausendmal stärker ist. (...) Der hellste Stern am Firmament, nach denen des Sonnensystems, ist natürlich der Doppelstern Sirius (...) Bezogen auf die Entfernung, Strahlung und Masse würde ein Sirius-System in gewisser Weise die übergroße Lücke zwischen den Kosmen des Sonnensystems und der Milchstraße schließen. Die Entfernung zwischen Sonne und Sirius – eine Million Mal die Entfernung von der Erde zur Sonne – entspricht dem Maßstab kosmischer Verhältnisse, um die es hier geht.(...)"[69]

Schwaller de Lubicz ging auf die ägyptischen Mythologie ein, wurde später jedoch konkreter, aber zunächst sprach er von *Nun*, den er als anfänglichen ungeformten Ur-stoff, auch als Ozean, bezeichnet. Dieser erhielte den charakteristischen Impuls durch den Einfluss des Himmels, und Schwaller de Lubicz schreibt, dass dieser Einfluss ent-sprechend dem Monat wechsle, in dem sich die Rücklaufbewegung der Tagundnacht-gleichen befände.

Die Vorgeschichte der Pharaonen soll auf diese Weise von den Zwillingsgottheiten *Shu* und *Tefnut* bestimmt worden sein. Diese beiden sollen den Himmel von der Erde getrennt haben. Und sie sollen den Kronen des Reiches entsprochen haben, das auch wieder zweifach vorhanden gewesen sein soll. Das Königreich des Südens besaß sei-ne Doppelhauptstadt *Dep* und *Pe*. Lubicz betont den ausgeprägten Doppelcharakter, mit dem die Zeugnisse aus jener Periode geprägt seien. Er glaubt, dass auch das helio-polische Rätsel der ursprünglichen Verdoppelung in dieser Zeit enthüllt worden sei.

Schwaller de Lubicz erwähnt, dass es im Alten Reich die Herrschaft des Stieres gab, nämlich Apis; und dieser soll dem himmlischen Feuer eine irdische Form gegeben haben. Dieser Stier, der große Neter in der Zeit zwischen 4380 bis 2200 v. Chr., re-gierte ebenfalls die Zivilisation Kretas.

Weiter schreibt Schwaller de Lubicz, dass vom Mittleren Reich bis zum Beginn der christlichen Ära in Ägypten Amun-Ra geherrscht haben soll. In Theben würde unter der Herrschaft von Amun durch die Gnade des Dehuti (Thot), dem Herren von Her-mopolis, das furchtbare Feuer aus seiner irdischen Gesteins-Ursubstanz „gewonnen."

Nun sei unveränderlich, während der empfangene Nährboden oder die Umgebung sich verändere und somit weiblich sei. Es seien nacheinander: Nut in Heliopolis, Sachmet- Hathor in Memphis und dann Mut in Theben. In Heliopolis sollen Shu und Tefnut geschaffen worden sein, in Memphis seien sie zu Nefertem geworden, die wiederum ein Abkömmling des Paares Ptah-Sachmet sei, und in Theben sei das Er-zeugnis von Amun und Mut Chons.

Eine Aufeinanderfolge bedeute Entwicklung und nicht Nebeneinanderbestehen, doch die philosophische Legende muss die Grundprinzipien so darstellen, als seien an ih-nen zur gleichen Zeit lebende Personen beteiligt.

---

[69]   Rodney Colin: The Theory of Celestial Influence. S. a. John Anthony West: Die Schlange am Firma-ment.

Schließlich begänne um das Jahr 60 v. Chr. mit dem Ende der politischen Regierung Ägyptens unter Kleopatra die christliche Ära der Fische.[70]

Zugegeben, dieser Überblick erscheint etwas schwierig zu lesen, er ist aber insofern von Interesse, da eine ominöse Personen namens Dehuti (Theut, Thot) erwähnt werden, auf die wir später noch zurückkommen werden.

Murry Hope schreibt, dass aus einer Untersuchung des Sothis-Kalenders abgeleitet werden könne, dass die Rücklaufbewegung der Tagundnachtgleichen bereits den alten Ägyptern bekannt war. Sie sollten schon lange eine Verbindung zwischen dem heliakischen Aufstieg des Sirius, dem Beginn der Nilflut und der Geburt von Re im Tierkreiszeichen Löwe darstellen.

Warum soll den Ägyptern die Rücklaufbewegung der Tagundnachtgleichen *nicht* bekannt gewesen sein, wenn die Ägypter tatsächlich einst eine atlantische Kolonie waren? Der Gedanke, dass die Ägypter vermutlich tatsächlich das wissenschaftliche Erbe von Atlantis bewahren, führt uns unweigerlich zum nächsten Punkt.

Die Atlantis-„Connection" – das wissenschaftliche Erbe von Atlantis in Ägypten

Wir haben gehört, dass die Ägypter ein Volk sind, das scheinbar aus dem Nichts eine Zivilisation aufgebaut hat. Dieser Gedanke wird auch vom unabhängigen Ägyptologen Johan Anthony West geteilt, der betont, dass „die wesentlichen Merkmale der altägyptischen Kultur bereits in der 1. Dynastie vollständig vorhanden waren oder mit erstaunlicher Schnelligkeit bis zur 3. Dynasie vollständig vervollkommnet wurden, das heißt, innerhalb eines Zeitraums von nur wenigen Jahrhunderten. Die Ägyptologen gehen von einem unbestimmten (und unbestimmbaren) Zeitraum der „Entwicklung vor der 1. Dynastie aus. Beweise hierfür gibt es jedoch nicht. [71]

Die Schulwissenschaft geht davon aus, dass erst ab etwa 4000 v. u. Chr. von Zivilisation im eigentlichen Sinne gesprochen werden kann. Zuvor war Jungsteinzeit. Wir müssen uns jedoch fragen, ob es nicht doch ein prädynastisches Ägypten gegeben hat, das sich eben *nicht* auf steinzeitlichem Niveau befand und das einen Kulturschub durch eine ältere Zivilisation erhalten hat, ähnlich wie dies bei den Sumerern offensichtlich der Fall war.

Für die Schulwissenschaften Ägyptologie und Archäologie ist klar, dass die Pyramiden sowie die Sphinx lange nach 4000 v. u. Zt. erstellt worden sein müssen. So geht man davon aus, dass die Große Pyramide in der 4. Dynastie um 2700 v. Chr. von Pharao Cheops erbaut worden ist. Auch der Bau der Mykerinos- und der Chefren-Pyramide sowie der Bau der Sphinx müsse weit nach 4000 v. Chr. erfolgt sein, der Ägyptologe Cyrel Aldred fixiert den Beginn der 1. Dynastie auf das Jahr 3168 v. Chr. Aber zu dieser Zeit herrschte bereits ein recht hohes Niveau in Ägypten. Kam das aus

---

[70] Nachzulesen bei Murry Hope: Atlantis – Mythos oder Wirklichkeit?.
[71] John Anthony West: Die Schlange am Firmament.

dem Nichts? Kann man der orthodoxen Wissenschaft glauben, die eine „kurze Entwicklungszeit" aus dem Hut zaubert, für die es jedoch keine Hinweise gibt? Und wozu sollen überhaupt diese Monumentalbauwerke gut sein? Schließlich wurden zumindest in den Großen Pyramiden die Könige, deren Gräber sie sein sollen, nie gefunden. Wir wollen diese Frage zunächst einmal zurückstellen und uns mit der Frage nach dem wirklichen Alter der Monumente, insbesondere der Sphinx, befassen. Da existieren nämlich ganz überraschende Untersuchungsergebnisse.

Wann wurden die Giseh-Monumente wirklich erbaut?

Allgemein wird davon ausgegangen, dass Cheops die Große Pyramide erbauen ließ. Warum? Herodot berichtet es, und in der Entlastungskammer oberhalb der Königskammer finden sich die Inschrift „Khufu", was „Cheops" bedeutet und einige Steinmetzmarkierungen in verschiedenen Entlastungskammern, die auf Cheops als Bauherrn hinzuweisen scheinen. Außerdem erfolgte die Zuschreibung auf Grund der umliegenden Komplexe, die offensichtlich auf Cheops hinweisen.

Merkwürdig ist, dass man einfach unterstellt, die Sphinx sei von Pharao Chefren erbaut worden. Kurioserweise erwähnt Herodot, der Vater der Geschichtsschreibung, dieses monumentale Bauwerk mit keinem Wort.

Als die Sphinxstele von Thutmosis IV. ausgegraben wurde, waren die unteren Zeilen durch Erosion bereits abgeplatzt, nur in der letzten Zeile waren nach wenigen Wörtern noch die Hieroglyphen für einen Teil von Chephrens Namen zu finden – Chaf, der Rest fehlt, ist abgeblättert. Da viele ägyptische Wörter den Begriff „chaf" enthalten, ist fraglich, ob es wirklich der Beginn von Chefrens Name war.[72]

Der Autor Klaus Groth verweist in diesem Zusammenhang auf einen Fund aus dem Jahr 1850, der in den Ruinen des unmittelbar neben der großen Pyramide gelegenen Isistempels gefunden wurde: eine Stele, die heute zum Bestand des Ägyptischen Museums in Kairo gehört. Die Inschrift dieser Stele aus dem 26. Jahrhundert (Spätes Reich) besagt, dass Cheops „das Haus der Isis, der ‚Herrin der Pyramide', neben dem Haus der Sphinx" errichten ließ. Folglich muss die Sphinx schon *vorher* dort gestanden haben. Cheops (Khufu) war der Vater und Vorgänger des Chefren (Chefra), und so kann die Sphinx von diesem nicht erbaut worden sein. Cheops wird im Text der Stele der Verdienst zugeschrieben, die Sphinx *restauriert* zu haben. Also muss sie bereits lange vorher existiert haben, wenn sie bereits restaurationsbedürftig war.

Doch die Inschrift gilt als Fälschung.[73] Man ging davon aus, dass es sich bei der Inschrift um die Abschrift eines älteren Textes handelt, und sollte dieser aus der Zeit des Cheops stammen, würde dies Chephren als Erbauer der Sphinx ausschließen. Aufgrund bestimmter Wörter und anderer sprachlicher Hinweise kamen orthodoxe Ägyptologen allerdings zu dem Schluss, dass auch die Inschrift erst aus der Zeit datiere, aus

---

[72] John Antohony West: Die Schlange am Firmament.
[73] S. den Artikel von Klaus-Ulrich Groth: „Nochmals zum Alter der Sphinx" in Mehner: Das Große Experiment – eine Materialsammlung.

der die Stele stamme. Nun konnte man die Stele wieder dem Chephren zuschreiben. Die 26. Dynastie, aus der die Steintafel tatsächlich stammt, ist allerdings dafür bekannt, dass sie sich intensiv mir dem Alten Reich befasste. Sie errichtete genaue Kopien von Bauwerken des Alten Reiches. Möglicherweise wurde in dieser Zeit eine Kopie eines alten Berichtes angefertigt. Derartiges geschah oft im Verlauf der Geschichte des alten Ägypten.[74] Und die Urschrift könnte durchaus auf die Zeit des Cheops zurückgehen.

Doch nun sollen Beweise dafür präsentiert werden, dass die Sphinx ein vorsintflutliches Bauwerk ist.

Der Autor Thomas Mehner verweist auf Rene Schwaller de Lubicz, den wir an anderer Stelle schon kennen gelernt haben. Diesem war aufgefallen, dass die Sphinx, vor allem am Nacken und am Kopf, beträchtliche Spuren von Erosion aufweist. Die Fachwissenschaft war weitgehend der Meinung, dass hierfür der Wüstenwind „Khamesin" verantwortlich sei. Dieser habe wie ein Gebläse den feinen Wüstensand aufgewirbelt. Und so habe er über die Jahrtausende Millimeter um Millimeter Substanz abgetragen.

Aber de Lubicz las alte Papyrustexte und Reisebeschreibungen. Dabei fiel ihm sehr schnell auf, dass andere Monumente aus der frühdynastischen Periode weitaus weniger Erosionsschäden aufwiesen als die Sphinx. In den 30er Jahren hatte man ganz in ihrer Nähe eine von Pharao Thutmosis IV. errichtete Stele so tief im Sand steckend gefunden, dass nur die abgerundete Oberkante der Witterung ausgesetzt war. In fast 3400 Jahren hatte sie so wenig durch Wind und Sonne gelitten, dass die eingemeißelte Darstellung noch einwandfrei zu erkennen war. Und dazu ist noch zu bemerken, dass, wie Lubicz feststellt, die Sphinx einen beträchtlichen Teil ihres langen Lebens unter einem schützenden Ruhebett großer Massen von Sand zugebracht hat. Also wurde sie von Wind und Treibsand weitgehend verschont.

Als Napoleon mit seinen Truppen in Ägypten landete und die Sphinx sehen wollte, steckte sie bis zum Hals im Sand. Der neben ihr stehende Tempel war praktisch unsichtbar. Erst 1813 konnte die Figur frei geschaufelt werden.

1888 wurde sie von Mespero wiederum frei geschaufelt.

1916 notierte Baedecker, dass die Sphinx erneut von Sand bedeckt sei.

Im Klartext heißt dies, dass die schüsselförmige Bucht, in der die Sphinx liegt, sich alle 30 bis 90 Jahre mit Sand füllt.

Ein Wissenschaftlerteam der Stanford University, stellte 1977 mit Hilfe elektronischer Messungen fest, dass die Sphinx aus Kalkstein normaler Härte, also nicht etwa aus besonders weichem Gestein, das sich entsprechend eher bei Erosion abnutzt, besteht.

Wenn man davon ausgeht. dass die Sphinx 2700 v. Chr. gebaut wurde, muss man den Schluss ziehen, dass sie den größten Teil, etwa 3330 Jahre, im Sand gesteckt haben muss. Schwaller deLubicz ging bei seinen Berechnungen von einem 30- bis 40-Jahre-

---

[74] John Anthony West: Die Schlange am Firmament.

Turnus aus, den die Wüste braucht, um die Bucht zu füllen. In den 1300 Jahren zwischen Chephren und Thutmosis müsste demnach die Sphinx rund 1000 Jahre im Sand verschüttet gewesen sein.

Jetzt ist auch klar, warum Herodot die Sphinx nicht erwähnt. Sie konnte ihm gar nicht auffallen, weil sie bis zum Hals im Sand steckte. Während des Großteils der Christianisierung, die im Jahre 333 n. Chr. begann, steckte die Sphinx ebenfalls größtenteils im Sand. Und Schwaller de Lubicz hatte nun den Beweis, dass der von Süden wehende Khamesin nicht für die Erosionsschäden verantwortlich gemacht werden kann, denn dessen erodierende Wirkung über kürzere Zeiträume ist nachweislich minimal.

Dazu muss außerdem beachtet werden, dass wirbelnder Sand ganz typische Erosionsspuren hinterlässt. Diese können wir z.B. auf den Mesas Nordamerikas beobachten. Die abrasive Wirkung setzt sehr starken Wind voraus und reicht dann nur bis zu etwa 1,80 über dem Bodenniveau. Und diese Bedingungen erfüllt der recht harmlose Khamesin nicht! Denn wenn dem so wäre, müssten auch die Tempelmauern neben der Sphinx eine wesentlich stärkere Winderosion aufweisen, was allerdings nicht der Fall ist.

Weiterhin verweist Mehner darauf, dass die riesigen Säulen der Tempel von Luxor und Karnak, die nachweislich nach der Sphinx erbaut worden sind, viel länger, nämlich seit 3000 Jahren Wind, Sand und Sonne ausgesetzt, aber fast ohne Erosionsschäden sind.[75]

Nun kommen wir wieder auf Groth zurück, der sich in seinem Beitrag auf die Ergebnisse eines amerikanischen Teams aus Geologen, Geophysikern und Ägyptologen bezieht, die diese unmittelbar aus der Sphinx gewonnen hatten. Untersuchungsgegenstand waren die Erosionen unterhalb der heutigen Bodenoberfläche. Das ganz außergewöhnliche Ergebnis war, dass sich die Schäden nur unter relativ feuchten Klimabedingungen gebildet haben können! Während der ersten Dynastien hat es solche natürlich nicht gegeben. Die letzte Feuchtperiode ging vor etwa 7000 Jahren zu Ende. Die Sphinx, oder zumindest ihr Sockelbereich, müssen gemäß dieser Untersuchungsergebnisse also ein entsprechendes Alter haben, schließt Groth folgerichtig.

Noch weiter gehend, weist Mehner im genannten Beitrag darauf hin, dass Nilüberflutungen niemals so weit gereicht haben, dass die Sphinx hätte überflutet werden können. Er bezieht sich wieder auf Schwaller de Lubicz, der als erster gefolgert hatte, dass Oberflächenwasser als Verursacher in Frage kommen kann. Mehner ist der Meinung, dass man, da wie gesagt, Nilüberflutungen nie so weit gereicht hätten, Überflutungen von katastrophenartigem Ausmaß annehmen muss.

John Anthony West, der Untersuchungen initiiert hat, berichtet, dass man zunächst annahm, die Erosionsspuren könnten durch Grundwasser entstanden sein. Doch die Vertreter dieser Theorie erklärten nicht, wie diese Grundwasser-Erosion zustande gekommen sein soll. Überraschend sind die Erkenntnisse des Geologen Robert Schoch,

---

[75] S. Thomas Mehners Artikel „Die Sphinx – wie alt ist sie wirklich" in: Das Große Experiment – eine Materialsammlung.

der feststellte, dass die Erosionsspuren auf Niederschläge zurückzuführen sind, und der das Alter der Sphinx auf mindestens 5000-7000 v.Chr. ansetzt. West sind Schochs Ausführungen hier noch zu konservativ. Er ist der Meinung, dass die Sphinx noch vor Ende der letzten Eiszeit erbaut worden sein müsse.[76]

Wie wir später noch sehen werden, fand die legendäre Sintflut, die durch den Untergang der Großinsel Atlantis ausgelöst wurde, etwa 9000 v. Chr. statt. Das deckt sich mit Platos Zeitangaben und grob auch mit den Erkenntnissen von West und Schoch.

Daraus folgt aber, dass die Sphinx ein vorsintflutliches Bauwerk ist. Und mit ihr möglicherweise auch die genannten Giseh-Pyramiden. (Wir werden noch sehen, dass verschiedene Quellen die Cheops- die Chefren-Pyramide ebenfalls auf die Zeit von der Sintflut zurückführen).

„Neue C14-Datierung bestätigt: Cheops-Pyramide älter als bisher angenommen", schreibt der Journalist Luc Bürgin.[77] „Ist die Cheops-Pyramide tatsächlich 4500 Jahre alt, wie in ägyptologischen Lehrbüchern geschrieben steht?" fragt er sich. Bürgin stieß auf Untersuchungen des American Research Center in Ägypten, der Southern Methodist University und der Eidgenössischen Technischen Hochschule (ETH) in Zürich aus den 80er Jahren, die Zweifel an der herkömmlichen Datierung aufwarfen. In mühevoller Kleinarbeit datierten Vertreter der drei Institutionen organisches Material aus dem Mörtel der Cheops-Pyramide und anderen altägyptischen Bauten.

Die Resultate der C14-Untersuchungen wurden bereits 1987 veröffentlicht. Sie waren äußerst bemerkenswert: Zwischen den Datierungsergebnissen der Untersucher und den ansonsten angenommenen Werten klaffte eine Lücke von durchschnittlich 374 Jahren. Anders ausgedrückt: Beinahe alle untersuchten Komplexe – inklusive der Cheops-Pyramide – sind offenbar erheblich älter, als bisher angenommen, schreibt Bürgin unter Berufung auf Herbert Haas (u.a): „Radiocarbon Chronology and the Historical Calendar in Egypt", in: *Chronologies in the Near East*, BAR International Series 379, Lyon 1987.

Für die beteiligten Forscher waren die Ergebnisse Grund genug, sie durch eine zweite Untersuchung zu verifizieren. Georg Bonani von der ETH in Zürich schreibt: „Da beim ersten Mal hauptsächlich Holzkohle datiert wurde, wollten wir diesmal mit kurzlebigeren Materialien wie etwa Stroh oder Grashalmen arbeiten. Leider fand sich im Pyramiden-Mörtel entgegen unseren Erwartungen kaum eine Spur davon."

Man wiederholte nun die Untersuchung und entnahm 347 weitere Proben, die zu diesem Zweck zwischen 1994 und 1995 gesammelt und anschließend datiert wurden. Die zweite Mess-Serie wurde von der David H. Koch Foundation finanziert. Beteiligt waren diesmal Shawki Nakhla und Zahi Hawass (Supreme Council of Antiquities, Ägypten), Herbert Haas (Desert Research Institute), Robert Wenke (University of Washington), Georg Bonani und Willi Wölfli (ETH Zürich) sowie Mark Lehner (Oriental Institute of the University of Chicago).

---

[76]   John Anthony West: Die Schlange am Firmament.
[77]   http://www.alien.dehorn/direct.php3?page=c14.html

Dann aber wurde es plötzlich auffallend still: Die Messungen der zweiten Serie sind seit 1996 abgeschlossen, doch eine wissenschaftliche Veröffentlichung blieb bisher aus. „Die Amerikaner haben die Daten aus unerfindlichen Gründen in der Schublade gelassen", schreibt Bonani. „Immerhin tut sich mittlerweile etwas. So gedenkt Mark Lehner unsere Arbeit offenbar in Form eines populärwissenschaftlichen Artikels zu veröffentlichen – noch ehe sie wissenschaftlich publiziert ist. Ob das ein sinnvolles Vorgehen ist, sei dahingestellt," teilte Bonani Bürgin im Sommer 1999 mit.

Was die Interpretation der neuen Datierungen betrifft, hüllt sich der ETH-Mitarbeiter in Schweigen. Er lässt lediglich verlauten, dass die zweite Mess-Serie die Ergebnisse der ersten grundsätzlich bestätigt. Die Differenz zwischen ansonsten angenommenen Altersangaben und der neuen Datierung sei lediglich etwas kleiner als bei der ersten Mess-Serie. Genauere Informationen sollen in Kürze folgen, hieß es. Dann, so hofft Bonani, wird das Team endlich die wissenschaftliche Analyse der Auswertungen präsentieren.

Wir kommen zwar, wenn wir Bürgin folgen, immer noch nicht auf das geschätzte Alter der Sphinx, doch es zeigt sich, dass der Standpunkt der konservativen Wissenschaft doch nicht so sattelfest zu sein scheint. Ist nicht der Gedanke nahe liegend, dass die Großen Pyramiden zusammen mit der Sphinx erbaut und später restauriert wurden?

Wir kommen nun noch einmal auf Thomas Mehner zurück, der sich in dieser Angelegenheit insbesondere mit der Sphinx befasste. Er schreibt, dass uns der griechische Geschichtsschreiber Herodot berichtete, dass ihm auf einer Ägyptenreise die Tempelpriester von Heliopolis ihr Wissen über vergangene Kulturen und über den Untergang von Atlantis anvertraut hätten.

Ich zitiere Mehner wörtlich:

„Ich persönlich bin davon überzeugt, dass die Sphinx nicht nur wesentlich älter als 5000 Jahre ist, sondern dass sie auch den Schlüssel zur Lösung zahlreicher Fragen unserer frühesten Geschichte in sich birgt. Und gerade das könnte ein Grund für das wissenschaftliche Establishment sein, nicht die ganze Wahrheit zu sagen.

Ägyptenreisende sollten sich künftig darüber klar werden, dass sie in der Sphinx nicht nur einer Kolossalfigur schlechthin gegenüberstehen, sondern möglicherweise dem über 10.000 Jahre alten Symbol einer Urzivilisation (die wir Atlantis nennen) oder dem letzten Monument, das Götter den Menschen vermachten..."

Mit „Göttern" meint Thomas Mehner die Außerirdischen, die nach Meinung der präastronautischen Autoren die Erde in jener Zeit besucht haben sollen. Diese Götter sollen uns die Pyramiden vermacht haben, oder es handelt sich um „das über 10.000 Jahre alte Symbol einer Urzivilisation, die wir Atlantis nennen."

Bringen wir es auf den Punkt: Die Sphinx ist ein Vermächtnis von Atlantis, die einem ganz bestimmten Zweck dienen muss, auf den wir noch zu sprechen kommen werden. Außerirdische Götter waren dazu nicht nötig, wohl aber die Götter, die aus Atlantis kamen.

Wie andere auch weist Mehner darauf hin, dass alte arabische Legenden existieren, die behaupten, dass in den Monumenten altes Wissen gespeichert sei. Groth verweist auf den arabischen Historiker Al-Makritzi, der uns in der Schriftsammlung *Hitat* mitteilte, dass ein ägyptischer König namens Saurid 300 Jahre vor der Sintflut mit dem Bau der Pyramiden begonnen habe, um das gesamte Menschheitswissen der damaligen Zeit zu sichern und über die Katastrophe hinweg zu retten. Nach diesem Historiker sei auf der Spitze der Großen Pyramide eine Schrift angebracht worden, die auf den Erbauer sowie auf die Bauzeit von sechs Jahren schließen ließ. Und dieser König Saurid soll, so berichtet es uns das Hitat, identisch mit dem griechischen Hermes (oder Thot) und dem ägyptischen Idris sein.

Der arabische Historiker Akbar Al Masudi berichtet uns von König Surid, der einer der Könige vor der Flut gewesen sein soll. Nach den Aufzeichnungen ließ er zwei große Pyramiden bauen und befahl den Priestern, darin schriftliche Hinweise ihrer Weisheit und der Techniken sowie von Künsten und Wissenschaften zu deponieren, damit sie späteren Generationen, die die Schriften verstehen, dienlich seien. Zudem sollen in den Pyramiden Listen der historischen Ereignisse und Voraussagen für die Zukunft aufbewahrt sein.[78]

Wie wir sehen, gibt es zahlreiche Hinweise darauf, dass es nicht nur ein prädynastisches, sondern sogar ein noch älteres Reich gab, das in der Zeit vor dem Untergang von Atlantis – also etwa 9000 Jahre vor Plato – existierte. Dieses (ur)-alte Ägypten kannte Fluggeräte, dieses prädiluviale Ägypten war in der Astronomie bewandert, und in *diesem* Ägypten, das in keinem Geschichtsbuch steht, spielte der Fixstern Sirius eine herausragende Rolle. In dieser Zeit des „uralten" Ägyptens sind möglicherweise die Pyramiden von Giseh, mit hoher Wahrscheinlichkeit aber die Sphinx errichtet worden. In der Zeit zwischen dem ultraprädynastischen Ägypten und der ersten ägyptischen Dynastie muss es gewaltige Niederschläge geben haben (Wie wir später noch sehen werden, könnten sie im Rahmen der „Sintflut" niedergegangen sein), die Erosionsschäden an der Sphinx hervorriefen. Der Zweck der Cheops-, Chephren- und Mykerinos-Pyramide ist heute immer noch unklar und umstritten. Arabische Legenden wollen uns lehren, dass altes Wissen in diesen Monumenten verborgen liegt.

Auf dieses geheime Vermächtnis, das meiner Ansicht nach real ist, werde ich später noch einmal zurückkommen.

Wollen wir nun sehen, was andere Autoren zu alten ägyptischen Überlieferungen zu sagen wissen.

So schreibt Aschenbrenner, dass nach früheren ägyptischen Quellen der Gott Thot nach der großen Flut Schrift und Wissen aus dem Westen gebracht habe. Aus dem Plato-Dialog *Phaidros* geht hervor, dass einer der alten Götter des Landes „Theuth" gewesen sei. Er sei der erste Erfinder der Zahl und des Rechnens, der Geometrie, Astronomie und auch der Schrift gewesen. Der Autor beruft sich auf das Papyrus „Der Augenstern des Kosmos", in dem berichtet wird, dass Hermes den Ägyptern die

---

[78] Martin Freksa: Das verlorene Atlantis.

Kultur brachte. Nachdem er die Erde wieder verlassen hatte, war sein Sohn Thot (= Theut) der Hüter des von ihm vermittelten Wissens. Der Nachfolger von Thoth sei der Oberpriester Imhothep gewesen.

Vor 5400 Jahren sollen nach Aschenbrenner Anhänger des Horus ins Nildelta gelangt sein, wobei der Autor zunächst leider nicht erklärt, wer dieser „Horus" in Wirklichkeit gewesen ist. lmhotep soll ein Nachfolger dieser „Horus-Anhänger" gewesen sein, und auch Aschenbrenner beschreibt das Aufblühen der ägyptischen Kultur während der ersten Dynastien. Später geht dieser Autor dann auf diesen Horus ein. Er beschreibt, dass Horus nach der ägyptischen Mythologie zunächst der Hauptgott Unterägyptens gewesen sein soll – der Himmelsgott in Gestalt eines Falken. Ein Auge verkörperte die Sonne, ein anderes den Mond. Seine Anhänger hatten ihn mit Ägypten in Verbindung gebracht. Und Aschenbrenner schreibt über sie, dass sie mit Schiffen aus dem Westen gekommen seien und die Sonne verehrt haben sollen. Sie drangen als Eroberer in Unterägypten ein und unterwarfen schließlich auch Oberägypten. Der Herrscher, dem diese so genannte Reichseinung gelang, sei Narmer, auch Menes genannt, gewesen. Mit diesem ersten Pharao hatte der göttliche Horus-Falke die Herrschaft über ganz Ägypten gebracht.[79]

Was bei dieser Überlieferung ins Auge springt, ist einmal der Hinweis auf Kolonialisten aus dem Westen und zum anderen der Hinweis auf eine Große Flut. Was ich mir beim besten Willen aber nicht vorstellen kann, ist, dass die Atlantischen Kolonialisten erst NACH der Großen Flut Ägypten unterworfen haben sollen, da m.E. nach dieser Katastrophe kaum noch eine kolonialisierungsfähige Armee bestanden haben dürfte, wie wir später noch sehen werden. Trotzdem scheinen in dem ägyptischen Mythos Erinnerungen mit zu schwingen, die allerdings in der Chronologie vermutlich nicht mehr so ganz up to date sind.

Ein weiterer Widerspruch dreht sich um dem Namen „Thoth". Dieser wird gewöhnlich mit Hermes gleichgesetzt. Aschenbrenner nennt sie getrennt.

Hier könnten uns die Phönizier weiter helfen, die einen zweiten, nachsintflutlichen Thot kannten. Der große ägyptische Historiker Manetho sprach von Thot, der gleichzeitig Hermes Trisgemistos oder der „Gott der Geschichte" war, er soll lange vor der großen Katastrophe Wissenswertes in eine Säule geschrieben haben. Nach der Großen Flut soll der *zweite* Thot (oder Thaut, der Erfinder der Schrift) die Aufzeichnungen übersetzen können – dieser Übersetzer habe die große Flut erwähnt.[80]

Möglicherweise ist hier tatsächlich in der Chronologie etwas durcheinander geraten. Man bringt Ereignisse, die mit dem ersten Thot zu tun haben, mit dem zweiten in Verbindung. Der zweite Thot war möglicherweise ein Überlebender der Sintflut, der sein Wissen vermittelte, während der erste möglicherweise einen Invasor aus Atlantis beschrieb. Warum (der erste) Thot meistens mit Hermes gleichgesetzt und andererseits einmal als dessen Sohn beschrieben wird, bleibt unklar. Möglicherweise haben

---

[79] S. Klaus Aschenbrenner: Die Antilliden.
[80] Martin Freksa: Das verlorene Atlantis

sich auch hier Ereignisse um den ersten und den zweiten Thot vermischt, so dass ein neuer Mythos daraus entstand, in dem Hermes zum Vater des Thot wurde.

Edgar Cayce und die Geheimnisse von Atlantis und Ägypten

Wir kommen nun noch zu einer ganz anderen Quelle: dem amerikanischen Seher Edgar Cayce. Dieser Seher war ursprünglich Fotograf; jedoch entdeckte er in den 30er Jahren mehr und mehr seine Begabungen als Heiler. In Trance gab er Anweisungen, in denen er kranken Menschen hilfreiche Tipps gab. Diese „Trance-Sitzungen" nannte der größtenteils in Virginia Beach lebende Edgar Cayce „Readings". Und später hielt Cayce oft so genannte Lebensreadings. Er erkannte frühere Existenzen seiner Patienten, und die sollen nicht selten in Atlantis oder im alten Ägypten gelebt haben. So bildete sich für Cayce bald ein Gesamtbild heraus, das die Zusammenhänge zwischen Atlantis und Ägypten betrifft. Seine Atlantis-Geschichte habe ich im 1. Kapitel schon einmal kurz angeschnitten.

Wir wissen nicht, woher Cayces Informationen stammen, und wir wissen nicht, ob er tatsächlich Informationen aus früheren Leben der Patienten erkennen konnte. Charles Berlitz hat einmal in diesem Zusammenhang die Wendung „eingekapselter Erinnerungsstrom" gebracht,[81] er könne sich vorstellen, dass Informationen von Generation zu Generation weitergereicht würden, und diesen Strom hätte Cayce möglicherweise unbewusst angezapft. Natürlich ist es auch naheliegend, daran zu denken, dass die Fantasie mit Cayce (zumindest teilweise) durchging. Man mag auch an die Möglichkeit eines Schwindels denken, obwohl hierfür die Hinweise vollkommen fehlen. Sicher ist, dass gerade in Cayces Ägypten-Readings Dinge zu Tage kommen, die deutlich im Einklang mit dem oben beschriebenen stehen.

Cayces Aussagen über Ägypten schieben die ägyptische Kultur bis zu einer Zeit von mindestens 10.500 v. Chr. zurück. Cayce beschreibt die ursprüngliche Gesellschaft und Kultur und er berichtet auch, dass während der letzten Zerstörung von Atlantis eine Einwanderung nach Ägypten stattfand, die einen wichtigen Einfluss auf die ägyptische Kultur hatte.[82]

Ich möchte nun ein paar Readings zitieren:[83]

Nr. 708/1, 25. Oktober 1934

„Man wusste in Atlantis, dass es bald zu der Zerstörung des Landes kommen würde, und. viele einzelne Menschen versuchten, das Land zu verlassen. Die Entity[84] war unter denen, die nach Ägypten gingen."

Nr. 275/38, 16. Januar 1934

---

[81]   Charles Berlitz: Geheimnisse versunkener Welten.
[82]   Edgar Cayce Evans, G. Cayce-Schwarzer und D. G. Richards: Das Atlantis-Geheimnis.
[83]   Alle Readings zitiert aus: Das Atlantis-Geheimnis von Edgar Cayce Evans, G. Cayce- Schwarzer und D. G. Richards.
[84]   Die Person, über die gerade ein Reading gehalten wurde, in diesem Zusammenhang in einem früheren Leben.

„…Es gab Prophezeiungen und Hinweise darauf, dass Atlantis auseinander brechen würde, und Ägypten wurde als eine der Gegenden ausgewählt, wo man Aufzeichnungen über diese alte Kultur herstellen und aufbewahren würde."

Ägypten wurde also als Gegend ausgewählt, in der man Aufzeichnungen über Atlantis herstellen und aufbewahren würde (als zwei weitere Gegenden wurden in anderen Readings Bimini und Yucatan genannt.) Also auch Cayce spricht davon, dass man in Ägypten Aufzeichnungen über Atlantis aufbewahren würde, als Vermächtnis für die Nachwelt.

Nr. 764/1, Dezember 1934:

„In einer anderen Inkarnation war die Entity in dem heutigen Ägypten, und zwar während der Zeit der Auswanderung aus Atlantis, als die Aufzeichnungen nach Ägypten gebracht wurden."

Nr. 378/13, 14. August 1933:

„Denn diese Entität trug die Verantwortung für die Aufzeichnungen, als die letzten Bevölkerungsteile aus Atlantis in die verschiedenen Gegenden des Erdballes wanderten."

Nr. 1717/1, 25. Juni 1930:

„…Die Entität gehörte zu denen, die in den Gräbern bestattet wurden, die noch entdeckt werden müssen… aber gegenüber der Sphinx und in nächster Nähe von den Menschen, die auf dieser Erhebung begraben wurden."

Wieder ein ausgesprochen interessanter Hinweis.

Nr. 900/275, 22. Oktober 1926:

„Es gibt viele Tempel, die später in den Ebenen in der Nähe der Sphinx gebaut wurden und noch entdeckt werden müssen."

Hier gilt das gleiche.

Nr. 2124/3, 2. Oktober 1931:

„Denn die späteren Pyramiden, diejenigen, die noch nicht entdeckt worden sind … liegen zwischen der Sphinx (dem Geheimnis) und dem Nil … Die Entität hat die ersten von den Pyramiden erbaut, die noch nicht entdeckt sind.

Frage 1: An welchem Platz sind die Pyramiden, die man noch nicht entdeckt hat?

Antwort 1: Zwischen dem so genannten Geheimnis der Zeitalter und dem Fluss."

Was meint Cayce mit dem „Geheimnis der Zeitalter?" Steckt hinter diesen Worten eine Bedeutung, die wir heute noch nicht (wieder-) entdeckt haben?

Nr. 519/1.20, Februar 1934:

„Die Entität war unter jenen, die bei dem Bau von einigen dieser noch vorhandenen Bauwerke mitgeholfen haben, wie auch bei der Bauplanung der Halle der Aufzeichnungen, die noch entdeckt werden muss, wo viel ans Licht kommen wird."

Nr. 2531/1, 17. Juli 1941:

„Die Entität schloss sich den Menschen an, die die Aufzeichnungen teilweise in Buchstaben des alten oder frühen Ägyptens, teilweise in einer neuen Form der Atlanter abfassten. Diese Aufzeichnungen werden vielleicht in einigen wenigen Jahren entdeckt werden, vor allem wenn das Haus oder die Grabkammern der Berichte geöffnet wird."

...Wenn das Haus oder die Grabkammern der Berichte geöffnet wird...

Nr. 2329/3, 1. Mai 1941:

„Diese Wahrheiten wurden auf Tontafeln niedergeschrieben und zusammen mit der Entität im Grab der Aufzeichnungen aufgeschichtet.

Frage 7: Wo sind diese Tafeln oder Aufzeichnungen aus jener ägyptischen Inkarnation, die ich untersuchen könnte?

Antwort 7: Im Grab der Aufzeichnungen, wie gesagt. Denn das Grab dieser Entität war damals Teil der Halle der Aufzeichnungen, die noch nicht entdeckt worden ist. Sie liegt zwischen der Sphinx und dem Tempel bzw. der Pyramide, und zwar in einer eigenen Pyramide."

Nr. 953/24, 12. Juni 1926:

„Diese und viele andere Entdeckungen können unter der linken Vorderpfote des ausgestreckten Tieres unter dem Fundament gefunden werden, nicht aber in dem unterirdischen Gang, der viele Jahre und Jahrhunderte später von einem Herrscher geöffnet wurde, sondern im wirklichen Fundament."

Nr. 1486/1, 26. November 1937:

„... Diese Entity hat als erste die Aufzeichnung über Atlantis niedergelegt, die erst noch entdeckt werden muss, und zwar auf dem Weg zwischen der Sphinx und der Pyramide der Aufzeichnungen."

Nr. 378/16, 29. Oktober 1933:

„Die Position ist wie folgt: Wenn sich die Sonne über das Wasser erhebt, so fällt die Linie des Schattens zwischen die Vorderbeine der Sphinx, die später als Wache an diesen Punkt gesetzt wurde. Die Kammer darf von den Verbindungsgängen unter der rechten Vorderpfote der Sphinx erst dann betreten werden, wenn die Zeit erfüllt ist, wenn es im Bewusstsein der Menschen zu Veränderungen kommen muss."

Nr. 5748/6, 31. Juli 1932:

„Es gibt einen Gang von der rechten Vorderpfote zum Tor der Grabkammer der Aufzeichnungen."

Nr. 195/14, 18. Juli 1925:

„Frage 6: In welcher Funktion handelte die Entity bezogen auf den Bau der Sphinx?

Antwort 6: Als die Monumente in der Ebene, wo die heute so genannte Pyramide von Giza liegt, neu aufgebaut wurden, legte diese Entity das Fundament. Sie kalkulierte die geometrische Position der Sphinx in Bezug auf die bereits bestehenden Bauwerke.

Und die Daten, die sich darauf beziehen, kann man in den Gewölben der Sphinx finden."

Nr. 57488/6, 1. Juli 1932:

„Frage 5: Wann wurde der Bau der Großen Pyramide wirklich begonnen und beendet?

Antwort 5: Der Bau dauerte 100 Jahre, er wurde zur Herrschaftszeit von Araaraarts Zeit zusammen mit Hermes und Ra begonnen und vollendet.

Frage 6: Und wann war das bezogen auf unsere Zeitrechnung?

Antwort 6: 10.490 bis 10.390, bevor der Prinz des Friedens nach Ägypten kam."

Nr. 281/43, 8. November 1939:

„Dann mit Hermes und Ra... begann der Bau der heute so genannten Pyramide von Gizeh."

Nr. 5748/5, 30. Juli 1932:

„... etwa 10.500 Jahre, bevor Christus in das Land kam, gab es zum ersten Mal den Versuch, das zu renovieren und zu vervollständigen, was bereits begonnen worden war, nämlich die Sphinx, ferner auch das Schatzhaus, das ihr gegenüberliegt, also zwischen der Sphinx und dem Nil, in dem diese Berichte aufbewahrt wurden."

Wir können uns nun fragen, ob diese „Readings" mehr Fragen oder mehr Antworten aufwerfen. Zunächst stellt sich die Frage nach der Quelle. Woher hatte Edgar Cayce seine gesamten Informationen, die ihm lediglich in Trance zugänglich waren und die sich angeblich auf verborgene Erinnerungen seiner Patienten, der „Entities" bezogen? Sog er sich alles aus den Fingern, ging seine Fantasie mit ihm durch, entstammen die Informationen aus einem eingekaspelten genetischen Erinnerungsstrom, die er aufgrund einer besonderen Begabung anzapfen konnte, oder konnte er tatsächlich auf frühere Leben seiner Patienten zurückblicken?

Arabische Legenden berichten wie Cayce von versteckten Aufzeichnungen in den Pyramiden. Hat Cayce davon gewusst? Dagegen spricht, dass er sich im „Normalzustand", also außerhalb der Trance, für die Atlantis-Problematik überhaupt nicht interessierte.

Hat Cayce also recht? Auf diese Frage eine Antwort zu geben, ist nicht ganz einfach. Es ist schwierig zu beurteilen, was in seinem Trancezustand vorging, was überhaupt in Trance vorgeht. Vielleicht hat Cayce doch irgendwelches Wissen, das er irgendwann einmal aufgeschnappt hatte, im Trancezustand aufgegriffen, um daraus eine plausible Geschichte zu formen, was aufgrund des geschärften Verstandes in der Trance durchaus möglich ist.

Doch woher sollte er die Informationen, die Sphinx sei so alt, wie er behauptet, gehabt haben? Und wie kam er auf das Alter der Großen Pyramide und den Hinweis auf Hermes als Baumeister? Es ist kaum anzunehmen, dass er den Hitat kannte.

Wir können keineswegs ausschließen, dass Cayce auf die eine oder andere Weise tatsächlich in die Vergangenheit sehen konnte, auch wenn der Mechanismus, der dazu führt, uns heute nicht geläufig ist. Möglicherweise sah er in einen Nebel, in dem einige Dinge ganz klar zu sehen waren, andere undeutlich und wieder andere wurden konfabuliert. Vielleicht konnte Cayce auch in eine „parallele Gegenwart" sehen. Dort läuft gerade ein Bild ab, das im großen und ganzen unserer eigenen Vergangenheit sehr ähnelt, die jedoch in Einzelheiten durchaus von dieser abweichen kann. Dieser Gedanke fußt auf eine Theorie von Francis X. King[85], die wiederum von der Vielweltentheorie des Physikers Hugh Everett abgeleitet ist. King glaubt, dass sich die „Zeit" mit der Zeit in einen riesigen Baum aufspaltet. Immer dann, wenn ein Mensch eine bewusste Entscheidung trifft, entsteht ein neuer Ast – eine neue Zeitlinie. Und im Gegensatz zu Everett glaubt King, dass diese verschiedenen Zeitlinien durchaus miteinander in Verbindung stehen können.

Wir wissen nicht; was bei Edgar Cayce in der Trance abgelaufen ist, doch wir können sagen, dass Hinweise auf einen Schwindel vollkommen fehlen und dass es eben diese verblüffenden Übereinstimmungen tatsächlich gibt. Auch bei politischen und wirtschaftlichen Voraussagen hatte Cayce sehr oft recht.

Cayces Hinweise auf versteckte Unterlagen über Atlantis decken sich mit den Legenden vom prädynastischen König Saurid. Sollten wir es hier tatsächlich mit einem bewussten Vermächtnis von Atlantis an die Nachwelt zu tun haben – mit einem Testament, das man eines Tages finden wird, wenn die Menschheit eine gewisse Reife erlangt hat, und das man unter der Vorderpfote der Sphinx finden wird?

Suchaktionen in den Pyramiden

Viele Anstrengungen wurden bisher unternommen, um hinter das Rätsel der Pyramiden zu kommen. Immer wieder wurde nach neuen Geheimkammern und -gängen gesucht; sowohl von Edgar-Cayce-Anhängern als auch von anderen Personen und Organisationen. Ein sehr interessanter Bericht zu diesem Thema wurde von Mario Ringmann verfasst.[86] Er verweist auf eine japanische Delegation, die im Jahr 1987 mit elektrischen Geräten die Große Pyramide durchforstete, wobei es ihr gelang, ein ganzes Labyrinth von bisher unbekannten Korridoren zu lokalisieren.

Ganz besonders raffiniert ging der deutsche Ingenieur Rudolf Gantenbrink vor. Er konstruierte einen Roboter, ein Raupenfahrzeug mit viel Elektronik, Laserstrahlen und einer eingebauten Kamera. Dieser Roboter ähnelte einem Miniaturungeheuer, und diesen steuerte der Ingenieur durch die schmalen Schächte. Eine Videokamera zeichnete auf. Der Roboter beleuchtete Szenen, die seit 4500 Jahren (oder noch länger!) kein Mensch mehr gesehen hat. Meter für Meter arbeitete sich das technische Wunderwerk an glatten Wänden vorbei, wanderte über kleine Sandanhäufungen; es ratterte an Naturstein vorbei und nach 65 Metern, quer im Inneren der Pyramide, wurde eine Sensation entdeckt. Es handelt sich um ein abgebrochenes Metallstück. Dies sei das erste Mal, dass Metall in der Großen Pyramide gefunden wurde.

---

[85] Francis X. King: Nostradamus: Das große Buch der Voraussagen.
[86] s. den Artikel Sensationen in der Pyramide von Mario Ringmann in: Unknown Reality Ausgabe 3/95.

Später wurde eine Art Schiebetür (die so genannte Gantenbrink-Blockierung, ob es sich tatsächlich um eine Tür handelt, gilt als umstritten. Zumindest hatte der Blockierstein kupferne „Griffe" - Metallstäbe, die aus dem Blockierstein herausragten) entdeckt, die offensichtlich von oben in den Schacht hineinführt.

Zuvor waren die Ägyptologen der Meinung, bei dem steil nach oben verlaufenden, quadratischen Schacht, der eine Seitenlänge von nur 20 Zentimetern aufweist, handele es sich um einen Luftschacht; was durch Gantenbrinks raffinierten Geniestreich widerlegt werden konnte. Hinter dieser „Tür" verbirgt sich möglicherweise ein mindestens 4500 Jahre altes Rätsel. Ringmann nennt sogar die genaue Entdeckungszeit dieser Tür: Es war der 21.3.1993, exakt um 11:05 Uhr. Die Fachleute des deutschen Instituts für Ägyptologie in Kairo schwiegen sich aus, ebenso die Ägyptischen Behörden. Erst zwei Wochen später wurde in einer kleinen Meldung in der britischen Presse die Entdeckung bekannt gegeben. Dem Korrespondenten D. Keys sei aufgefallen, dass der Höhenabstand vom Boden der Königinnenkammer zum Boden der Königskammer 21,5 Meter beträgt. Exakt die gleiche Höhendifferenz läge auch zwischen dem Boden der Königskammer und der vermuteten neuen Kammer. Ringmann verweist auf alte Legenden über die Pyramide, in denen es biegsames Glas sowie rostfreie Waffen gäbe, ebenso eine Sonnenbarke der Götter. (Diese Legenden stammen aus dem bereits erwähnten Hitat). Und er mutmaßt, dass sich diese Gegenstände möglicherweise hinter der geheimnisvollen Schiebetür, wenn es denn eine ist, befinden könnten.

Sind sie das geheime Vermächtnis von Atlantis oder zumindest ein Teil davon?

Pikant ist noch folgende Anmerkung des *Unknown Reality*-Redaktionsteams Renner/ Ringmann:

„Die Tür der Kammer zu öffnen und zu untersuchen wurde vom Museum für Ägyptische Geschichte in Kairo nicht genehmigt. Die Untersuchung anderer Gänge wurde strikt untersagt. Bislang sind keine weiteren Forschungen geplant. Traurig aber wahr."[87]

Dieser Satz gibt zu denken. Warum behindern die Ägyptologen jegliche Forschungsarbeiten an der Sphinx und den Pyramiden, unabhängig davon, ob sie von der Edgar-Cayce-Foundation oder von anderen Institutionen durchgeführt werden? Offiziell wird immer die Religion vorgeschoben. Die Monumente seien eben Heiligtümer, und da hat man es nicht so gerne, wenn daran herummanipuliert wird.

Diese Erklärung befriedigt mich nicht. Gerade die moslemischen und koptischen Araber stehen der altägyptischen Religion nicht sehr offen gegenüber Und doch müsste man neugierig sein, was sich in verborgenen Kammern ihrer Monumente verbirgt, obwohl man die Öffentlichkeit selbstverständlich nicht all zu sehr von dieser alten Religion begeistern will. Weiß man möglicherweise mehr? Hat man vielleicht schon irgendwo Hinweise darauf gefunden, dass das stolze Volk der Ägypter lediglich mit

---

[87] Wörtlich zitiert aus: „Sensationen in der Pyramide" von Mario Ringmann in: Unknown Reality Ausgabe 3/95. (Die Zeitschrift wird heute nicht mehr herausgegeben).

Hilfe einer wesentlich höher entwickelten Kultur zu dem wurde, was es später war, und will man mit aller Gewalt verhindern, dass dieses Wissen zum Vorschein kommt? Ich möchte zunächst noch einmal auf die Pyramiden und dann auf die Sphinx zurückkommen.

Seit Jahrzehnten wird im Britischen Museum ein unscheinbares Stück Eisenblech aufbewahrt. Es war zum Vorschein gekommen, als sich der Brite Howard Vyse im Jahr 1837 durch Sprengung zur Großen Pyramide Zugang verschaffte. Die kleine Eisenplatte fand er unterhalb von zwei Steinblocklagen an einer Stelle, die direkt mit einem Schacht der Königskammer in Verbindung steht. Sollte die Pyramide tatsächlich aus der Zeit des Cheops stammen, ist dieser Fund unerklärlich.[88]

Interessanterweise fand Holger Isenberg[89] im Buch *Cheops* von Peter Tompkins eine Stelle, in der auf die im Privatdruck erschienene Schrift *The Great Pyramide of Jeezeh* hingewiesen wird, in der der Autor Louis P. Mc Carthy die Überzeugung vertritt, dass es in der Großen Pyramide mindestens noch drei weitere versteckte Kammern gäbe. Diese sollen sich zwischen der Königskammer und der Spitze der Pyramide befinden, und eine dieser Kammern soll mindestens die doppelte Größe der Königskammer haben. Mc Carthy vermutet, dass diese Kammern in Höhe der 75., 100. und 120. Steinlage liegen. Nun konnte bislang nicht herausgefunden werden, worauf sich McCarthys Vermutungen stützen, doch verblüffend ist die Angabe deswegen, weil sich die Gantenbrinkblockierung in der 74. Steinlage befindet (nachzulesen in: Haase, Michael,/Sasse, Thorsten: *Im Schatten der Pyramiden*, S. 129/130, Abb. auf S. 131 u. 168). Aus der Abbildung auf S. 168 geht auch hervor, dass Gantenbrink auch in Höhe der 100. Steinlage auf einige Merkwürdigkeiten – nämlich kleine Nischen – stieß.

Alles nur Zufall? In der Zeitschrift *Sagenhafte Zeiten* der FG-AAS Zeiten, Nr. 2/2000, fand sich jüngst ein interessanter Artikel von Klaus Groth, der den Titel *Die geheimen Kammern der Sphinx* trug. Groth bezieht sich in diesem Artikel auf die Monographie von H. S. Lewis *La prophétie symbolique de la Grande pyramide*. Lewis publizierte bereits 1988 Lagepläne, ebenso wie Max Thot 1979 in seinem Buch *Metaphysic Foundations of the Great Pyramid*, New York 1979, in Deutsch unter dem Namen *Das Geheimnis der Pyramid-Power* (München 1988) erschienen. Die Lagepläne zeigen einen unterirdischen Gang zwischen der Sphinx und der Großen Pyramide, der allerdings von der offiziellen Ägyptologie noch 1992 massiv geleugnet wurde. Allerdings konnte man laut Groth bereits im Mai 1992 im Bereich der Sphinx zwei getarnte Einstiege erkennen. Lewis' Arbeit gelangte seinerzeit – während der napoleonischen Ägypten-Feldzüge von 1799-1802 – nach Frankreich, wohin sie Napoleon mitgenommen hatte. Im Verlauf der letzten zwei Jahrhunderte waren die Pläne in Freimaurkreise gelangt. Lewis war selbst Premier Imperator de l'Ordre de la Rose-Croix, hatte also selbst eine maßgebliche Position in einem Freimaurerorden inne.

---

[88]   Martin Freksa: Das verlorene Atlantis.
[89]   http://mars-news.de/pyramiden/geheim.html

In Lewis' Werk sind drei Skizzen zu finden, die Details enthalten, die Lewis 1988 noch gar nicht hätte kennen dürfen und die im napoleonischen Zeitalter erst recht unbekannt waren. Auf einer dieser Abbildungen sieht man die Skizze der großen Pyramide – man erkennt die Königskammer, die Königinnenkammer, die so genannte Unvollendete Grabkammer und eine mit Fragezeichen gekennzeichnete Zentralkammer. Nicht erkennbar ist, wo sich nach dieser Zeichnung die Einmündung des unterirdischen Gangs von der Sphinx in die Große Pyramide befindet.

In der zweiten Abbildung sind mehr Informationen enthalten. Auf ihr erkennt man nicht nur einen Gang zwischen der Großen Pyramide und der Sphinx, vielmehr verlaufen auch unterirdische Verbindungen zur Chefren- und Mykerinos-Pyramide.

Der Gang von der Großen Pyramide gilt mittlerweile als gesichert, so dass diese Details tatsächlich mit der Realität übereinstimmen. Groth geht deshalb davon aus, dass dies auch bei den weiteren Gängen zu den anderen Pyramiden der Fall ist. Der Autor des Artikels vermutet weiter, dass dies den vor Ort tätigen Ägyptologen bestens bekannt ist – schließlich gehen alle drei Gänge von einem „Verteilerkreis" aus: Wer den Gang zur Großen Pyramide findet, müsste auch die beiden anderen Gänge finden.

Groth spricht weiter von einer Tempelanlage, die auf Lewis' dritter Skizze zu finden ist. Dabei scheint es sich um zwei architektonisch getrennte Kammern mit insgesamt neun Stützsäulen zu handeln – einem geheimen Zugang weit vor der Sphinx und einer geheimen Pforte zu den unterirdischen Verbindungsgängen. Nach Groth können diese Tunnels gar nicht verfehlt worden sein, denn Zugänge zu den unterirdischen Bereichen waren bereits 1992 rechts und links der Sphinx angelegt worden.

Außerdem: Öffnet man den Verbindungskorridor zur Großen Pyramide, so gelangt man zwangsläufig auch in die beiden vorgelegten Hallen.

Groth fragt sich, ob Dr. Zahi Hawass – der für das Gizeh-Plateau zuständige Verwalter – eventuell nur einen Teil der Wahrheit an die Öffentlichkeit weitergegeben hat und vermutet, dass der unterirdische Verbindungsgang zur Sphinx in der Unvollendeten Grabkammer der Großen Pyramide oder in dem absteigenden Gang mündet. Da das Niveau des unterirdischen Tunnels und jenes der Unvollendeten Grabkammer in etwa übereinstimmen, sei ein anderer Zugang kaum vorstellbar. Aus diesem Grund wollte Groth 1999 während eines Ägypten-Aufenthalts in die unvollendete Grabkammer oder zumindest in den absteigenden Ast vorgelassen werden.

Interessanterweise war der einzige Schlüsselinhaber Prof. Hawass. Seine Assistenten waren nicht zum Öffnen der Tür zu bewegen. Groth schreibt:

„Für mich liegt der Schluss nahe, dass hinter der Absperrung des absteigenden Ganges und der Unvollendeten Kammer in der Tat etwas verborgen werden soll und meine Vorstellung von dem dort einmündenden Verbindungsgang durchaus zutreffend ist."

Existieren tatsächlich geheime Verbindungsgänge? Gibt es verborgene Kammern? Weiß man am Ende schon etwas über sie? Und führen verborgene Verbindungsgänge letztlich tatsächlich zu Al-Makritzis „Wissensspeicher" oder zu Cayces „Grabkammer der Berichte"? Liegt in einem unterirdischen Gang in der Nähe der Sphinx tatsächlich Wissen aus vorsintflutlicher Zeit verborgen? Werden wir dort womöglich auf das Testament von Atlantis stoßen?[90]

Ich möchte zum Abschluss dieses Themenkomplexes noch einmal Mehner zitieren:

„Es wird Zeit, dass dieser Steinkoloss (*Mehner meint die Sphinx*) entmystifiziert wird, denn er könnte den Beweis für Atlantis oder auch die Paläo-SETI-Hypothese in sich bergen. Der Weg dorthin wird allerdings sehr schwierig sein, denn die Ägyptologen und Altertümer-Verwalter wachen eifersüchtig über die Sphinx, so als habe man etwas zu verbergen. Warum wurden z.B. zwei Eingänge unterhalb des Sphinx-Körpers zugemauert? Warum wurde jahrelang dementiert, dass es sie überhaupt gibt und dass es sich in einem Fall um einen unterirdischen Verbindungsgang zwischen der Sphinx und der Cheops-Pyramide handelt? Hatte man Angst vor dem Wahrheitsgehalt alter arabischer Legenden, oder steckt mehr dahinter?"[91]

Ägypten und Atlantis

Wir haben nun ausführlich vom (ganz) Alten Ägypten gehört, haben einige Informationen und Zitate zusammengetragen und sind damit, glaube ich, ein gewaltiges Stück weiter gekommen. Offensichtlich kannte man in Ägypten Segelflugzeuge, man hatte einen Sirius-Kult, war in der Astronomie und der Wissenschaft überhaupt bewandert. Ägypten scheint keine Jugendzeit gehabt zu haben, wenn man sich die Dynastien ansieht. Nimmt man allerdings die Hinweise ernst, die darauf hin deuten, dass die Sphinx (und möglicherweise auch die Giseh-Pyramiden[92]) in prädynastischer Zeit erbaut worden sind, und das sollte man (!), dann muss es auch ein prädynastisches/prädiluviales Ägypten gegeben haben, das auch nach Meinung von Experten, ich erinnere an das Statement von Budge, Anstöße von einer älteren Kultur bekommen haben *muss*. Die Annahme, dass Atlantis der Kulturbringer des Alten Ägyptens war, scheint logisch.

Sehr interessant ist die Frage nach der Bedeutung der Pyramiden an sich. Haben arabische Legenden recht, die von versteckten Unterlagen reden, die in geheimen Kammern lagern und die Aufschlüsse über die Welt im vorsintflutlichen Ägypten geben könnten? Hat Edgar Cayce mit seinen Trance-Aussagen recht, der erklärt hat, dass in verborgenen Gängen, die unter den Tatzen der Sphinx geheime Unterlagen über das (ganz) Alte Ägypten und Atlantis lagern, die diese Connection bestätigen würden?

---

[90]   s.a. http://www.alien.de/horn/tog.php3?page=sphinx.htm
[91]   Wörtlich zitiert aus dem Artikel Die Sphinx – wie alt ist sie wirklich von Thomas Mehner in seiner Materialsammlung Das Große Experiment.
[92]   Hier gibt es keine geologischen Beweise wie bei der Sphinx, allerdings gibt es auch – wie erwähnt – keine konkreten Hinweise darauf, dass die Pyramiden tatsächlich von Cheops, Chefren und Mykerinos erbaut wurden. In der orthodoxen Ägyptologie wird dies schlicht und einfach vorausgesetzt. Astronomische Datierungsversuche sind widersprüchlich. Möglicherweise wurden die Pyramiden zusammen mit der Sphinx erbaut und später restauriert.

Hat Mario Ringmann recht, der Gegenstände aus rostfreiem Eisen, biegsames Glas und die „Sonnenbarke der Götter" unter Bezugnahme auf alte Legenden hinter der geheimnisvollen „Schiebetür" vermutet? Hat Thomas Mehner recht, der neben der Atlantis-Connection noch eine PaleoSETI-Connection ins Spiel bringt?

Die Frage, wer nun im Einzelnen recht hat, kann zur Zeit nicht beantwortet werden, doch die Hinweise, dass in den ägyptischen Monumenten irgend etwas versteckt ist, dass die These untermauert, die Welt sei vor der Sintflut (auf die wir noch zu sprechen kommen werden) mindestens genauso weit fortgeschritten gewesen wie heute, sind meiner Ansicht nach überdeutlich. Warum Thomas Mehner hier immer wieder die PaläoSETI-These ins Spiel bringt, weiß ich nicht, aber ich denke, es sieht ganz danach aus, dass eine alte, mittlerweile zerstörte Hochkultur eine Botschaft, eine Art Testament für die nächste Hochkultur hinterlassen hat, die auf diesem Planeten entstehen würde. Und der (Haupt-) Geheimnisträger dieser alten Weltmacht Atlantis scheint das (ganz) Alte Ägypten zu sein, und dieses hat sein Geheimnis bis auf den heutigen Tag treu bewahrt. Wird es eines Tages zum Vorschein kommen?

Atlantis und seine Kolonien – eine Zusammenfassung

Das Thema „Kolonialmacht Atlantis" wurde nun ausführlich behandelt und Atlantis mag durchaus noch weitere Gebiete kolonialisiert haben, bei denen jedoch keine derart deutlichen Kulturschübe erkennbar sind wie bei den Sumerern und den Ägyptern, die m.E. die Musterkolonien von Atlantis waren, wobei man sich, wie gesagt, bei den Sumerern offensichtlich etwas verkalkuliert und man die Ägypter als Geheimnisträger eingesetzt hat.

Die Kasskara-Geschichte fällt ein wenig aus dem Rahmen, da hier auf einen riesigen Kontinent im Pazifik hingewiesen wird, der technisch genauso weit gewesen sein soll wie Atlantis und den Atlantis vergeblich versucht hat, zu kolonialisieren. Für die einstige Existenz dieses Riesenkontinents gibt es allerdings keine Indizien. Wohl besteht die Möglichkeit, dass die Erzählungen der Ur-Hopis einen wahren Kern haben, der möglicherweise auf eine Urheimat der Hopis in der vor der Atlantis-Katastrophe gemäßigteren West-Antarktis hindeutet.

Das Dogon-Rätsel ist quasi gelöst. Das enorme astronomische Wissen und der Sirius-Kult gehen ganz offensichtlich auf Ägypten zurück und verlagern das Rätsel dorthin.

Die Sumerer waren allem Anschein nach eine aufständische Kolonie, die sehr zum Missfallen der Kolonialherren einen Luftwaffenstützpunkt errichten wollten. Wie die Bibel schreibt, „fuhr Gott hernieder" (wozu muss ein allmächtiger Gott „hernieder fahren"?), um die bösen Buben zu zerstreuen, die sich einen „Namen" machen wollte, wie die meisten Bibelübersetzungen schreiben. Ich kann mir gut vorstellen, wie mit einem Scheinangriff durch die Luftwaffe (dazu muss man wohl eher „hernieder fahren") ganz schnell erreichen kann, dass die Bauherren vor Angst in alle Winde zerstreut wurden, wie die Bibel schreibt und alte sumerische Schriften berichten; und ich kann mir auch vorstellen, dass bei dem Flugzeuglärm eine allgemeine Sprachverwirrung herrschte, womit dieser Punkt nachträglich auch noch geklärt sein dürfte.

Ein Rätsel ist und bleibt Ägypten. Die Kulturen von Sumer und Ägypten sollen auf eine ältere hoch stehende Zivilisation zurückzuführen sein. Beide kannten in ihrer vorgeschichtlichen Zeit wie auch die Chinesen und andere Völker Flugzeuge. Ein reger Flugverkehr scheint in der „Steinzeit" geherrscht zu haben. Später ging dieses Wissen offensichtlich verloren und man legte Segelflugmodelle als Grabbeilagen in die Gruft, hatte aber die wirkliche Bedeutung scheinbar vergessen. Bei den Sumerern und ihren Nachfolgern erinnert man sich noch an Götter in Himmelskammern. Nun waren sie fort und das hinterlassene Wissen hielt sich, wenn es sich um astronomisches Wissen handelte, z.T. in Legendenform, doch technische Materialien wusste man nicht mehr anzuwenden. Legenden blieben. Doch die Götter waren fort.

Aber die *Erinnerungen* an die „Götter" sind geblieben. Und sie beeinflussen heute noch unser Denken. All unsere Religionen, all unsere philosophischen Ansätze, basieren auf das Erbe von Atlantis. „Alle Götter kamen aus Atlantis", singt Donovan und auch die außerirdischen Götter der Präastronautiker waren in Wirklichkeit irdische hoch entwickelte Kolonialisten. Die Göttersagen der Welt sind ein Erbe von Atlantis.

Plato schreibt, dass Atlantis im Verlaufe eines schrecklichen Tages und einer schrecklichen Nacht im Meer versunken sei. Und wir haben in den letzten Kapiteln auch gehört, dass eine Überschwemmung katastrophalen Ausmaßes über das „ganz alte" Ägypten hereingebrochen ist. Steht diese katastrophale Überschwemmung in Zusammenhang mit der Zerstörung von Atlantis und unseren Überlieferungen von der „Sintflut"? Wenn dem so wäre, dann wären unsere biblische Geschichte von der Sintflut, wie sie uns im Religionsunterricht beigebracht wird, die Geschichte von dem gottesfürchtigen Noah, der seine Familie und viele Tiere mit in einen großen Kasten nahm, der eine Flut überdauern sollte, die der Gott der Christenheit über die böse gewordene Menschheit hereinbrechen lassen wollte, wobei die gesamte Menschen- und Tierwelt (waren die Tiere denn auch böse geworden?) umkamen, letztendlich auch wieder eine Erinnerung an Atlantis, ein Erbe, das uns jenes Volk durch seine Vernichtung (unbeabsichtigt) hat zukommen lassen.

Nach der Katastrophe war die Benutzung des Luftraumes offensichtlich nicht mehr möglich, und so sandten die Atlanter Schiffe (Archen) aus, in denen *einige wenige* überleben konnten, doch die Zivilisation von Atlantis hatte für immer ein Ende gefunden. Die menschliche Entwicklung wurde um mindestens 12.000 Jahre zurückgeworfen!

Teil 3: Das Ende von Atlantis

Wie eine Kultur durch seinen Untergang eine vollkommen veränderte Welt hinterließ

Von der Rückkehr des Katastrophismus

Als ich mich vor etwa 20 Jahren mit einem Abiturienten, der in der Geologie sehr bewandert ist und mit meinem paläontologisch sehr interessierten Bruder unterhielt, gab ich zu verstehen, dass die Entstehung der Fossilien meiner Meinung nach nur durch die Sintflut erklärbar sei (damals war meine Einstellung sehr fundamentalistisch im christlichen Sinne). „Du glaubst doch nicht etwa an den Katastrophismus?" wurde ich ausgelacht.

Ausgelacht wurde auch der Buchautor Immanuel Velikovski, als er in den 50er Jahren sein Buch *Worlds in Collison* herausgab.

„Venus ist im zweiten Jahrtausend vor unserer Zeitrechnung als Komet geboren worden. In der Mitte des zweiten Jahrtausends kam sie zweimal mit der Erde in Berührung und änderte ihre Kometenbahn. Etwa um das zehnte bis achte Jahrhundert des ersten Jahrtausends war sie ein Komet."[93]

Für Velikovski stand fest, dass sowohl im 15. als auch im 8. Jh. vor unserer Zeitrechnung ein Komet, der vom Jupiter abgesplittert und alten Kulturen als „Typhon" bekannt ist, mit der Erde zusammenstieß und so für einen geänderten Tag-Nacht-Rhythmus und zahlreiche Katastrophen verantwortlich war, die in alten Überlieferungen beschrieben wurden. Dieser Komet wurde dann zum Planeten Venus. Später sorgte dann der Mars für Katastrophen auf der Erde.

Velikovski sieht in alten Texten, in denen oft der „Stier" eine große Rolle spielt, hier einen Hinweis auf die Venus, die damals beim Zusammenstoß mit der Erde selbstverständlich auch in ihrer Sichelform wesentlich größer als heute erschien und so ihre hörnerartigen Sichelenden ganz deutlich zu sehen waren. Auch die berühmte Geschichte mit dem goldenen Kalb soll auf diesen „Stiergott-Venus"-Mythos zurückzuführen sein. Während Moses vom israelitischen Gott JHWH die Zehn Gebote einholte, baute sein Volk das goldene Kalb, um die Venus/Hörner/Stier-Gottheit zu besänftigen.

Velikovskis Argumentation basiert ausschließlich auf Überlieferungen und seine eigene Interpretation derselben. Und solche Interpretationen sind oft recht subjektiv. So beruft er sich, wie z.B. Sitchin in seinem Buch *Der zwölfte Planet*, auf alte sumerische Schriften, nur mit dem Unterschied, dass beide zu völlig unterschiedlichen Ergebnissen kommen. Man muss hier also Vorsicht walten lassen.

Andererseits ist es ohne Zweifel auffällig, dass in den alten Überlieferungen tatsächlich Hinweise auf Katastrophen sowie auf einen veränderten Tag-Nacht-Rhythmus gegeben wurden. So ist z. B. im Buch Josua der Bibel die Rede von einem Tag, an dem die Sonne und der Mond stillstanden.[94] Auf der anderen Seite der Erdkugel gibt es Überlieferungen von einer überlangen Nacht.

---

[93] Zitiert aus Immanuel Velikowski: Welten im Zusammenstoß.
[94] Jos. 10, V. 12.

95

Der Untertitel des Velikovski-Werkes, „Katastrophen schufen unsere Zivilisation", sollte man, nach dem, was wir in den vergangenen Kapiteln erarbeitet haben, und dem, was an überliefertem Material tatsächlich vorliegt, und nach dem, was wir in diesem und dem nächsten Kapitel noch hören werden, ernst nehmen.

„Das Szenario der Evolution vor Millionen von Jahren hatte unvorstellbar dramatische Ausmaße. Dafür waren kosmische Kräfte verantwortlich, die die erdgeschichtliche Revolution auslösten, was Velikovski anhand von geologischen und paläeonthologischen Funden beweist. Diese Umwälzungen traten in Zyklen auf und hatten eine extraterrestrische Ursache."[95]

Velikovski bringt in *Erde im Aufruhr* geologisch durchaus stichhaltige Indizien für die These, dass Katastrophen in der Vergangenheit stattgefunden haben. Ich möchte nur ein Kapitel zusammenfassen, in dem Velikovski über Fossilien und Sedimente schreibt. Er berichtet, dass nach der uniformen Evolutionstheorie Sedimentgestein sich in einem langsamen Prozess auf dem Meeresboden hätte bilden und die Knochen von in den Ablagerungen befindlichen Steinen versteinern müssten. Landtiere waten im seichten Wasser des Meeres oder eines Sees; sie sterben während des Watens, ihre Körper werden mit Sediment überdeckt. Aus diesem Grunde hatte Charles Darwin eine derartige Absenkung des Meeresbodens als Voraussetzung für die Bildung von Fossilien postuliert. Diese Hebung und Senkung des Geländes in Darwins Theorie ist ein sehr langsamer Vorgang – bei weitem viel länger andauernd als die für die Verwesung eines Kadavers im Wasser erforderliche Zeit.

Riesenreptilien sollen wie Amphibien angeblich sowohl im seichten Meer als auch an Land gelebt haben, denn man hat zahlreiche fossile Überreste in Sedimentgesteinen gefunden. Velikovski bemängelt an dieser These, dass an ihren Skeletten keine Anpassungen an das Leben im Wasser auszumachen seien. Dann waren die Körper eben so schwer, dass sie sich nach Möglichkeiten zum Waten oder Schwimmen umsahen. Velikovski bemerkt dazu, dass, wenn den Tieren ihr Gewicht an Land schon Schwierigkeiten gemacht hätte, diese Schwierigkeiten im sumpfigen Boden der Strände noch ausgeprägter hätten sein müssen. Auch Vögel sollen beim Waten gestorben sein.

„Wieso bleiben Fische im Sedimentgestein oft als intakte Skelette erhalten?" fragt sich Velikovski. Sterbende Fische treiben normalerweise an der Oberfläche, sinken zu Boden oder werden verzehrt. Warum wurden Milliarden von Fischen versteinert ohne irgendwelche Anzeichen eines Angriffes durch Aasfresser?

Warum bilden sich heute keine Fossilien, wenn dies ein ganz normaler Vorgang ist?

Velikovski betont auch, dass versteinerte Knochen von Reptilien, Vögeln und Säugetieren häufig in ausgedehnten, unzerklüfteten Gebieten aufgefunden werden. Schlechte Bedingungen zum Waten! Zeitweise behilft man sich mit lokalen, kleineren Überschwemmungen als Erklärung, aber auch das kann das Phänomen nicht ausreichend erklären.

---

[95] Rückseitentext von: Immanuel Velikowski: Erde im Aufruhr.

Oben: Stufenpyramide des Djoser, älteste Pyramide Ägyptens.

Links: Die Sphinx von Gizeh.

Unten: Sphinx mit Cheops-Pyramide. (Ägypten)

Oben: Die drei Pyramiden von Gizeh.
(Ägypten)

Alle anderen Bilder:
Die Cheops-Pyramide. (Ägypten)

Alle Bilder: Die Chephren-Pyramide. (Ägypten)

Oben: Die Mykerinos-Pyramide. (Ägypten)

Unten links: Steinallee bei Carnak. (Frankreich)
Unten rechts: Menhire bei Carnak. (Frankreich)

Die zwei oberen Bilder: Sonnenpyramide von Teotihuacan. (Mexiko)
Ganz unten: Tempelpyramide Cholula, umfangreichste Pyramide der Welt. (Mexiko)

Oben: Tempel des Morgensterns in Tula. (Mexiko)

Unten: Sogenannte Atlanten auf dem Tempel des Morgensterns in Tula.
Die 4,60 m hohen Kolossalstatuen stützten früher das Dach des Tempels und
symbolisierten den Gott Quetzalcoatl als Morgenstern. Die Speerschleuder
in der rechten Hand nannte sich Atlatl. (Mexiko)

Tempel der Inschriften, Palenque. (Mexiko)

Blick vom Tempel der Inschriften auf den Palast mit dem außergewöhnlichen Turm, der als Observatorium gedient haben könnte. (Mexiko)

El Castilo oder Pyramide des Kukulkan in Chichen Itza. (Mexiko)

Oben: Schneckenhaus (Caracol), das Observatorium von Chichen Itza. (Mexiko)

Unten links: El Castilo oder Pyramide des Kukulkan in Chichen Itza. (Mexiko)
Unten rechts: Pyramide des Wahrsagers, Uxmal. (Mexiko)

Ein weiteres Rätsel wäre dann noch der Vorgang der Sedimentbildung selbst. Sediment bildet sich im Meer fortlaufend, heißt es, und zwar durch den von den Flüssen ins Meer getragenen oder den von den Wellen vom Küstengestein geschlagenen Schutt; hauptsächlich durch den Schlick aus Myriaden kalkiger Skelette winziger Lebewesen, die im Meer reichlich vorkommen und die ihr Grab auf dem Meeresboden finden. Die Mächtigkeit der Sedimente, so schreibt Velikovski, auf dem Boden des Ozeans soll einen Zeitplan für das Alter des Ozeans darstellen. Aber: Bohrungen an einer Anzahl von Stellen des Meeresbodens haben kein Sedimentgestein festgestellt. Also kann, so schließt Velikovski, der Boden an diesen Orten nur vor kurzem entstanden sein. An anderen Stellen, sogar auf dem Land, sei das Sedimentgestein enorm dick, manchmal Tausende von Metern mächtig. Wenn ein und derselbe Vorgang laufend und gleichmäßig den kalkigen Schlick auf dem Meeresboden ablagert, bleiben die Abweichungen im gewachsenen Sedimentgestein ebenso wenig geklärt wie die Entstehung der Fossilien.

Velikovski erklärt beide Phänomene durch katalytische (katastrophische) Ereignisse in der Vergangenheit. An einigen Orten wurde der Meeresboden gehoben, an anderen abgesenkt, Sedimente sind gewaltsam verlagert worden, Lebewesen aus den Tiefen des Ozeans wurden auf das Land gespült. Landtiere wurden von enormen und mit Schutt beladenen Fluten verschlungen, und an vielen Orten begruben Sandlawinen und Vulkanasche das aquatische Leben – Fischskelette blieben erstarrt in den Stellungen des Todes – ungefressen, unverwest.

Diese Theorie beschrieb Velikovski in *Earth in Upheaval* (Erde im Aufruhr) im Jahr 1955.

Und heute? – Da gibt es einen sehr interessanten offiziellen Bericht:

„Mittlerweile gibt es den *Fossil Record 2*, der von 90 Experten zusammengestellt wurde, der das Entstehen und Vergehen von 7186 Familien von Meeres- und Landorganismen, von denen es Fossilien gibt, vom Beginn des Erdaltertums bis heute dokumentiert. Die Vielfalt des Lebens liegt, gemäß der Studie, heute zwischen 5 und 50 Mio. Arten, die sich auf 2200 Familien verteilen, was eine erstaunliche Leistung der Evolution darstellt, da alle miteinander verwandt sind und auf einen einzigen Mikroorganismus zurückgehen."

Jetzt wird es ganz interessant:

„Der Aufschwung des Lebens wird immer wieder von scharfen Schnitten, „mass instictions", unterbrochen, und deren Anzahl, zeitliche Verteilung und relative Größe sind dank des *Fossil Record 2* nun recht gut anzugeben. Die großen Massensterben betrafen den ganzen Planeten. Land- wie Meereslebewesen gleichermaßen. Die fünf verheerendsten Massensterben waren am Ende des Ordoviziums, von Devon, Perm, Trias und natürlich das Massensterben der Dinosaurier in der Kreidezeit. Das Ereignis am Ende des Perm war jedoch mit einem Verlust von 61 % das einschneidendste. Wenn auch keine Periodizität der Großen Artensterben erkennbar ist, so ist man mitt-

lerweile doch geneigt, diese Katastrophen zuzuschreiben, welche von außen kamen, also für die kosmische Einschläge verantwortlich sind."[96]
Soweit also ein ganz offizieller, schulwissenschaftlicher Bericht.

Ich bin nicht unbedingt überzeugt davon, dass Velikovski mit seinen Ideen, die er in *Welten im Zusammenstoß* vorträgt, im Einzelnen recht hat, obwohl Erdbeben zu biblischer Zeit offensichtlich an der Tagesordnung waren, wie die Psalmisten und andere berichten, und obwohl die Venus-Forschung der letzten Jahrzehnte ihm zumindest ansatzweise recht gibt. Das soll hier aber nicht unser Thema sein. Kommen wir nun zu den Erdbeben in alttestamentlicher Zeit und gehen wir dann weiter zurück zu dem Zeitpunkt, an dem Atlantis sein Leben aushauchte.

Die im alten Testament geschilderten Erdbeben werden oft anschaulich und als selbstverständlich berichtet. An einigen Stellen erscheint es mir allerdings fraglich, ob es sich dabei nicht möglicherweise um Überlieferungen aus früherer Zeit handelt.

Nachfolgend möchte ich Ihnen einige Beispiele unter Verwendung der Menge-Bibel vorlegen:

Amos 1 V.1: Dies sind die Worte, welche Amos einer von den Herdenbesitzern von Thekla über Israel geschaut hat zur Zeit des jüdischen Königs Usia und zur Zeit des israelischen Königs Jerobeam, des Sohnes des Joas; zwei Jahre vor dem Erdbeben.

Hier wird Bezug genommen auf ein Erdbeben, das zu einer ganz bestimmten Zeit stattfand, nämlich zur Zeit des Königs Usias. Darauf wird auch in Sach. 14,5 Bezug genommen. Hier scheint es sich um ein Beben gehandelt zu haben, das tatsächlich zu dieser Zeit stattgefunden haben dürfte. Genauere Angaben fehlen an jener Stelle.

2. Mose 20, 18: Als aber das ganze Volk die Donnerschläge und die flammenden Blitze den Posaunenschall und den rauchenden Berg wahrnahm, da zitterten sie und blieben in der Ferne stehen und sagten zu Moses: „ Rede Du mit uns, dann wollen wir zuhören; Gott aber möge nicht mit uns reden, sonst müssen wir sterben!"

Diese Stelle sagt schon einiges mehr aus. Da ist von einem rauchenden Berg, einem Vulkanausbruch die Rede, der so massiv war, dass die Israeliten um ihr Leben fürchteten. Das Erlebnis wird derart plastisch geschildert, dass man glauben möchte, es habe sich tatsächlich kurz vor dem Einholen der Zehn Gebote ereignet.

Psalm 68,9: „… da bebte die Erde, da troffen die Himmel vor Gottes Angesicht, der Sinai vor dein Angesicht Gottes; des Gottes Israels."

Hier haben wir erneut einen Hinweis auf ein lokales Beben. Wobei der Zusatz „Die Himmel troffen" recht interessant ist.

Psalm 77,17: Als die Wasser dich sehen, O Gott als die Wasser dich sehen, erbebten sie, auch die Tiefen (oder Fluten) (!) des Weltmeeres zitterten; die Wolken ergossen sich in strömendem Regen, das Gewölk ließ Donner erkrachen, und deine Pfeile fuh-

---

[96] Zitiert aus der amateurastronomischen Wochenzeitschrift Skyweek, Ausgabe 16/1995.

ren umher, deine Donnerstimme dröhnte am Himmelsgewölbe, Blitze erhellten den Erdkreis, es bebte und schwankte die Erde.

In diesem Vers gibt es einen Hinweis auf ein „Weltmeer".Woher kannten die Israeliten ein „Weltmeer"? Sollten sie in Übertreibung vom Roten Meer sprechen oder sind hier alte Überlieferungen im Spiel? Erinnerungen an eine frühere Katastrophe, die auf die eine oder andere Weise in Erinnerung geblieben ist? Und was meint der Psalmist mit „Deine Pfeile fuhren umher."? Wird hier auf laienhafte Weise von einem Einschlag mehrerer Meteoritenfragmente berichtet? Handelt es sich bei dieser Stelle um eine lebendig gebliebene Ur-Erinnerung an jenen schrecklichen Tag und jene schreckliche Nacht, in der Atlantis „mit Düsenkraft", wie Barbara Pischel übersetzt, ins Meer gedrückt wurde? Handelt es sich bei dieser Stelle um eine mündliche oder schriftliche Erinnerung, die den Beben in Israel in alttestamentlicher Zeit schlichtweg hinzugefügt wurde? Wenn dem so ist, haben wir hier ein weiteres Vermächtnis von Atlantis, das in unsere Religion mit einfloss. Aber in dieser Richtung gibt es noch deutlichere Hinweise.

Psalm 114,7: „Vor dem Anblick des Herrn, erbebe Du Erde, vor dem Anblick des Gottes Jakob; der Felsen wandelt zum Wasserteich, Kieselgestein zum sprudelnden Quell."

Ein Felsen, der zum Wasserteich wandelt, Kieselstein, der sich zum sprudelnden Quell hinbewegt, hier wird schon ein Beben größeren Ausmaßes geschildert.

Jeremia 10,10: „Aber der Herr ist Gott in Wahrheit; ist der lebendige Gott und ein ewiger König, vor seinem Zürnen erbebt die Erde, und seinen Grimm vermögen die Völker nicht zu ertragen."

Hier haben wir erneut einen Hinweis auf ein mächtiges Beben.

Jesaja 5,25: „Darum ist der Zorn des Herrn über sein Volk entbrannt; und er hat seinen Arm gegen sie ausgestreckt und sie geschlagen, dass die Berge erbebten und ihre Leichen wie Kehricht auf den Straßen lagen."

Hier verhält es sich ebenso.

Nahum 1,5: „Die Berge erbeben vor ihm, und die Hügel zerschmelzen (oder geraten ins Wanken); die Erde bebt sich bei seinem Anblick empor; der Erdkreis samt allen, die darauf wohnen."

Hier gibt der Ausdruck „schmelzen" zu denken, den Menge allerdings mit der Alternative „oder geraten ins Wanken" versieht. Ich habe ergänzend in der „Zunz-Übersetzung" nachgesehen, und da ist von „Vergehen" die Rede. Es scheint sich also schon um eine größere Angelegenheit gehandelt zu haben, die mit enormer Hitzeeinwirkung einherging.

Es gibt noch andere Stellen im alten Testament, die ebenfalls von Erdbeben sprechen, oft jedoch in prophetischem Zusammenhang. Auf jeden Fall scheint das Phänomen den Israeliten durchaus geläufig gewesen zu sein, es war für sie etwas Normales.

Es ist jetzt selbstverständlich nicht einfach, auseinander zu halten, welche Stellen vielleicht auf Erinnerungen an noch ältere Katastrophen zurückzuführen sind, denn Moses hatte mit Sicherheit Zugang zur Bibliothek des Pharaos, bei dem er aufgewachsen war. So las er möglicherweise ältere Überlieferungen und gab sie auch weiter, womit Moses alle Möglichkeiten hatte, die in verstümmelter Form erhaltenen Erinnerungen an die Atlantis-Katastrophe nach eigenem Gutdünken in seine eigene Religion einzubauen oder diese sogar auf dem Erbe von Atlantis aufzubauen!

Inwieweit zur Zeit König Usias vielleicht „nur" lokale Beben stattgefunden haben, oder inwieweit man hier tatsächlich Rückschlüsse auf kosmische Einflüsse ziehen kann, erscheint zumindest fraglich.

Allerdings sehe ich nicht genug Hinweise dafür, dass die angeblich in unser Sonnensystem eingedrungene Venus Auslöser für bestimmte Katastrophen war, doch ich denke, mit seiner Grundaussage muss man Velikovski unbedingt recht geben. Mehr und mehr wird in der heutigen Zeit das erkannt, was Velikovski bereits 1949 propagiert hat, dass nämlich die Evolution nicht gleichförmig verlaufen ist, sondern kataklytischen Charakter hatte, wie dies Anfang des 19. Jahrhunderts des 2. Jahrtausends bereits von dem Gelehrten Leopold Christoph Friedrich Dagobert Georges Cuvier gelehrt wurde, bevor der Lyellismus (nach Charles Lyell, der eine gleichmäßige Aufwärtsentwicklung propagierte) sich durchsetzte.

Velikovski erklärt, dass z.B. Fossilien-Bildung nur durch Katastrophen erklärbar ist, ebenso das Mammut-Sterben, das Geheimnis von Tiahuanaco und vieles andere mehr. Hier möchte ich Velikovski, der heute noch einen Ruf als „Katastrophen-Journalist" „genießt", als einen „Pionier des Neo-Katastrophismus" bezeichnen.

Was den Dinosaurier-Impakt am Ende der Kreidezeit betrifft, haben Alexander und Edith Tollmann in ihrem Buch *Und die Sintflut gab es doch* ein recht ausführliches Szenario aufgeführt, das ich jedoch nur im Ansatz darlegen will, da dieses nur ein Randthema dieses Buches darstellt.

Das Geologen-Ehepaar Tollmann spricht von einem Asteroiden-Einschlag, der vor 66,4 Mio. Jahren im wahrsten Sinne des Wortes aus heiterem Himmel über die Fauna und Flora der Kreidezeit hereingebrochen sein soll, die Tollmanns sprechen von einem mindestens zehn Kilometer langen Körper, der praktisch ungebremst die Erde getroffen haben und dessen Hauptmasse im heutigen Mexiko am Nordrand der Halbinsel Yukatan eingeschlagen haben soll.

Was die Lokalisierung des Einschlags und die Auffindung des Kraters betrifft, tut man sich nach den Aussagen der Tollmanns recht schwer, man kann einerseits auf einen Einschlag im Meer schließen – resultierend aus der Tatsache, dass im Fallout Material vom Ozeanboden gefunden wurde, anderseits jedoch schien der Anteil von kontinentalem Krustenmaterial, das reich an großen, geschockten, zerscherten Quarzen ist, auf einen Einschlag auf dem Festland hinzuweisen. Mittlerweile hat man wohl eine salomonische Lösung gefunden, indem man davon ausgeht, dass mehrere Einschläge eines Weltkörpers angenommen werden, der in mehrere Fragmente zerbrochen ist.

Weiter sprechen die Autoren vom Impaktbeben und weisen daraufhin, dass dieser Impaktor (= Einschlagkörper) unter anderem auch eine Erdbebenkatastrophe ungeahnten Ausmaßes ausgelöst haben muss, die den gesamten Planeten betraf.

Dann ist vom „entfesselten Vulkanismus" die Rede, denn genau zur Zeit des Endkreide-Impakts habe einer der gewaltigsten Basaltergüsse der Erdgeschichte eingesetzt, nämlich die Dekkan-Basalteruptionen am Indischen Schild. Auf einer Fläche von 500.000 km^2 häufte sich eine Flut von 1 Million km^3 Basalt in der geologisch kurzen Zeit von rund 650.000 Jahren an. Und solche riesigen Flutbasaltmassen kommen in der Vergangenheit nicht sehr häufig vor. Sie sind stets mit deutlichen Zäsuren in der Erdgeschichte verbunden gewesen, so dass für viele Geologen die Annahme von Impakten als Auslöser naheliegt.

Das Kapitel „Feuersturm und Weltenbrand" im Buch der Tollmanns ist besonders interessant, da der Hitzeschock als eine der tragischen Folgen für das Leben geschildert wird, der von der Einschlagsstelle mit unvorstellbarer Gewalt seinen Ausgang nahm und zusammen mit dem glühenden Fallout innerhalb von kurzer Zeit einen Weltenbrand entfachte. Die Wucht und die Temperatur der Hitzewelle waren so ungeheuer hoch, dass die Wälder in einem Umkreis von mindestens 1200 Kilometern um den Einschlag herum nach außen hin wie Streichhölzer geknickt, gefällt, entastet und zugleich vertrocknet wurden. Und dann gerieten sie in Brand. Der Weltenbrand soll bei diesem Einschlag der infernalischste, aber ein vergleichsweise kurzer Akt des Dramas gewesen sein.

Die Tollmanns sprechen weiterhin von einer Flutwelle, die beim Endkreide-Impakt entstand und die anfangs so hoch war, wie der Ozean an der Einschlagsstelle tief…

Eine ganz wichtige Begleiterscheinung, die auch später bei der Schilderung der Atlantis-Katastrophe eine ganz große Rolle spielen wird, ist die „Impaktnacht", denn die hat dort zu tief greifenden Veränderungen geführt, in dieser Hinsicht hat Atlantis wieder ein weit reichendes Erbe hinterlassen, doch kehren wir nun zum Endkreide-Impakt zurück.

Gewaltige Vulkaneruptionen können eine merkliche Absorption des Sonnenlichts hervorrufen, weil sie Asche und Gesteinsstaub bis in hohe Schichten der Atmosphäre ausschleudern. Die Folge ist ein Zustand der Dämmerung; verbunden mit einem leichten Temperaturrückgang.

Die Tollmanns vergleichen diesen Zustand nach gewaltigen Vulkanausbrüchen mit einem so genannten „nuklearem Abtausch" in einem modernen Atomkrieg (der aufgrund der Rauch- und Rußmassen, die bei Flächenbränden entstehen würden, noch eine Stufe weiter führen würde und eine langfristige Verfinsterung der Sonne zur Folge hätte). Daran würde sich das klimatische Schreckensszenario des nuklearen Winters anschließen.

Stellt man sich diese Auswirkungen um viele Tausend Male verstärkt vor, ergibt dies ein Bild von der langen Nacht und dem Impaktwinter, die unmittelbar auf den Hitzepuls des Einschlags vor 66,4 Millionen Jahren folgten. Für sehr viele Landlebewesen wäre diese Monate anhaltende Nacht mit ständig sinkender Temperatur zugleich die ewige, die letzte Nacht gewesen, weil sie ganz einfach aufgrund der permanenten vollkommenen Finsternis außerstande waren, auf Nahrungssuche zu gehen – von den tödlichen Auswirkungen der Kälte, des Schnees und der Umweltgifte ganz zu schweigen.

Dem Szenario des Ehepaares Tollmann folgend, schließt sich der Impaktnacht nun der Impaktwinter an. Diesen sehen sie als eine untrennbare Begleiterscheinung dieser langen Nacht an, denn infolge der geringen Sonneneinstrahlung an der Erdoberfläche wurde es immer kälter. Die Tollmanns schreiben, dass die Temperatur nach dem Endkreide-Impakt zwei bis fünf Monate lang beständig abgenommen habe, so dass sie schließlich um 40^0 auf -20^0 zurückgegangen sei.

Der nächste Aspekt des Tollmannschen Szenarios ist gewissermaßen eine Vorschau auf die Sintflut. Ein globaler Sturzregen unvorstellbaren Ausmaßes wird geschildert. Da eins auf das andere folgt, ist die logische Folge, dass der durch die Impaktnacht bedingte Temperaturabfall den Sturzregen bald in eine Schneeflut verwandeln wird. Als Grund für diese „Große Flut" geben die Tollmanns enorme Mengen von verdampftem Wasser an, das mit der beim Einschlag entstandenen Fontäne ausgeschleudert worden sei. Diese Dampfmassen hätten sich nun mit den Luftströmungen weitflächig in der Atmosphäre verteilt und dann seien sie kondensiert und als Sturzregen zur Erde zurückgesunken.

Ein ganz wichtiger Punkt, der auch später bei der Atlantis-Katastrophe eine große Rolle spielen wird (aus diesem Grunde beschreibe ich dieses Szenario schließlich hier), ist die Umweltgiftproduktion. Die enorme Energiezufuhr in der Atmosphäre rief chemische Umwandlungen hervor, die in einem riesigen Ausmaß Umweltgifte erzeugten. Dabei entstanden gewaltige Mengen von Kohlenmonoxid, Stickoxiden, Salpetersäure, Schwefelsäure und Salzsäure sowie Pyrotoxinen im Zusammenhang mit dem Weltenbrand. Außerdem soll der Impaktor schließlich selbst giftige Schwermetalle mit sich geführt haben. Der übersaure Regen löste zusätzlich eine Flut solcher Schwermetalle, aber auch Arsen, Selen und Antimon aus den Krustengesteinen. Ihre Anreicherung sei an der Impakt-Grenztonschicht an der Kreide-Tertiär-Grenze nachweisbar. Weiter schildern die Tollmanns die Wirkungsweise der einzelnen Gifte.

Ozonabbau und Strahlung sind Begriffe, die der in der heutigen Zeit lebenden Menschheit nicht fremd sind. Gerade wir haben viel Verständnis, wenn wir von den Atmosphärenspezialisten der Weltraumgeophysik erfahren, dass der Endkreide-Impakt durch die Entstehung riesiger Mengen von Salpetersäure zu einem Abbau der Ozonschicht in der hohen Stratosphäre in 50 Kilometern Höhe führte. Der Sauerstoff des dortigem Ozons wurde für die Stickstoffbildung verbraucht, wodurch innerhalb von kurzer Zeit der Ozongehalt dieser Zone auf Jahre hin bis zu 90 % abnahm.

Die Folge: Die darüber liegende untere Mesosphäre verlagerte sich weiter nach unten und kühlte ab, so dass es in dieser Mesosphäre über dem ganzen Erdball zur Bildung einer permanenten Schicht von feinen Eiswolken kam.

Und dann kam der Treibhauseffekt. Eine ganze Reihe von Faktoren, die nach dem Endkreide-Impakt zusammenwirken, führten längerfristig zu einer Aufheizung der

Atmosphäre. Der Einschlag produzierte Gase wie Kohlendioxid (CO_2), Salpetersäure (HNO_3), Stickoxidul (N_2O) und seine Nachfolger sowie Methan (OH_4). Diese Gase waren verantwortlich für den Treibhauseffekt. Nun wirkte noch der enorm erhöhte Wasserdampf in der gleichen Richtung, und so steigerte er durch die Absorption der Infrarotstrahlung noch zusätzlich den Effekt.

Das Massensterben als Folge des Impakts ist wiederum eine sehr wichtige Angelegenheit. Denn die Frage, wie das Leben auf unserem Planeten mit einer derartigen Katastrophe fertig wurde, ist noch brisanter als die Frage nach den geologischen Folgen des Großimpakts. Wie wird das Leben an Land und im Meer, wie die Vegetation davon betroffen? Gibt es Organismen, die resistent sind gegenüber Flut, permanenter Nacht, Hitzeschock, Frost, Hunger, Gift, Strahlung bzw. gegenüber all diesen Bedrohungen zusammen? Hatte das Leben, das in seiner 3,8 Milliarden Jahr langen Existenz auf der Erde bereits viele andere bedrohliche Attacken überstanden hatte, daraus gelernt, auch diese schwere Krise mit Hilfe von Dauerformen, Hungerstadien, Vergraben im Schlamm, Mutationen u.a. in ökologischen Nischen zu überleben?

Man denkt bei dem Thema „Massensterben als Folge des Impakts" selbstverständlich ∙ zuallererst an das Aussterben der Dinosaurier, wobei die Tollmanns allerdings betonen, dass die Aussterberate der Dinosaurier schon lange vor dem Impakt ausgesprochen hoch war, so dass der Impakt ihnen quasi nur noch „den Rest gab", um es einmal populär zu formulieren. (Auch hierzu werden wir später ein Analogon zur Atlantis-Katastrophe erkennen).

Dann sprechen die Tollmanns vom „Post-Impakt-Szenario" in Form einer Explosion neuen Lebens". Die Tollmanns betonen, dass durch das Aussterben der Dinosaurier und anderer Tiere wiederum Lebensräume frei wurden, so dass andere Tiere sich nun explosionsartig ausbreiten konnten.

Die Autoren führen jeden der einzelnen Punkte bis ins Detail hinein aus, liefern Beweise. Ich habe das ganze Szenario nur im Ansatz geschildert, da der „Kreide-Impakt" nur ein Randthema dieses Buches darstellt.[97]

Vor kurzem habe ich mich mit meinem Bruder unterhalten; auch er zweifelt mittlerweile nicht mehr daran, dass das Dinosaurier-Sterben durch einen kosmischen Einschlag zustande kam. Jenen Geologie-Freak habe ich leider seither nicht mehr gesehen...

---

[97] s. Alexander und Edith Tollmann: Und die Sintflut gab es doch.

Die Atlantis-Katastrophe

Wie schnell es gehen kann, dass irgendein Brocken aus dem All (sei es ein Meteorit, ein Komet oder ein Planetoid) auf einen Planeten unseres Sonnensystems auftrifft, hat uns die jüngste Geschichte gelehrt. Wie Sie alle wissen, schlug im Juli 1994 der Komet „Shoemaker-Levy" auf die Rückseite des Jupiter ein.

Man kann sagen, dass die Schulwissenschaft sich bezüglich der Katastrophen-Theorie insoweit revidiert hat, dass mehrere unperiodische Artensterben prähistorischer Tiere durch kosmische Einschläge de facto anerkannt werden.

Velikovski ging aber noch aber weiter. Er beschrieb einschneidende Katastrophen, die von kosmischen Einflüssen ausgelöst wurden, und zwar in *historischer* Zeit. Hiervon will man allerdings noch nicht allzu viel wissen. Wird man sich in dieser Sache ebenfalls revidieren?

Velikovski sah die großen Katastrophen in historischer Zeit zwischen dem 15. und dem 8. Jahrhundert v. Chr.

In der Zeit vor etwa 10.000 Jahren, als Atlantis laut Plato „an einem schrecklichen Tag und in einer schrecklichen Nacht" im Meer versunken ist, kann keine hoch entwickelte Zivilisation existiert haben – dieser schulwissenschaftlichen Meinung hat sich auch Velikovski angeschlossen. Ich fand jedoch Hinweise darauf, dass es doch ein paar deutliche Indizien dafür gibt, dass Atlantis in jener Zeit existiert haben dürfte, und schrieb sie in den vergangenen Kapiteln nieder. Wie sieht es aber mit dem Untergang der Sagenumwobenen Insel aus? Im Laufe eines Tages und einer Nacht? Sollte das wirklich möglich sein?

Hören wir, was Plato konkret zu berichten hat (Übersetzung B. Pischel)[98]:

Timaios 22 c: „Von alledem ist nämlich das Folgende die Ursache, viele und vielfältige Vernichtungen von Menschen haben stattgefunden, und werden sich ereignen durch Feuer und Wasser die größten, andere kleinere auf tausenderlei andere Weise. Das nun und auch bei euch mündlich Überlieferte aber ist wahr; es existiert ein Hin- und Herbewegen (Pendelbewegung) der um die Erde zum Himmel kreisenden (der Planeten), und dies ist während langer Zeiträume entstanden zum Verderben der Erdbewohner durch großes Feuer."

Timaios 22d: „Wie viele nun damals in den Bergen und auf hochgelegenen Orten und in trockenen Häusern wohnten, wurden eher vernichtet, als die Siedler an Flüssen oder am Meer; unser Retter aber war der Nil, wie andere Male auch damals; er hat uns aus dieser Schwierigkeit errettet und erlöst."

Diese beiden eben zitierten Verse bekam Solon von dem ägyptischen Priester übermittelt.

Timaios 23a: „Wie viel wir aber in Eurer Nähe sowohl hier wie in anderen Orten aus der mündlichen Überlieferung wissen, ob etwas Schönes oder Großes geschah, oder

---

[98] Barbara Pischel: Die Atlantische Lehre.

irgendetwas anderes Bedeutung hatte, alles war seit alters her hier in den Tempeln aufgeschrieben und so gerettet worden; alles was in Eurer Nähe und bei anderen noch fällig ins Werk gesetzt worden ist, mussten die Gemeinden schriftlich und mit statistischen Daten (wörtlich: in allen Einzelheiten wie viele) aufschreiben, und wiederum war wegen der Jahre in gewohnter Weise, wie eine geleistete Krankenpflege, zu ihnen die Himmelsbewegung sie heimzuführen gekommen und ließ unter Euch die Analphabeten und Amusischen übrig, so dass ihr wieder von Anfang an wie Neugeborene wart, und nichts wusstet, weder von dem Dortigen noch wen Euren nächsten Nachbarn, wie viele sich auch in den älteren Zeiten ereignet hatte."

Es ist interessant zu lesen, dass Plato schreibt, nach der Katastrophe sei ein herber Rückschlag im kulturellen Leben aufgetreten, so dass die Überlebenden sich nicht mehr an das, was einmal war, erinnern konnten. *Und doch* haben sich ein paar Erinnerungsfetzen erhalten, die, nachdem die Katastrophe die ganze Welt auf den Kopf gestellt haben, noch einmal die weitere Entwicklung der nun auf „Null" angelangten Menschheit maßgeblich beeinflusste. Das eine Vermächtnis waren also die Folgen der Katastrophe, die den zivilisatorischen Level auf ein Minimum drücken, und die, wie wir noch sehen werden, die ganze Welt aus den Angeln hob, und das andere Vermächtnis resultierte aus den Erinnerungen, die das Denken der Menschheit nach der Katastrophe, ja unser Denken *heute noch* maßgeblich beeinflusste und noch beeinflusst.

Plato spricht davon, dass die Himmelsbewegungen zur Heimsuchung kamen? Meint er damit, dass gewisse Vorgänge am Himmel verantwortlich für die Vernichtung von Atlantis waren?

Aber hören wir noch einmal in den Timaios-Dialog hinein.

Timaios 25: „Zuletzt, als unbarmherzige Erdbeben und Überschwemmungen eintraten, als ein Tag und eine schwierige Nacht hinzukam, versank in Eurer Nähe die ganz dichtgedrängte ganze Heeresmacht plötzlich unter der Erde, und die Insel Atlantis zeigte sich wie in das Wasser untergetaucht (von Düsenkraft ins Meer heruntergerissen). Daher wurde auch jetzt jenes offene Meer (Nordatlantik) unwegsam und unerforscht; da bald Schlamm stark hinderlich war, welchen die Insel, welche Platz genommen hatte, verursachte (machen ließ)."

Ich erinnere nur an die Sargassosee, deren Tang heute noch die Schiff-Fahrt behindert In Kritias 108 und 109 wird ebenfalls von dem nun unwegsamen Meer und die Schiff-Fahrt behindernden Schlamm gesprochen.

Nun ist es so, dass viele Geologinnen und Geologen die These, eine größere Landmasse könne im Atlantis untergehen, ablehnen, sie sei definitiv nicht möglich". Doch nicht alle Geologen teilen diese Meinung, den sowohl Alexander als auch Edith (mittlerweile leider verstorben) Tollmann sind/waren Geologen von internationalem Ruf, und sie sind der Meinung, dass Atlantis tatsächlich im Rahmen einer großen Katastrophe im Atlantik untergegangen sei. Wir rissen ja deren Szenario bereits kurz an, das nach ihren Ausführungen für die Katastrophe am Ende der Kreidezeit verantwortlich ist. Für die Atlantis/Sintflut-Katastrophe haben die beiden Autoren ein ähnliches Szenario beschrieben, von dem ich hier nur Ansätze übernehmen will.

Die Tollmanns gehen davon aus, dass im Jahr -7552 ein Komet, von dem ein großes Stück im Atlantik einschlug, sowohl für den Untergang der Insel Atlantis, als auch für das Auftreten der sagenumwobenen Sintflut verantwortlich war; (für letztere alle *sieben* Kometenfragmente!).

Die Autoren berichten vom Einschlag des Unheilbringers, dessen Herannahen in vielen Mythen beschrieben würde, dann von seiner Aufspaltung in die sieben Fragmente, worauf die Legenden von den „siebenköpfigen Drachen" und der Mythos um die Zahl „7" zurückzuführen seien. Vom Schweif wird berichtet – vom Feuerball vor dem Aufschlag. Weiter wird berichtet von Splittern zweiter und dritter Ordnung. Von Muspelsöhnen und Sternschnuppen ist die Rede und die Explosionsfontäne und das Getöse der Explosion wird geschildert. Von der beträchtlichen Größe des Einschlagkörpers ist ebenso die Rede wie von der Einschlagsrichtung - die Tollmanns nehmen Südosten als absolute Einfallsrichtung an. Danach hätte sich das Flutgeschehen in Etappen abgespielt. Bei der Erstellung ihrer These nahmen die Tollmanns sowohl auf geologische als auch auf mythologische Aspekte Bezug.

Der Komet soll also in sieben Hauptstücke zerbrochen sein, die hauptsächlich im Meer eingeschlagen seien, manche Krater könne man jedoch auch auf dem Land finden.

Die Einschlagstellen im Einzelnen:

1. Ostpazifik
2. Südpazifik bei Feuerland
3. Nordatlantik
4. Mittelatlantik nahe des Azoren (Atlantis)
5. Köfels/Tirol (Landimpakt!)
6. Indischer Ozean
7. Südchinesische See
8. Tasmanische See

Auch hier wird zum Teil wieder auf Mythen wie die Edda Bezug genommen. Dann geht es weiter wie beim Dinosaurier- Impakt:

1. Das Impaktbeben
2. Der entfesselte Vulkanismus
3. Feuersturm und Weltenbrand
4. Die Flutwelle
5. Die Impaktnacht
6. Der lmpaktwinter
7. Sturzregen, Feuerwasser und kochender Ozean
8. Umweltgiftproduktion

Im letzen Punkt weisen die Tollmanns auf die zahlreichen Sagen hin, nach denen sich viele Gebiete rot gefärbt hätten. Diese lagen nordwestlich des Impakts im Indischen

Ozean, genauer gesagt im Nahen Osten, im Nordatlantik vor der skandinavischen Küste in und einer begrenzten Region im Mittelmeer. Auch die Bibel berichtet, wie wir alle wissen, von einer Rotfärbung des Nils. Und auch in diesem Zusammenhang berufen sich die Tollmanns auf Mythen wie die z.B. die Edda. in der auch von einem Meer, das in Blut verwandelt wurde, die Rede ist. Die Tollmanns führen dieses Phänomen auf die Umweltgiftproduktion infolge des Impakts zurück. Die Rotfärbung ist nach den Autoren auf riesige Mengen von Salpetersäure zurück zu führen, die mit Stickoxiden gesättigt und dann rotbraun wird, um es einmal grob zu formulieren.

Dann werden wieder die Strahlenschäden beschrieben. Es geht wieder um den Abbau der Ozonschicht mit all seinen Folgen. Das UV-Licht der Sonne kann ungehindert und ungefiltert zur Erde durchdringen und so Strahlenschäden verursachen.

Weiter führen die Autoren als nächste Phasen des Szenarios erneut Punkte an, die uns vom Endkreide-Impakt her bekannt sind:

- Der Treibhauseffekt
- Massensterben und schließlich
- Ein neuer Anfang

Zum letzten Punkt haben die Tollmanns eine recht interessante Interpretation des Schöpfungsberichtes der Bibel, der im Ansatz gut nachvollziehbar ist.

Die Autoren gehen davon aus, das in jenem Bericht der Neubeginn nach den Impakt-folgen geschildert wird.[99] Der Satz „Die Erde ward wüst und leer" kann auch mit „wurde wüst und leer" übersetzt werden. Bei der „Erschaffung" von Sonne und Mond wird nicht von einer „Schöpfung aus dem Nichts" berichtet, das hierfür gebrauchte Wort hat eher die Bedeutung von „Sichtbar machen". Doch bei der Erschaffung des Menschen wird tatsächlich von einer „Schöpfung" aus dem Nichts" gesprochen, hier kann es sich nicht mehr um eine Beschreibung der Zeit nach dem Einschlag handeln.

Nun gibt es noch eine andere Version um das Impaktgeschehen. Hier soll der Einschlagskörper ein Planetoid und die Zeit etwas früher gewesen sein.

Der bereits erwähnte und 1956 leider verstorbene Atlantis-Forscher Otto H. Muck entwickelte ein Szenario, nach dem tatsächlich das Versinken der Großinsel Atlantis im Verlaufe eines "schlimmen Tages und einer schlimmen Nacht" möglich ist:

„Es ist der 5. Juni des Jahres 8489 v. Chr. Am Himmel herrscht eine unheilbringende Planetenkonstellation. Die Bahnen von Venus, Erde und Mond stehen von der Sonne aus gesehen hintereinander und so würden ihre sich summierenden Anziehungskräfte dafür sorgen, dass ein Planetoid, würde sich einer der Erde nähern, näher zu Erde hin-gekrümmt werden. Und tatsächlich: Da nähert sich ein Planetoid aus der Adonis-Gruppe, einer jener Asteroiden, die die Erdbahn kreuzen. Und dieser Planetoid schlägt in den Atlantik ein, etwas östlich des Stumpfes der Puerto-Rico-Schwelle. Jetzt wird das ganze empfindliche vulkanische Gebiet im Atlantik entzündet und die die Großinsel Atlantis, das auf der Reißnaht liegt, an der die Kontinentaldrift einst begann, wird

---

99   S. Edith und Alexander Tollmann. Und die Sintflut gab es doch.

von einem Flammenmeer umzingelt, - es gibt kein Entrinnen für die Großinsel! Die Magmafläche unter der Großinsel wird nun maximal eingedellt, dadurch sinkt die Inselscholle, und Atlantis muss im Laufe einer schrecklichen Nacht und eines schrecklichen Tage im Meer versinken."

Muck glaubt, dass die Azoren Überbleibsel von Atlantis sind, die einst die Berggipfel dieser verlorenen Großinsel waren. Doch in diesem Punkt scheint er zu irren, denn die säulenartig hochragenden aus vulkanischem Gestein bestehenden Azoren werden heute als jüngere Gebilde angesehen. Möglicherweise handelt es ich bei ihnen um im Rahmen der Katastrophe entstandene Inseln.[100]

Muck betont, dass die Rückverformungskräfte viel zu gering seien, um die Insel Atlantis irgendwann wieder an die Erdoberfläche zu heben.

Zusammen mit Atlantis seien die Kontinentalschollen rechts und links des Katastrophengebietes mit eingesunken, Hebungen an den Gegenrändern resultierten hieraus: Die östlichen Küstenränder von Amerika und die westlichen Teile von Afrika und Europa sanken ein, Gebiete im Westen Südamerikas und im Osten Afrikas wurden angehoben, wobei die letztgenannte Ausgleichsbewegung sicherlich nicht so ausgeprägt war, da Afrika ja bis zu einem gewissen Grade wie Europa an Asien „hängt".

Als zusätzlichen Beleg für seine Theorie zieht Muck das in unsere Zeitrechnung umgesetzte Nulljahr des Maya-Kalenders heran, das nach dem Astronomen Robert Henseling, der sich intensiv mit dem überraschend exakten Wissen der Maya auseinander setzte, auf jenes epochale Datum, auf den 5. Juni des Jahres 8489 v.Chr., gelegt wurde.[101]

Was den Katastrophenherd betrifft, beruft sich Muck auf eine Tiefenkarte und schreibt, dass dort, wo der Herd gefunden wurde, das Bodenrelief durchweg anormal sei. Es läge auf zwei riesigen Löchern – beide über 7000 m tief –, die sich unweit des Puerto-Rico-Stumpfes befänden. Die Puerto-Rico-Schwelle sei zertrümmert, der Stumpf sei ein Überrest, und die Rest-Schwelle weise auf die Löcher hin. Küstenland sei unweit der Schwelle zu Bruch gegangen, Muck denkt hier an den Golf von Mexiko, und die Schwelle weise auch auf den Südrand des untermeerischen Landmassivs hin, das vor seinem Untergang während des Quartärs den Golfstrom abriegelte.[102]

Und von nun an kam der Golfstrom nach Europa, das ab sofort, d. h. nach dem Abklingen der Folgen der Katastrophe, klimabegünstigt sein sollte. Die Tatsache, dass der Golfstrom nach Europa kommt und das typische „Westwetter" bringt, resultiert einzig und allein aus der Tatsache, dass Atlantis durch seinen Untergang uns diesen quasi „vererbt" hat, und mit ihm die Klimabegünstigung, die zuvor Atlantis zuteil geworden war.

---

[100] Martin Freksa: Das verlorene Atlantis.

[101] Otto Muck: Atlantis – Die Welt vor der Sintflut. (Heute gibt die allgemeine Lehrmeinung Henseling nicht recht, sie setzt – nach dem „Maya-Papst" Eric Thompson das Nulljahr des Maya-Kalender auf das Jahr 3114 v. Chr. an. Ob diese heutige Annahme richtig ist, ist wieder eine andere Frage).

[102] Otto H. Muck: Alles über Atlantis.

Muck beschreibt noch ganz andere Folgen, die die Erde grundsätzlich verändert hätten. So sei laut Muck die Erdachse ins Wanken geraten und dadurch die Präzession (jene Pendelbewegung, die die Erdachse relativ zum Himmelsnordpol in langen Zeitintervallen ausführt) verstärkt worden, was wiederum zu Klimaveränderungen führte. Keine andere Theorie kann meiner Meinung nach das Mammut-Sterben plausibler erklären. Wer hat noch nicht darüber nachgedacht, wie diese in Nordsibirien in Eisschränken wohl erhaltenen Mammut-Kadaver, die z.T. noch frische vegetarische Nahrung in Mund und Magen aufwiesen, ums Leben gekommen sein mögen, welcher rätselhafte Mechanismus sie so schnell einfrieren ließ. Wir kommen noch darauf zurück.

Muck bietet Erklärungen für die Sintflut-Sagen, für das in Erscheinung-Treten des Banklöss, die Entstehung der schwarzen und weißen Rasse, das Auftreten der Cromagnards, die von Atlantis aus nach Europa eingewandert und dort langsam aber sicher den homo sapiens neandertalensis ablösten. Der Cromagnard in Europa, Klimaveränderungen, eine heute noch taumelnden Erdachse, das Banklöss in China, die weiße und die schwarze Hautfarbe, dies alles sind womöglich Vermächtnisse von Atlantis. Aber es gibt deren noch mehr.

Zunächst aber möchte ich noch andere populäre Theorien aufgreifen, die den Untergang von Atlantis erklären wollen.

Der Autor Martin Freksa ist der Meinung, die Zeitangabe „9000 Jahre vor dessen Zeit", die beispielsweise von Muck als Untergangszeitraum von Atlantis angesehen wird, beziehe sich lediglich auf den Krieg zwischen „den Bewohnern innerhalb der Säulen des Herakles" und „jenen außerhalb derselben", der seiner Meinung nach nicht zum Untergang der Insel geführt habe, sondern einige Jahrtausende zuvor stattfand.

Freksa beruft sich auch auf den 2500 Jahre alten indischen Mahabharata-Epos, in dem offensichtlich eine Waffe geschildert wird, die einer Atombombe verblüffend ähnelt. Aufgrund entsprechender Überlieferungen geht Freksa davon aus, dass Krishna und Zeus nicht nur wirkliche Personen, nämlich Heeresführer, die einen Atomkrieg anzetteln, waren, sondern er ist sogar der Meinung, es handele sich bei beiden um ein und die selbe Person: Freksas Ansicht nach ist Zeus ein Abbild von Krishna. Die Vergleiche, die der Autor zwischen östlichen und westlichen Überlieferungen anführt, sind verblüffend.

Ganz nebenbei erklärt Freksa den Abbruch des Kritias-Dialogs: Wie hätte Plato seinen Zuhörern die wahre Identität des „Gottes" Zeus erklären sollen?

Freksa ist der Meinung, dass Atlantis im 3. vorchristlichen Jahrtausend im Rahmen eines Atomkrieges, dessen Folgen alle Spuren ehemaliger Hochzivilisationen vernichteten, unterging.[103]

Der Autor Fritz Nestke meint, dass am Ende der Atlantis-Ära der Mond von der Erde eingefangen worden sei. Obwohl es in Platos Texten keinerlei Hinweise auf einen Mondeinfang gibt, beruft sich Nestke auf eine Sage von „Präseleniten" (Vormond-Menschen), die zu Platos Zeiten in Griechenland existierten. Nestke ist der Auffas-

---

[103] Martin Freksa: Das verlorene Atlantis.

sung, dass es durch das Einfangen des Mondes zu Naturkatastrophen wie Vulkanausbrüchen kam und dass sich die Rotationsachse der Erde änderte, so dass 1.) die Jahreszeiten erst mit dem Mondeinfang begannen und 2.) Atlantis quasi unter die Antarktis „verdreht" wurde, wo sie nun unter dickem Eis begraben liege. Nestke zitiert sehr interessante Stellen aus Platos Dialogen, in denen von Zeiten die Rede ist, in denen die Sonne im Westen auf- und im Osten unterging, eine Parallele zu den Aussagen in Velikovskis Büchern.[104]

In einer neueren Publikation[105] äußert sich Nestke etwas anders. Heute glaubt er, Atlantis sei in der Nähe des Indischen Ozeans zu suchen, und der Eindruck des Sonnenaufgangs im Westen sei eher subjektiver Art gewesen. Er sei durch die veränderte Erdrotation aufgrund des kosmischen Einschlages zustande gekommen. Durch eben diese veränderte Erdrotation sei auch das Zeitalter der Eiszeiten beendet worden.

Ähnliches wie Nestke ursprünglich weiß der Autor Hans J. Andersen,[106] zu berichten. Er sieht als Ursache des Poseidonis-Untergangs (dieser Autor sieht Poseidonis als den letzten Teil von Atlantis an, der um 6000 v. Chr. untergegangen sein soll) eine Polwende. Darunter versteht er ein Ereignis, bei dem die magnetischen Pole der Erde aufgrund eines „kosmischen Blitzes", also einer Beeinflussung des Magnetfeldes durch einen an der Erde vorbei ziehenden Himmelskörper, quasi vertauscht wurden, so dass die Erdkruste aufgrund der nun eingetretenen magnetischen Abstoßung über den Äquator „rutschte", bis der Nord-Himmel unter den Südpol geriet und umgekehrt. Das Resultat: Ein Sonnenaufgang im Westen und ein Sonnenuntergang im Osten!

Poseidonis hatte nach Andersen eine nördliche Lage. Bekanntlich ist der Erdumfang am Äquator einige Kilometer größer. Der Erdumfang auf dem Hauptkreis über Poseidonis war geringer und reichte für den Äquatorwulst nicht aus. Daher entstanden beim Polwende-Rutsch ungeheure Zerrkräfte, die dazu geführt haben, dass die Erdhaut riss, und zwar genau dort, wo sich bereits eine Schwachstelle, die Reißnaht, die auch Muck erwähnt, befand. Durch diesen „Riss" sank nach Andersen Poseidonis.

Die letzten beiden Thesen sind wohl kaum belegbar, interessant ist aber doch, dass beide (Nestke ursprünglich und Andersen), wie auch Velikovski von Zeiten sprachen, in denen die Sonne im Westen auf- und im Osten unterging. Gab es möglicherweise tatsächlich Zeiten, in denen die Sonne von West nach Ost über den Himmel zog, also die Erde sich de facto in umgekehrter Richtung drehte? Oder ist vielleicht Nestkes korrigierte Version vom subjektiven Eindruck richtig? Wir wissen es nicht.

Was aber die Erklärung um das Verschwinden von Atlantis betrifft, so hat meiner Meinung nach Muck den bislang besten Ansatz geliefert. Muck erklärt viele Ungereimtheiten mit den Direkt- und Spätfolgen des Atlantis-Untergangs, aber wie wir noch sehen werden, sind seine Ideen durchaus noch ausbaufähig. Es gibt noch viel,

---

[104] s. den Artikel „Globale Umkehrung" von Fritz Nestke in der Materialsammlung: Das Große Experiment (Th. Mehner Hrsg.) und s. auch den Artikel: „Die vergangene Gegenwart – Mit dem Mond kamen die Jahreszeiten" von Fritz Nestke.

[105] Fritz Nestke: Platon und die sezierte Überlieferung.

[106] Hans-J. Andersen: Polsprung und Sintflut.

viel mehr, was uns die Großinsel Atlantis an geologischen und klimatischen Veränderungen hinterlassen hat – nicht zu vergessen, dass Atlantis durch seinen Untergang Mensch und Tier vollkommen neue Gewohnheiten aufzwang, auf die wir noch zu sprechen kommen werden.

Die Zeit nach dem Atlantis-Inferno – Ein schlimmes Erbe für Mensch und Tier

„Nach der Katastrophe: Gewaltige Auswurfmassen. Massen, die bis in die Atmosphäre gelangen. Ein Teil davon fällt wieder auf den Boden. Nicht dorthin, wo sie gekommen sind. Es sollte eine Sintflut entstehen, die nicht nur aus Wasser besteht. Im Äquator wird Wasser ausgestoßen. Asche wird nach Westen getragen.

Hauptazorengebiet: Hier wird die Asche in der Hauptsache nach Osten getragen. Salz aus dem Meer wird mitgerissen. Ein riesiges Regengebiet entsteht. Aber die Wolken sehen nicht aus wie normale Regenwolken, sie sind durch die mitgeführte Asche tiefschwarz gefärbt. Nun beginnt das, was später als ‚Sintflut' in unsere Religion eingehen wird. Zwei Regengebiete entstehen. Eines im Westen und eines im Osten. Die Windströmung bestimmt, wer von der östlichen und wer von der westlichen Flut heimgesucht werden soll. Manche Gebiete werden verschont. Das Gebiet der Mayas zum Beispiel. Sie haben Glück gehabt, erinnern sich aber so intensiv an jene Katastrophe, dass sie diesen Tag fortan zum Nulltag ihres Kalenders machen werden. Besonders schwer erwischt es Mesopotamien. Dort geht ein dicker Schlammregen nieder; dicke Flutwellen sind dem zu allem Übel auch noch vorausgegangen."

So in etwa müsste der weitere Ablauf der Katastrophe nach dem Muckschen Szenario verlaufen sein. Muck hat die gewaltigen Massen, die in die Atmosphäre geschleudert wurden, genau berechnet, wir wollen hier jedoch nicht ins Detail gehen. Nur, damit wir uns besser ein Bild machen können, möchte ich noch erwähnen, dass Muck auf insgesamt drei Billiarden Tonnen Vulkanasche kam – nach Osten sollen etwa zwanzig Billarden Tonnen Wasser getrieben sein – in Form jenes feuchten und regenschwangeren Dampfes, der bei der Katastrophe zusammen mit zerrissenen Magmapartikeln hoch gerissen worden war.[107]

Es ist absolut verständlich, dass Muck diese Katastrophe als Ursprung für die biblische Geschichte und das sumerischen Gilgamesch-Epos verantwortlich macht. Die Geschichte(n) von der Sintflut ist/sind ein Erbe von Atlantis.

Die Pole wandern, Kontinente kippen, Tiere sterben aus – Grüße vom untergegangen Atlantis.

„Nordostsibirien im Juni 8498 v. Chr.: Mammuts grasen. Das Klima ist mild. Wir haben vier Grad im Jahresmittel. Es ist Sommeranfang. Blumen blühen. Die Mammuts erfreuen sich an der guten vegetarischen Nahrung. Die Blumen: eine herrliche Abwechslung zum Gras.

Plötzlich bekommen die Tiere Atemnot. Sie bekommen immer weniger Luft; röchelnd hauchen die meisten von ihnen ihr Leben aus. Eine Stickgaswelle – Folge der Atlantiskatastrophe – hat sie erstickt. Einige überleben. Sie röcheln, aber sie ersticken nicht.

---

[107] Otto H. Muck: Alles über Atlantis.

Plötzlich kommen riesige Flutmassen. Auch die letzten Mammuts werden dahingerafft. Doch die Verwesung wird sie nicht treffen!

Denn es wird kalt. Eiskalt. So kalt, dass die Mammutkadaver innerhalb weniger Tage durch das Eis konserviert werden."[108]

So kann man in etwa die drastische Veränderung beschreiben, die nach der Katastrophe in Nordost-Sibirien eingetreten ist, wollen wir dem Muckschen Szenario folgen.

Nach Muck hat sich der Erdnordpol vor der Atlantiskatastrophe 3500 Kilometer entfernt von Nordostsibirien befunden. Er soll sich etwa dort befunden haben, wo sich heute noch der erdmagnetische (Süd-) Pol befindet. Der geografische Nordpol ist binnen vier (!) Tagen – länger kann es nicht gewesen sein, denn sonst wären die Mammuts nicht so gut konserviert worden – Richtung Sibirische Tafel „verrutscht".[109]

Wie es geschehen konnte, dass sich die Erdachse schief stellt, darauf werde ich an anderer Stelle noch zurückkommen. Auf die Folgen, die diese Achsenverschiebung auf den Süden gehabt haben muss, geht Muck gar nicht ein. Ich werde versuchen, die logische Ergänzung seiner These auch auf den Süden anzuwenden.

Tatsache ist jedenfalls, dass das direkte Erbe von Atlantis ein schlimmes für die Mammuts war, denn es bescherte ihnen den Tod. Und mit demselben vererbte es einem einst blühenden Landstrich die dauerhafte Vereisung!

Was das Aussterben der Mammuts betrifft, so scheinen die Tollmanns Schwierigkeiten mit ihrer Datierung zu haben. Sie glauben ebenfalls, dass das Verenden der Mammuts mit dem Sintflutgeschehen in Verbindung steht[110], aber Mucks Datum stimmt eher mit den Ergebnissen der Messungen mit der Radio-Karbon-Methode überein, was das Alter der Mammut-Kadaver betrifft. – Wieder ein Punkt, der für das Mucksche Szenario zu sprechen scheint.

Viele andere Rätsel lassen sich mit Mucks Atlantis-These erklären. So kann z.B. die Frage, wie die Mastodonkadaver ins kolumbianische Hochland kommen, obwohl diese Tiere eigentlich Flachlandbewohner sind, ganz einfach dadurch erklärt werden, dass das entsprechende Gebiet nach dem Muckschen Szenario durch die beschriebene „Kippbewegung" der Kontinentalränder während des Untergangs von Atlantis „ einfach" angehoben wurde![111] Der Tod der Mastodonten – ein weiteres schlimmes Erbe von Atlantis für die Tiere.

Die massiven Banklöss-Ablagerungen könnten durch den Sintflutschlamm erklärt werden, der sich auf eine ursprünglich vorhandene Grundschicht gesetzt hat, um den Vorgang einmal grob zu beschreiben.[112]

Viele ähnliche Rätsel lassen sich mit diesem Szenario erklären, wie Muck dies in seinem Buch auch eindrucksvoll tut.

[108] Otto H. Muck: Alles über Atlantis.
[109] Otto H. Muck: Alles über Atlantis.
[110] E. u. A. Tollmann: Und die Sintflut gab es doch.
[111] Otto H. Muck: Alles über Atlantis
[112] Otto H. Muck: Alles über Atlantis

Die Dunkelwolke über Nordeuropa und die Entstehung der Weißen Rasse

Muck errechnete, dass über Nordwesteuropa eine Dunkelwolke lag, die eine spezifische Flora und Fauna hervorbrachte. Er spricht von einer 2000 Jahre anhaltenden Dunkelheit. Von Phasen, in denen, die Sonne nicht schien, wird ja auch in den alten Überlieferungen berichtet (siehe den Schöpfungsbericht der Bibel). Wir hatten ja bereits erwähnt, dass bei der Erschaffung von Sonne und Mond nicht die Rede von einer Schöpfung aus dem Nichts ist, sondern die Bedeutung ist hier „sichtbar machen" oder „erscheinen lassen".

Muck beruft sich auch auf Mythen von einer Nebelwelt des Nordens (Niflheim), in der *Edda* geschildert wird. Die Atlantischen Ur-Cromagnards waren recht groß, so dass Muck hiermit die Sage von den „Riesen der Vorzeit", die auch in der Bibel vorkommt und die oft auf mutmaßliche außerirdische Besucher angewandt wird, erklärt. Sie waren rothäutig, so dass die Indianer und Indios die typischsten Nachfahren der Ur-Cromagnards seien, *während die Europäer unter der langen Dunkelheit langsam ausbleichten, korrekt ausgedrückt, pigmentarm wurden.* So ist laut Muck die weiße Rasse entstanden.[113]

Flucht in den Untergrund: die „Weißen Götter"

„Spätsommer des Jahres 8498 v. Chr.: Es ist dunkel geworden. Die Sonne ist nicht mehr zu sehen. Viele Überlebende der Katastrophe verlassen nun die unwirtlich gewordene Erdoberfläche. Sie suchen natürliche Höhlen auf, errichten künstliche höhlenartige Behausungen, manche organisieren sich ein perfektes Leben im Untergrund. Jahre vergehen. Jahrzehnte. Kinder werden gezeugt. Jahrhunderte vergehen. Irgendwann, als die Sonne wieder scheint, wagt man sich wieder nach draußen. Ein völlig neues Erlebnis für diese Generation! Die Überlebenden, die an der Oberfläche geblieben sind, staunen. Wundern sich. Da kommen weißhäutige Gestalten aus der Erde! Wer so merkwürdig aussieht, und noch dazu aus der Erde kommt, der kann nur ein Gott sein! Die Götter sind in neuer Gestalt zurückgekommen!"

So viel ich weiß, war der Berliner Schriftsteller Paul Schulz der Erste, der den Gedanken äußerte, Menschen seien nach der Sintflut in den Untergrund geflüchtet und dort ausgebleicht.

Was Muck nicht erwähnt, sind die Legenden, die in der Gegend um den Titicacasee herrschen – Legenden aus dem Andengebiet, in denen ebenfalls von einer sehr langen Zeit der Dunkelheit gesprochen wird.

Arthur „Arturo" Posnansky fand zahlreiche Hinweise auf ein teilweise unterirdisches Leben, und sehr viele dieser freigelegten Gebäude, auch jene, die als Wohnungen

---

[113] S. Otto H. Muck: Alles über Atlantis

dienten, waren ganz oder teilweise unterirdisch angelegt. Die Behausungen waren von unterschiedlicher Bauart, aber die meisten waren ziemlich klein.[114]

Nachfolgend möchte ich Ihnen eine Passage aus dem Buch der Hopis vorstellen:

„Doch dann endete die lange Zeit der Dunkelheit mit all ihrem Elend, die Sonne brach durch, und das Land wurde „Tatooma", der erste Teil des Kontinents, den die Sonnenstrahlen berührten... Eines Tages kam die Sonne heraus wie ein Mann: Ihre Hitze war kaum zu ertragen. Sicher war es nicht die gleiche Sonne, die wir sahen... nach der Sintflut wurden die Strahlen der Sonne, bevor in irgendeinem Teil erschienen, auf dieser Insel und auf diesem großen See gesehen..."[115]

Aus einer Erzählung der Azteken geht hervor:

„Die Azteken verließen die sieben Höhlen, um das verheißene Land zu suchen."[116]

Thor Heyerdahl erforschte auf der Osterinsel die „Heiligen Höhlen" von Mustang-Nepal.

Der Deutsch-Ecuadorianer Juan Moricz ist Eigentümer von Ländereien. In deren Untergrund findet er ganze Tunnelsysteme. Moricz hat keine Möglichkeiten, diese selbst zu erforschen. Er wendet sich an Behörden und wissenschaftliche Institutionen. Wartet auf Antwort. Denkt, diese müßten an seiner Entdeckung doch interessiert sein. Er stellt ihnen sogar die betreffenden Gebiete unentgeltlich zu deren Erforschung zur Verfügung. Doch nichts geschieht. Es gibt keine Antwort. Die Behörden scheinen sich für den Fund nicht zu interessieren. – Nicht interessieren zu *wollen*?

„Derinkuyu, Göreme, Kapadozien, vor einigen Jahren: Herr Demirel befindet sich in seinem Keller, der als Kühlraum dient. Plötzlich stolpert er über ein Loch im Boden. Herr Demirel ist neugierig. Er beginnt zu graben..."

Was bei diesen Grabungen zum Vorschein kam, wird vom bekannten Sachbuchautor Erich von Däniken zu Recht als Sensation bezeichnet. Ganze unterirdische Städte für Tausende und Abertausende von Menschen werden gefunden.

Die bekanntesten dieser unterirdischen Städte liegen bei Demirels Dorf, Derinkuyu. Die Eingänge zu dieser unterirdischen Welt sind oft unter den Häusern versteckt, wie es bei Demirels Haus der Fall ist. Im Gelände findet man immer wieder Luftlöcher, die aus der Tiefe bis zur Oberfläche vordringen.

Das ganze Gebiet ist von Tunneln und Löchern durchdrungen. Die oberste Etage von Derinkuyu nimmt bereits eine Fläche von vier Quadratkilometern ein und allein in den obersten fünf Stockwerken ist Raum für 10.000 Menschen! Man schätzt heute, dass im ganzen Gebiet zeitweise über 300.000 Menschen unter die Erde geflüchtet waren!

---

[114] P. Schulz: Die Menschheit u. das Leben vor und nach der Sintflutkatastrophe am 5. Juni 8498 v. u. Z.

[115] Zitiert aus: Paul Schulz:. Die Menschheit und das Leben vor und nach der Sintflutkatastrophe am 5. Juni 8498 v. u. Z.

[116] Zitiert aus: Paul Schulz: Die Menschheit und das Leben vor und nach der Sintflutkatastrophe am 5. Juni 8498 v. u. Z; s.a.: J. E. Blumrich: Kasskara und die sieben Welten.

Wenn wir nur einmal die unterirdische Anlage von Derinkuyu nehmen, zählen wir 52 Luftschächte und 15.000 kleinere Zuleitungen. Der größere Schacht ist 85 Meter tief. Der untere Teil diente offensichtlich als Wasserreservoir.

Bis heute hat man in dieser Landschaft 36 unterirdische Städte gefunden; die nicht immer die Größe von Derinkuyu aufweisen, lediglich die unterirdischen Anlagen von Kaymakli scheinen noch recht komplex zu sein. In jedem Fall aber handelt es sich um Städte, und man hat inzwischen den Grundriss erarbeitet. Kenner der Gegend sind der Meinung, dass noch viel mehr von diesen unterirdischen Anlagen existieren. Die bisher bekannten Städte sind durch Tunnel miteinander verbunden. Der Verbindungsstollen zwischen Kaymakli und Derinkuyu erreicht eine Länge von zehn Kilometern. Die Verbindungsstollen sind so breit, dass zwei Menschen bequem nebeneinander gehen können.[117]

Der bekannte Schriftsteller Walter-Jörg Langbein schreibt in einem Beitrag für die Zeitschrift *Unknown Reality* über die grandiosen Anlage von Teotihuacan, Mexiko. Unweit der Sonnenpyramide habe man mehrere unterirdische Räume mit Glimmer i-soliert. Langbein weist selbst darauf hin, dass Glimmer hitzebeständig ist und dass es abrupten Temperaturschwankungen standhält. Weiter ist es immun gegen alle organischen Säuren und widersteht elektrischen Ladungen. Langbein zieht den Schluss, dass irgendetwas Wertvolles, vielleicht technisches Gerät, dort unten geschützt werden sollte[118], ich meine, der Glimmer könnte auch dazu gedient haben, die Auswirkungen des „Klimas", das noch der Katastrophe herrschte, zu mildern.

Die Guanchen – ausgebleichte Nachkommen der Atlanter

Auch auf den Kanarischen Inseln, die schließlich recht nahe am „Orte des Geschehens" liegen, gibt es eine Reihe von Höhlen, die allerdings natürlichen Ursprungs sein dürften. Dieser Umstand sollte die Einwohner dieser Inseln jedoch nicht daran gehindert haben, sie als Unterschlupf zu benutzen, denn auch diese Guanchen, so der Name der Ureinwohner der Kanaren, werden als blond, blauäugig und groß geschildert. Über ihre Herkunft ist man sich nicht einig.

Die Guanchen sollen eine erstaunlich ausgeprägte Kultur, Religion und Ethik besessen haben.[119] Der Autor Harald Braem, der kein Befürworter der „Atlantis-im-Atlantik"-These ist, schreibt, dass die Guanchen zunächst in Höhlen gelebt haben. Die Guanchen hatten auch „Könige", die die verschiedenen Sippen führten, ähnlich wie im alten Atlantis. Nun möchte ich nicht näher auf die Guanchen eingehen, ich weise nur noch einmal darauf hin, dass über deren Herkunft schon seit Jahrzehnten gerätselt wird; und meiner Ansicht nach wird man diesem Rätsel niemals nahe kommen, wenn

---

[117] Paul Schulz: Die Menschheit und das Leben vor und nach der Sintflutkatastrophe am 5. Juni 8498 v. u. Z.; bez. der. Derinkuyu-Angelegenheit. Siehe auch: Erich von Däniken: Auf den Spuren der Allmächtigen, sowohl als Buch erhältlich, als auch als Fernsehbeitrag auf SAT 1 ausgestrahlt.

[118] Siehe Walter-Jörg Langbeins Beitrag „Krause Logik" In: Unknown Reality Nr. 5, Jan./Febr. 1995.

[119] S. Harald Braem: Das Rätsel der Pyramiden.

man die „Atlantis-im-Atlantik"-Theorie ignoriert. Denn die Guanchen dürften nach unserer These „ausgebleichte" Mitglieder des Atlantischen Imperiums sein, die die Katastrophe in Höhlen überlebten und dort ausbleichten. Deren Nachkommen werden vermutlich, nachdem sie wieder an die Oberfläche zurückgekommen waren, versucht haben, nach den Überlieferungen ihrer Vorfahren das Königreich von Atlantis so gut als möglich wieder herzustellen, was selbstverständlich praktisch unmöglich war.

Kommen wir auf die von Muck proklamierte permanente 2000 Jahre lang andauernden Dunkelwolke über der Nordhalbkugel zurück, bei der der (vorher rote) Mensch quasi ausbleiche. Von eventuellen Veränderungen in den südlichen Breiten redet er in diesem Zusammenhang nicht. Allerdings gibt es, wie wir gesehen haben, Hinweise darauf, dass auch dort Menschen in den Untergrund gegangen sind, die dann dort ausbleichten, während offensichtlich ein Teil der Bevölkerung oben blieb und seine rote Hautfarbe behielt. Folglich war die Dunkelwolke im Süden wohl nicht permanent, vermutlich nicht so ausgeprägt oder einfach nicht von so langer Dauer. Sie könnte möglicherweise z.T. mit der Zerstörung von Tiahuanaco zusammenhängen, auf die ich später noch eingehen werde. Sie war letztlich eine Folgekatastrophe des Atlantis-Untergangs.

Irgendwann, als die Sonne wieder in voller Pracht sichtbar war, kamen die durch Jahrhunderte- bis Jahrtausende langen Aufenthalt im Dunkeln Gebleichten wieder an die Oberfläche. Auf die dort verbleibenden noch roten Menschen muss dies seltsam gewirkt haben und die Legende von den weißen Göttern war geboren!

Die Entstehung der Schwarzen Rasse

Schulz glaubt wie Muck, dass während der Zeit der Dunkelheit ein Ozon-Loch entstand, das aus dem Ausfall oder Flatterns des Van-Allen-Gürtels der Atmosphäre während der Veränderung der Präzession, jener „Kreiselbewegung", die die Erde ausführt, resultierte. Dadurch war die Erde den Sonnenstürmen plus harten Strahlungen ausgeliefert. In Afrika, wo die Dunkelheit nicht sehr ausgeprägt war, musste die Strahlenbelastung weitaus höher gewesen sein. Schulz schließt, dass die Überlebenden sich notgedrungen diesen veränderten Bedingungen anpassten, sie ergriffen Schutzmaßnahmen in Form einer übernormalen Pigmentierung. Die Schwarze Rasse war entstanden![120]

Zusammenfassung und eine Überlegung

Die Urbevölkerung von Atlantis und Amerika hatte eine rote Hautfarbe. Die weiße Rasse ist durch „Ausbleichvorgänge" entstanden, die sich besonders stark unter der permanenten Dunkelwolke im Norden auswirkte, doch auch auf der Südhalbkugel scheinen die Bedingungen so überaus schlecht gewesen zu sein, dass ein Teil der Bevölkerung sich in unterirdische Höhlen absetzte und nach dem Wiederauftauchen als

---

[120] P. Schulz: Die Menschheit u. das Leben vor und nach der Sintflutkatastrophe am 5. Juni 8498 v. u. Z.

„Weiße Götter" verehrt wurde. Die Bevölkerung in Afrika hat sich vermutlich der dort extrem hohen Strahlenbelastung durch eine Ausbildung übernatürlicher Pigmentierung entgegengesetzt. Die Guanchen waren direkte Überlebende des atlantischen Imperiums.

Interessant ist, dass das Leben im Untergrund perfekt durchorganisiert war, wie das Beispiel von Göreme zeigt. Die Menschen hatten sich auf einen langen Aufenthalt im Dunkeln eingerichtet, und tatsächlich lebten sie sehr lange dort.

Die weiße und die schwarze Hautfarbe – ein gewaltiges Erbe!

Wenn ich mir die biblische Geschichte der Entstehung der schwarzen Hautfarbe ansehe, komme ich nicht sehr weit. Es wird lediglich beschrieben, dass der Sohn Noahs, Ham, der Stammvater der „Schwarzen Rasse" gewesen sein soll. Wie die Nachkommen dieses Mannes allerdings „schwarz wurden", darüber schweigt Moses sich aus. Vermutlich standen ihm nicht genügend Überlieferungen zur Verfügung, um dieses Phänomen erklären zu können, und die eigene Fantasie ließ ihn anscheinend im Stich. Nur der Zeitpunkt, an dem Ham als Stammvater der „Schwarzen Rasse" die Erde neu besiedelte, stand für Moses fest: Es war die Zeit nach der Sintflut.

Ein Teil der leiblichen Nachkommen von Atlantis versuchte, als er aus dem Leben im Untergrund wieder zurückkam, das Erbe von Atlantis wieder anzutreten, das ursprüngliche Imperium in verkleinerter Form wieder herzustellen. Dieses Unterfangen konnte selbstverständlich nicht vollständig von Erfolg gekrönt sein, da das Wissen größtenteils verlorengegangen war.

Von Tiahuanaco, den Olmeken und Alt-Athen

Muck wies darauf hin, dass Atlantis vor der Sintflut das optimale Gebiet zur Ausbildung einer Kultur war. Ich führte Hinweise dafür aus, dass diese Kultur sehr hoch entwickelt war und anderen Kulturen Wissen gebracht hat.

Paul Schulz ist nun der Meinung, dass Atlantis nicht die einzige Hochkultur vor der Sintflut war. Nach diesem Autor war Atlantis lediglich eine Zivilisation von vielen. Es sei nicht zwangsläufig die Wiege der Zivilisation gewesen, sondern nur eines von vielen Völkern, wobei der zivilisatorische Hochstand damals die Norm gewesen sein soll.

Andere frühe Kulturen?

Schulz nimmt die Kasskara-Geschichte der Hopis wörtlich (er glaubt auch an deren außerirdischen Lehrmeister) und verweist darauf, dass auch im Indus-Tal und in China gute Bedingungen für die Entwicklung einer hoch entwickelten Zivilisation gegeben waren,[121] wobei sich die Frage stellt, ob diese nicht früher oder später unter atlantischen Einfluss geraten sein müssen, was beispielsweise die Funde von Pyramiden in jeden Ländern nahe legen. Auch die bereits erwähnten Hinweise auf ein fremdes Volk mit Fluggeräten spricht dafür. Immer wieder war die Rede von Göttern, die von weit her kamen.

Das Rätsel um Tiahuanaco

Schulz verweist weiterhin auf die hoch entwickelte Stadt Tiahuanaco in Bolivien. Ich wies bereits bei dem Thema „Atlantis-Lokalisation" auf diese hoch entwickelte Kultur hin, die vermutlich plötzlich durch eine Flutwelle vernichtet wurde. Diese Stadt lag allem Anschein nach vor 10.500 Jahren auf Meereshöhe, wie es deutliche Spuren von früheren Brandungslinien vermuten lassen. Dies bestätigt Mucks Theorie von der Hebung an den Kontinentalrändern zum Ausgleich der Massen – während des Versinkens von Atlantis. Der Titicacasee, der heute 3800 Meter über dem Meeresspiegel liegt, hat eine Strandlinie, die etwas schief zur heutigen Strandlinie liegt. Diese Schräge weist nach Nordosten, also genau auf den von Muck proklamierten Katastrophenherd.

Nun gibt es einen scheinbaren Widerspruch: Das ehemalige Titicameer, ein Binnenmeer mit Zugang zum Pazifik, ist allem Anschein nach Richtung Süden gekippt. Und nach Süden sind damals ein Großteil seiner Gewässer abgeflossen. In diesen ehemaligen Küstengebieten findet man heute riesige Salzmengen.

Schulz zieht daraus die folgenden Schlüsse: Im Andengebiet brach die Südamerikanische Platte an mindestens zwei Stellen. Auf diese Weise erklärt er sich die Schiefe in Richtung Nordosten wie nach Süden. Laut Schulz wirkte noch eine zweite Kraft auf

---

[121] P. Schulz: Die Menschheit u. das Leben vor und nach der Sintflutkatastrophe am 5. Juni 8498 v. u. Z.

die Platte ein – es war jene Kraft, die „Kasskara" nach unten und Amerika langsam nach oben drückte. Dadurch kam es in diesem Gebiet, das zuvor zu allem Überfluss auch noch vulkanisch aktiv war, zu enormen Vulkanausbrüchen und Erdbeben, wodurch auch der Gebirgsrahmen um das ehemalige Titicacameer zerbarst. Durch diesen Vulkanismus und zusätzlich durch die nach Süden herabstürzenden Flutwellen wurde das alte Tiahuanaco zerstört. Dort ereignete sich deshalb auch eine lokale Sintflut relativ kleinen Ausmaßes, denn ein Teil der Wassermassen des damaligen Meeres wurde ebenfalls empor geschleudert, vermischte sich mit dem angeströmten Magma und kam dann als Sintflutregen wieder herunter. Die durch diesen Vulkanismus ebenfalls empor geschleuderten feinen Staubmassen sorgten für eine Jahre lange Dunkelheit. Dadurch sowie durch die rasche Anhebung um ca. 4000 Meter dieses Teils der südamerikanischen Platte kam es zu einer kurzen „Eiszeit" in dieser Region.[122]

Diese Beschreibung der Katastrophe um Tiahuanaco erscheint einleuchtend und sie erklärt auch, warum es auch im Andengebiet zu einer Zeit der Dunkelheit kam, die uns von Muck nicht erklärt wird. Es ist nicht eindeutig zu klären, ob Tiahuanaco tatsächlich eine eigenständige parallele Zivilisation zu Atlantis oder eine weitere Kolonie war.

Die Olmeken und Tiahuanaco

Auch die rätselhaften Olmeken lassen sich auf die Gegend um Tiahuanaco zurückführen. Interessant an diesem Stamm ist, dass er im Jahr 1000 v. Chr. den Magnetismus kannte. Bekannt wurde das Volk, das heute in Mexiko lebt, durch riesige Basaltköpfe, die die Olmeken aus Stein meißelten. Doch auch andere Kunstwerke stammen aus den Händen dieses Volkes.

Harald Braem zitiert in diesem Zusammenhang den mexikanischen Anthropologen Roman Pina Chan von der National-Universität in Mexiko-City. Für diesen Wissenschaftler liegt der Ursprung der Olmeken nicht in Mittelamerika, sondern in Ecuador. Erst von dort seien die Olmeken nach Mittelamerika vorgestoßen, wo sie sich mit anderen Völkern vermischt hätten. Pina Chan bezeichnet die terrassenförmig gebauten Tempel und Stufenpyramiden als ein besonderes Kennzeichen ihrer Kultur.

Faszinierend sind auch die Forschungsergebnisse der indianischen Anthropologin Guadelupe Martinez Donjuan, die bereits seit 1984 nach Spuren der Olmeken gräbt. Sie hält die Olmeken für ihre eigenen Vorfahren und für sie kommt Pina Chans Erkenntnis nicht sehr überraschend. Im Gegensatz zu ihren Fachkollegen suchte Frau Donjuan nicht an der Atlantikküste zwischen Veracruz und Tabasco, sondern an der Pazifik-Küste bei El Rincon im Hochland von Guerre nach Spuren der olmekischen Kultur. Dort existieren einige Schutthügel, die von den einheimischen Indios *Tecuantepec* (Berg des Jaguars) und als *las tinajas a los idolos*, was soviel heißt wie „Krüge der Götter", bezeichnet werden. Donjuan hatte tatsächlich Erfolg und fand große Anlagen der Olmeken. Sie erstreckten sich über mehr als 100 Quadratkilometer und hat-

---

[122] P. Schulz: Die Menschheit u. das Leben vor und nach der Sintflutkatastrophe am 5. Juni 8498 v. u. Z.

ten raffinierte Bewässerungsanlagen. Bemalte Monolithe, die dämonisch blickende Jaguargötter darstellten, Tempel, und – eine Pyramide! Die Zahl der Funde dürfte zwischen 1200 und 1400 liegen.

Frau Donjuan ist wie ihr spanischer Kollege Miquel Covarrubias der Überzeugung, dass die Olmeken aus Südamerika einwanderten, von wo aus sie sich schließlich über ganz Mittelamerika verbreiteten. Weitere Funde im Gebiet von Belitze auf der mexikanischen Halbinsel Yukatan scheinen diese Auffassung zu bestätigen.[123]

Besonders aufschlussreich ist das folgende Zitat: „Verfolgt man die Spuren der Olmeken weiter, so stellt man eine groß angelegte Wanderung ausgehend vom Gebiet des Titicacasees fest, an dessen Ufer drei Länder grenzen – nämlich Peru, Chile und Bolivien. Dort könnte der Ausgangspunkt aller präkolumbischen Kulturen gelegen haben, von dort breiteten sich die indianischen Völker nach Süden, Norden und Westen aus. Und am Titicacasee liegt Tiahuanaco, das Zentrum einer uralten Vorinka-Kultur."[124]

Bei dieser „groß angelegten Wanderung" dürfte es sich vielmehr um eine Massenflucht von Überlebenden der Tiahuanaco-Folge-Katastrophe gehandelt haben. Diese konnten einen Teil ihrer Hochkultur mit in die Länder retten, in denen sie sich allerdings langsam, aber sicher trennten; ein Teil der Überlebenden dürfte schließlich als Olmeken über den Umweg von Ecuador in Mexiko angelangt sein, wobei sie, immer mehr von der alten Kultur verloren, aber doch noch genug erhielten, um die Nachwelt in Staunen zu versetzen…

Die Olmeken kannten auch Stufenpyramiden, was auf einen engen Kontakt zu Atlantis schließen lässt. Es scheint tatsächlich naheliegend zu sein, dass auch Tiahuanaco und seine Umgebung eine Kolonie des atlantischen Imperiums waren, deren Lehrmeister sie im Bau von Pyramiden und in anderen Fertigkeiten unterwies, und so lebte das Volk um Tiahuanaco bis es vom Erbe von Atlantis hinweggerafft wurde...

Die Legende von Ur-Athen

Schulz glaubt, dass die „alten Griechen" nur der schwache Abglanz einer noch älteren, höher entwickelten Griechen-Kultur gewesen seien, wie dies von Plato ja auch beschrieben wird. Schließlich berichtete er von einem Krieg zwischen Atlantis und Ur-Athen.[125]

Fritz Nestke bestreitet allerdings in seinem neueren, bereits erwähnten Werk, dass es dieses von Plato erwähnte „Ur-Athen" wirklich gegeben habe. Aus einem umfangreichen Studium auch anderer Schriften Platos (z.B. *Politikos*) schließt er, dass Plato die Geschichte von Ur-Athen und vom Krieg dieses Staates mit Atlantis bewusst in eine ansonsten wahre Geschichte einfügte, um seine Vorstellungen vom Idealstaat publik

---

[123]   Harald Braem: Das Geheimnis der Pyramiden.
[124]   Zitiert aus Harald Braem: Das Geheimnis der Pyramiden.
[125]   P. Schulz: Die Menschheit u. das Leben vor und nach der Sintflutkatastrophe am 5. Juni 8498 v. u. Z.

zu machen. Tatsächlich beschreibe Plato die Atlanter an anderer Stelle als außerordentlich friedfertiges Volk. Zum (abrupten) Ende des Kritias-Dialoges verstrickte sich Plato diesbezüglich immer mehr in Widersprüche, und so erklärt sich Nestke, warum Platon diesen unvollendet ließ[126].

---

[126] Fritz Nestke: Plato und die sezierte Überlieferung.

Die Mythen von der Großen Flut – Ein Vermächtnis von Atlantis

„Und als nun der Herr sah, dass die Bosheit der Menschen groß war auf der Erde und alles Sinnen und Trachten ihres Herzen immerfort nur böse war, da gereute es ihn, die Menschen auf der Erde geschaffen zu haben, und er wurde in seinem Herzen tief betrübt. Darum sagte der Herr: ‚Ich will die Menschen, die ich geschaffen habe, vom ganzen Erdboden weg vertilgen, die Menschen, wie das Vieh, das Gevieh wie die Vögel des Himmels; denn ich bereue es, sie geschaffen zu haben.' Noah hatte aber Gnade vor dem Herrn gefunden." (1. Mose 7, 5-8)

„...da sagte Gott zu Noah: ‚Das Ende aller lebenden Geschöpfe ist bei mir beschlossen; denn die Erde ist durch ihre Schuld voll von Gewalttaten; darum will ich sie mitsamt der Erde verderben (oder vernichten), baue dir eine Arche aus Tannenholz; mit lauter Zellen (oder Kammern) sollst du die Arche versehen und sie von innen und von außen mit Erdharz verpichen. Und so sollst du sie bauen: dreihundert Ellen soll die Länge der Arche betragen, fünfzig Ellen ihre Breite und dreißig Ellen ihre Höhe. Eine Lichtöffnung sollst Du an der Arche anbringen, und zwar eine Elle hoch sollst du sie (d.h. die Lichtöffnung) ganz herum hoch oben herstellen, und den Eingang zur Arche an ihrer Seite anbringen und ein unteres, ein mittleres und ein ehernes Stockwerk in Ihr anlegen. Denn wisse wohl: ich will die große Flut über die Erde kommen lassen, um alle Geschöpfe, die Lebensodem in sich haben, unter dem ganzen Himmel zu vertilgen: alles, was auf der Erde lebt, soll umkommen. Mit dir aber will ich einen Bund schließen: du sollst in die Arche gehen, du und mit dir deine Söhne und dein Weib und die Weiber deiner Söhne (=deine Schwiegertöchter). Und von allen lebendigen Wesen, bei allen Tieren, sollst du je ein Paar in die Arche mit hinein nehmen, um sie mit dir am Leben zu erhalten: je ein Männliches und ein Weibliches sollen es sein...'" (1. Mose 13-19)

„...denn es sind nur noch sieben Tage, dann will ich es vierzig Tage und vierzig Nächte hindurch regnen lassen und will den ganzen Bestand an Lebewesen, die ich geschaffen habe, vom ganzen Erdboden vertilgen.' Da tat Noah alles genau so, wie der Herr es ihm geboten hatte. Noah war aber sechshundert Jahre alt, als die Sintflut über die Erde kam. Da ging Noah und mit ihm seine Söhne, sein Weib und seine Schwiegertöchter in die Arche hinein vor den Gewässern der Sintflut." (1. Mose 7, 4-7)

„Und nach Ablauf der sieben Tage, da kamen die Gewässer der Sintflut über die Erde. Es war im sechshundertsten Lebensjahr Noahs, am siebzehnten Tage des zweiten Monats: an diesem Tage brachen alle Quellen (oder: Brunnen) der Großen Tiefe (=Urflut) auf, und die Fenster des Himmels öffneten sich, und der Regen strömte vierzig Tage und vierzig Nächte hindurch auf die Erde. An eben diesem Tage ging Noah mit seinen Söhnen Sem, Ham und Japhet und mit seinem Weibe und seinen drei Schwiegertöchtern in die Arche hinein, sie und alle Arten der wilden Tiere und alle Arten des Viehs (=der Haustiere) und alle Arten des Gewürms, das auf der Erde kriecht, auch alle Arten der Vögel, alles, was Flügel hatte und beschwingt war (=alles

Federvieh); die kamen zu Noah in die Arche hinein, je ein Paar von allen Geschöpfen, die Lebensodem in sich hatten; und die da hinein kamen, waren immer ein Männchen und ein Weibchen von allem Fleische (= allen Geschöpfen), wie Gott ihm geboten hatte. Hierauf schloss der Herr hinter ihm zu.

Da kam die Sintflut vierzig Tage lang über die Erde, und das Wasser stieg und hob die Arche empor, so dass sie hoch über der Erde schwamm. Und das Wasser nahm gewaltig zu und stieg hoch über die Erde, so dass die Arche auf der weiten Flut dahinfuhr und das Wasser stieg immer noch höher über der Erde, so dass alle höchsten Berge überflutet wurden. Fünfzehn Ellen hoch ging des Wasser über sie hin, so dass die Berge überflutet wurden. Damals kamen alle Geschöpfe um, die auf der Erde sich regten: Was an Vögeln, an Vieh und an wilden Tieren da war, sowie alles Gewürm, von dem die Erde wimmelte, und auch alle Menschen: alles, in dessen Nase ein Hauch von Lebensodem war, das starb, alles, soweit es auf dem Trockenen lebte. So vertilgte Gott alle Geschöpfe, die auf dem ganzen Erdboden waren, vom Menschen bis zum Vieh, bis zum Gewürm und bis zu den Vögeln des Himmels, sie wurden alle von der Erde getilgt. Nur Noah blieb übrig und was sich bei ihm in der Arche befand. Das Wasser aber stieg unaufhörlich über der Erde hundertundfünfzig Tage lang.

Da dachte Gott an Noah und an alle wilden Tiere und an all das Vieh, das bei ihm in der Arche war; und Gott ließ einen Wind über die Erde wehen, so dass die Wasser sanken; die Quellen der Tiefe (=die Brunnen der Urflut) und die Fenster des Himmels schlossen sich, und dem Regen vom Himmel wurde Einhalt geboten. Da verlief sich das Wasser allmählich von der Erde und begann nach Ablauf der hundertundfünfzig Tage zu fallen; und am siebzehnten Tage des siebenten Monats saß die Arche auf einem der Berge von Ararat (Armenien) fest. Das Wasser nahm dann immerfort ab bis zum zehnten Monat: am ersten Tage des zehnten Monats kamen die Gipfel der Berge zum Vorschein. Nach Verlauf von vierzig Tagen aber öffnete sich das Fenster der Arche, das er angebracht hatte, und ließ den Raben ausfliegen; der flog hin und her, bis das Wasser auf der Erde abgetrocknet war. Hierauf ließ er die Taube ausfliegen, um zu erfahren, ob das Wasser sich auf der Erdoberfläche verlaufen habe. Da die Taube aber keinen Ort fand, wo ihre Füße hätten ruhen (oder sich niederlassen) können, kehrte sie zu ihm zu der Arche zurück; denn das Wasser bedeckte noch die Oberfläche der ganzen Erde. Da streckte er seine Hand hinaus, ergriff sie und nahm sie wieder zu sich in die Arche. Hierauf wartete er noch weitere sieben Tage und ließ dann die Taube zum zweiten Mal aus der Arche fliegen. Da kam die Taube um die Abendzeit zurück, und siehe da: sie hatte ein frisches Ölbaumblatt im Schnabel. Daran erkannte Noah, dass das Wasser auf der Erde sich verlaufen hatte. Nun wartete er nochmals weitere sieben Tage und ließ dann die Taube wieder ausfliegen; doch diesmal kehrte sie nicht wieder zu ihm zurück. Und im sechshundertundersten Lebensjahres Noahs, am ersten Tage des ersten Monats, da war das Wasser von der Erde weg getrocknet. Als jetzt Noah das Dach von der Arche abnahm und Ausschau hielt, da war der Erdboden abgetrocknet; und am siebenundzwanzigsten Tage des zweiten Monats war die Erde ganz trocken geworden.

Da gebot Gott dem Noah: ‚Verlass jetzt die Arche, du und mit dir dein Weib und deine Söhne und deine Schwiegertöchter! Sämtliche Tiere von allen Arten, die bei dir sind, Vögel, Vieh und alles Gewürm, das auf der Erde kriecht, lass mit dir hinausgehen, damit sie sich auf der Erde frei bewegen und fruchtbar seien und sich mehren auf der Erde.' Da ging Noah mit seinen Söhnen, seinem Weibe und seinen Schwiegertöchtern hinaus; auch alle vierfüßigen Tiere, alles Gewürm, alle Vögel, alles, was sich auf der Erde regt, gingen nach ihren Arten aus der Arche hinaus." (1. Mose 7, 4 -24 und 8 – 19) [127]

Die Geschichte von der Sintflut: Eine biblische Überlieferung, die wir als Kind schon in der Schule eingetrichtert bekamen (sofern wenn wir im Westen aufwuchsen). Die Menschheit war „böse" geworden, und dafür musste sie bestraft werden! Im Wort „Sintflut (oder auch Sündflut) scheint auf den ersten Blick das Wort „Sünde" zu stecken (zumindest Luther interpretierte es so). In Wirklichkeit bedeutet „Sintflut" jedoch schlicht und ergreifend *Große Flut*, was seither in der jüdischen und der christlichen Religion eine wesentliche Rolle spielen sollte. (Obwohl der lutherische Begriff *Sündflut* nicht korrekt ist, wurde die Sintflut nach dem Alten Testament doch zur Bestrafung der Sünden geschickt. Das gesamte alte Testament berichtet von der Bosheit der sündigen Menschen; und eigens um diese sündige Menschheit zu retten, wurde nach dem Neuen Testament „Jeschua Meschiach", heute besser bekannt unter dem Namen „Jesus Christus", der „Sohn Gottes" als Erlöser dieser verderbten und sündigen Menschheit auf die Erde geschickt. Die Anhänger der mosaischen Religion warten heute noch auf ihren Erlöser, den wahren Messias.

Nun haben wir gehört, dass Muck die Sintflut-Geschichte auf jene Teilflut der Atlantis-Katastrophe zurückführt, die im Osten ihr Unwesen trieb und das Gebiet von Mesopotamien besonders in Mitleidenschaft gezogen hat.

Demnach ist also der Mythos von der „Sündflut" letztendlich auf das Erbe von Atlantis zurückzuführen.

Bevor wir jedoch genauestens untersuchen wollen, wie dieser Mythos und somit weite Teile unserer Religion in unsere Kulturwelt Aufnahme fand, was theologisch gesehen, wirklich dahintersteckt, müssen wir uns zunächst einmal ganz kurz die Beweise ansehen. Gibt es denn überhaupt eine Berechtigung, von einer Großen Flut zu sprechen, die einst Mesopotamien heimgesucht und so den Mythos von der Sintflut ins Leben gerufen hat?

---

[127] Sintflutbericht der Menge-Übersetzung entnommen.

Die Sintflut: Die geologische Seite

Was die geologische Seite der Sintflut-Überlieferung betrifft, so weisen sowohl Muck als auch Aschenbrenner wie viele andere Autoren darauf hin, dass Leonard Woolley und seine Mitarbeiter bei ihren Grabungen in Warka-Ur im Jahr 1928 auf ein unzweifelhaftes Relikt der Sintflut gestoßen waren. Es handelt sich um eine zweieinhalb Meter mächtige, völlig fundleere Schwemmlehmschicht weit unter den frühsumerischen Königsgräbern, etwa zwölf Meter unter der heutigen Oberfläche.

Muck war überzeugt davon, dass nur ein Aschen- und Schlammregen wie jener vor rund 10.000 Jahren, der alles wegwusch, was ihm in den Weg kam, eine feinkörniglehmige Schwemmtonschicht erzeugen kann, der jeder archäologische Fund grundsätzlich fehlen musste weil alles, was hätte fossiliert werden können, vorher von den Regenfluten ins Meer gewaschen, hinweg gespült worden war.[128]

Ich möchte allerdings nicht verschweigen, dass es nach den Aussagen der Geologen Walter Pittman und William Ryan zu bezweifeln ist, dass es sich bei der Wooleyschen Schlammschicht tatsächlich um ein Relikt der Sintflut handelt, denn bei zahlreichen Bohrungen sei festgestellt worden, dass die Fläche, auf der sich die Ablagerungen befinden, sehr begrenzt sei. Pitman und Ryan mutmaßen, dass es sich hier möglicherweise lediglich um die Folgen eines einzelnen Dammbruchs am Euphrat handelt. Die beiden Autoren beschreiben Woolley als einen euphorischen und bibelgläubigen Autoren, um in diesem Zusammenhang gleich auf andere „Sintflut-Gläubige" und deren Motivation einzugehen.[129]

Ich kann nicht beurteilen, ob der bibelgläubige Woolley, der von einem Sintflut-Relikt spricht, und somit auch Muck, der dessen These vertritt, Recht haben oder Pitman und Ryan, die von einer Sintflut in Mesopotamien grundsätzlich nichts wissen wollen. Sollte Muck Recht haben, scheint es logisch, dass die Fahr- und Flugzeuge der atlantischen Besatzungsmacht auf Nimmerwiedersehen verschwanden. Zunächst wurden sie durch die heiße Lava entstellt, später durch heiße und giftige Eruptionsgase bearbeitet, und wenn überhaupt noch etwas übrig blieb, wurden die Reste schließlich durch die Schlamm-Regen-Massen in den weiten Ozean verschleppt.

Es passt auch ins Bild, dass Vögel in der Arche waren, denn durch die giftigen und heißen Gase und den Schlamm hätten sie wohl kaum eine Überlebenschance gehabt. Sehr interessant sind auch die Hinweise auf die „Brunnen der Tiefe".

Nun ist es aber ärgerlich, dass Atlantis uns ausgerechnet die Beweise für seine hohe Zivilisationsstufe nicht hinterlassen hat. Statt dessen hinterließ sie uns im mesopotanischen nachsintflutlichen Gebiet eine ausgewaschene Bodenschicht, wobei sämtliche potenziellen archäologischen Funde gänzlich vernichtet und weggespült wurden.

Wir haben also ein Indiz (wobei wie gesagt, Woolleys Befund umstritten ist) für die Echtheit des Sintflutgeschehens, aber keinen Beweis für die hohe Entwicklungsstufe

---

[128]   S. Otto H. Muck: Alles über Atlantis.
[129]   Walter Pitman und William Ryan: Sintflut.

der atlantischen Besatzungsmacht. Diese verrät sich lediglich aus den Überlieferungen der Ägypter, Sumerer und anderer Völker, sowie aus den (zugegeben wenigen) Funden, die bereits erwähnt wurden.

Nachdem wir nun die Hinweise auf die Echtheit der mesopotamischen „Sintflut" gesehen haben, wird es Zeit, auf die Frage einzugehen, auf welche Weise dieser Mythos, so wir er sich heute in der Bibel liest, in unsere Religion Einzug halten konnte.

Der theologische Hintergrund der „Sintflut" – Moses und die sumerische Vorlage

Die theologische Seite der Sintflut-Geschichte ist der Hinweis auf einen Gott, der die Menschen vernichten will, weil sie böse geworden waren; und die Tiere gleich mit. Ich glaube an Gott. Aber an so einen? Ich kann mir nicht (mehr) so recht vorstellen, dass ein Gott, der die Menschen geschaffen hat, diese vernichten will, weil sie „böse" geworden sind, und als Zugabe die Tiere noch dazu! Handelt es sich hier um einen Mythos, der um ein reales Geschehen gebaut wurde? Die Atlanter können dieses Mal nicht dahinter stecken, denn sie wurden ja als erste von der Katastrophe überrascht. Schauen wir uns einmal einen älteren Sintflutbericht aus jener Gegend an, der vielleicht etwas Licht ins Dunkel bringen kann: Den *Gilgamesch-Epos*.

Der *Gilgamesch-Epos* wurde auf zwölf Tontafeln entdeckt, die man in Ninive aus den Ruinen des Assyrerkönigs Assurbanipal ausgrub. In diesem Epos wird unter anderem eine Große Flut beschrieben.

Werner Papke übersetzte das Werk bereits vor Jahren. Er befürwortet allerdings eine rein astronomische Deutung. Nachfolgend möchte ich ein paar Auszüge zitieren:

„Zu Gilgamesch sprach darauf Utnapischtim: ,Etwas Verborgenes will ich dir, o Gilgamesch, enthüllen, ein Geheimnis der Götter will ich dir verkünden. Schurrupak, du kennst diese Stadt. Sie ist am Ufer des Euphrat gelegen. Diese Stadt war schon alt; in ihrer Mitte waren die Götter. Da beschlossen die großen Götter in ihrem Herzen, eine Sintflut kommen zu lassen, auch Anu, ihr aller Vater, plante mit ihnen, Enlil, der Held, der sie berät, ihr Stellvertreter Ninurta, Ennugi, ihr Deichvorsteher, der klarsichtige Gott Ea saß mitten unter ihnen. Ihre Worte gab einer Rohrhütte er wieder: Rohrhütte! Rohrhütte! Wand! Wand! Höre, o Rohrhütte! Halle wieder, o Wand! Du Mensch aus Schurrupak, Sohn des Ubara-Tutu! Reiß nieder dein Haus, bau dir ein Schiff! Lass fahren all deine Habe, dein Leben suche zu retten! Nimm allerlei lebend'gen Samen in dein Schiff hinein! Das Schiff, das du erbauen sollst, soll diese Maße haben: Gleich sollen sein die Länge und die Breite. Wie der Apsu soll es bedeckt sein!' Da ich's verstand, sprach ich zu Ea, meinem Herrn: ,Siehe da, mein Herr, was du mir aufgetragen hast, darauf hab ich geachtet ehrfurchtsvoll und will es tun. Doch was soll der Stadt ich entgegnen, den Bürgern und Ältesten?' ,Ea sprach zu mir, seinem Knecht: ,O Mensch, sprich so zu ihnen: Weil nun Enlil mich verstoßen hat, will ich auch in eurer Stadt nicht länger wohnen und nicht sehr auf Enlins Boden meine Füße stellen Sondern will hinab zum Apsu steigen und bei Ea wohnen, meinem Herrn.'" (1. Tafel 11, 8-42)

„Als der Morgen gerade zu dämmern begann, scharten sich um mich die Leute. Der Zimmermann brachte mir das Bauholz. Die Kinder trugen Erdpech her, die starken Männer brachten alles Nötige. Am fünften Tag entwarf ich dann sein Rahmenwerk. Ein iku maß seine Bodenfläche. Je hundertzwanzig Ellen waren seine Wände hoch, je hundertzwanzig Ellen die vier Kanten seiner Decke lang. Ich entwarf seine Räume und fügte sie dann zusammen. Sechs Zwischenböden legte ich an, in sieben Stockwerken teilte ich es ein. Die Bodenflächen teilte ich in je neun Teile. In mittlerer Höhe trieb ich Wasserpflöcke hinein. Stangen besorgte ich auch und schaffte Vorrat heran. Sechs Saren Erdpech warf ich in den Ofen und goss drei Saren Asphalt dazu. Drei Saren Öl trugen die Korbträger außer einem Sar Öl, das zum Verzehr gebraucht wurde. Nebst einem Sar Öl, das der Schiffer heimlich verstaute." (48-69)

„Das Schiff wer fertig..., schwierig war der Stapellauf, man musste vorne und hinten...anbringen, bis das Schiff zu zwei Dritteln im Wasser lag. Alles, was ich hatte, lud ich ein. Alles, was an Silber ich besaß, lud ich ein. Alles, was an Geld ich hatte, lud ich ein. Alles, was an lebendigem Samen aller Art ich hatte, lud ich ein. Meine ganze Familie, alle die mit mir verwandt, ließ ins Schiff ich steigen. Dann ließ ich das Wild der Steppe, die Steppentiere und alle Handwerkssöhne hineingehen. Sohamasch setzte mir dann auch den Zeitpunkt fest: ‚Wenn der Sturmgebieter am Abend einen Hagelregen schicken wird, dann sollst du in dein Schiff einsteigen und die Türe zuschließen.' Der bestimmte Zeitpunkt kam herab. Der Sturmgebieter ließ am Abend einen Hagelregen kommen. Ich sah das Wetter mir an. Furchtbar war das Wetter anzuschauen. Da stieg ich in das Schiff hinein und schloss die Türe zu. Das Schiff nun startbereit zu machen, gab ich Befehl dem Schiffer Puzur-Amurri und vertraute ihm die Arche mit allen Insassen an. Als der Morgen gerade zu dämmern begann, stieg eine schwarze Wolke vom Horizont empor. Adat donnert darin. Schullat und Ohaniseh ziehen vor ihm her über Berg und Tal als Herolde. Erragal reißt die Stöpsel heraus, es eilt Ninurta dahin, dass die Dämme brechen. Die Annunaki hoben Fackeln empor, die Erde mit ihrem Glanz zu erleuchten."[130] (76-104)

„Bestürzt wurde der Himmel um Aads Willen, der alles Licht in Finsternis verwandelt. Da zerbrechen die Schollen der Erde wie ein irdener Krug. Einen Tag lang tobte der Orkan...Raste immer schneller, die Wasser...alle Berge...wie ein Schlachtgetümmel...keiner sieht den anderen mehr. Auch vom Himmel her kann man die Menschen jetzt nicht mehr erkennen. Die Sintflut versetzte die Götter in Schrecken. Sie flohen und stiegen zum Himmel des Anu hinauf. Die Götter kauern wie ein Hund und ducken an der Außenmauer sich. Ischtar schreit wie eine Gebärende, die Götterherrin klagt mit lautem Schrei:

‚Fürwahr, zu Lehm geworden die alte Welt, nur weil ich Unheil gebot in der Götter Versammlung! Wie konnt' in der Götter Versammlung ich Unheil gebieten, die Schlacht zur Vernichtung (all) meiner Menschen befehlen? Wenn ich doch selber es war, welche die Menschenkinder gebar? Wie Fischbrut so zahlreich erfüllen sie das Meer.' Die Annunaki- Götter klagten mit ihr, die Götter sind niedergebeugt und sitzen im Klagen .... Sechs Tage, sieben Nächte wütete der Sturm, die Sintflut, der Orkan fegt über die Erde hinweg. Als nun der siebente Tag anbrach, da schlug der Orkan die

---

[130] Die Übersetzung gerade der letzten beiden Verse wird angezweifelt. Edith und Alexander Tollmann (Und die Sintflut gab es doch) bestehen darauf, dass es sich um eine falsche Übersetzung handelt. Sie sind überzeugt davon, dass eine Übersetzung, die auch Kurt Aschenbrenner (Die Antilliden) verwendet (Er gibt Das Gilgamesch-Epos, Stuttgart 1988, als Quelle an) richtig ist. Dort heißt es: „Die Annunaki hoben Fackeln empor; mit ihrem grausigen Glanz das Land zu entflammen."

Sintflut, das Schlachtgetümmel nieder, die wie eine Kreißende gewütet hatte, das Meer wurde ruhig, der unheilvolle Sturm legte sich, die Sintflut hörte auf. Ich schaute auf das Meer, still war es ringsum, und die ganze Menschheit war zu Lehm geworden. Da öffnete ich weit das Fenster. Die Sonnenstrahlen fielen auf mein Angesicht. Nieder kniete ich, setzte mich und weinte, Tränen flossen über mein Gesicht. Ich schaute in alle Richtungen aus nach den Ufern des endlosen Meeres: da tauchte in einer Entfernung von zwölf ... ein Landstrich auf. Am Berg Nisir war das Schiff gestrandet. Der Berg Nisir erfasste das Schiff und ließ es nicht schwanken. Einen dritten Tag und einen vierten Tag erfasste der Berg Nisir das Schiff und ließ es nicht schwanken. Als der siebente Tag anbrach, gab ich eine Taube hinaus und ließ sie fliegen. Die Taube flog davon und kam zurück: sie fand keinen Ruheort und kehrte um. Dann gab ich eine Schwalbe heraus und ließ sie fliegen. Die Schwalbe flog davon und kam zurück: Sie fand keinen Ruheort und kehrte um. Einen Raben gab ich nun hinaus und ließ ihn fliegen. Der Rabe flog davon, und als er sah, dass das Wasser schwand, fraß er, im Schlamm watend, krächzte und kehrte nicht um. Da ließ ich alles hinaus nach den vier Winden und brachte ein Tieropfer dar."[131] (105-155)

Was die theologische Seite dieses Berichtes betrifft, so haben wir hier ein ganz komplexes Bild, das deutliche Rückschlüsse auf das Entstehen der im Alten Testament enthaltenen „Sintflut-Schilderung" zulässt.

Der Ursprung von „Sünde" und „Teufel" und der Götterstatus der Atlanter

Wenn wir den *Gilgamesch-Epos* weiter verfolgen, lesen wir von zwei Göttern, die sich vollkommen uneins waren. Ein Gott hatte die Vernichtung der Menschheit gefordert, diese bei der Götterversammlung auch durchgesetzt, doch ein anderer rettete entgegen des Kollektiventscheides einige Menschen und Tiere.

Wie kommen nun die Schreiber dieses Berichtes auf eine Geschichte von Göttern, die sich uneins waren? Ganz einfach: weil es früher so war! Wir haben bereits den Turmbau zu Babel analysiert. Wie konnten die Prä-Sumerer die „Himmelskammern der Götter" nachbauen? Ich glaube kaum, dass die Atlanter ihre Luftwaffe ständig präsent hatten. Man wollte seinen Götterstatus behalten, nicht zeigen, dass man eben auch nur eine lediglich technisch fortgeschrittenere menschliche Zivilisation war. Und so weihte man die Sumerer *schrittweise* in die Welt des Wissens, der Technik ein, die man bewusst im Glauben ließ, dass man eben die „Götter" sei , die ihnen dieses Wissen und diese technischen Fähigkeiten brachten. Die „Götterschaft" zu beweisen, dürfte mit den technischen Möglichkeiten der Atlanter kein Problem gewesen sein, immer darauf bedacht, nicht zu viel an den Mann kommen zu lassen, denn man wollte ja auch seinen Status als (heimliche) Kolonialmacht nicht riskieren.

---

[131] Auszug aus der Übersetzung des Gilgamesch-Epos von Werner Papke aus dessen Buch: Die geheime Botschaft des Gilgamesch.

Doch offensichtlich war da einer, der falsch spielte. Ein „Gott", ein atlantischer Verwalter in Alt-Sumer hatte andere Ideen. „Ihr könnt auch so werden wie die Götter" sagte er, half den Sumerern, jene „Himmelskammern" nachzubauen. Doch seine Vorgesetzten ließen sich das nicht gefallen: Sie zerstreuten das Volk. Und sie erklärten immer wieder, wie böse es sei und dass es bestraft werden müsse. Letzteres war wohl mehr eine Floskel, um sich die Sumerer gefügig zu halten. Als dann aber die Sintflut hereinbrach, war für die Alt-Sumerer klar: Das ist die Strafe der Götter für unsere Sünden! Und so wurde es überliefert. Und für diejenigen, die die Flut überlebt haben, war später klar, dass auch in diesem Falle sich die Götter uneins waren. Und so entstand der Mythos um Gilgamesch und die Götter.

Als Moses in der Bibliothek des Pharaos diese Vorlage erblickte, befand er sich in einem Dilemma. Nach seiner Religion durfte es nur einen Gott geben. Und dieser Gott beschloss also den Untergang der Menschheit, war knallhart, andererseits aber rettete er eine Familie vor dem sicheren Untergang und schloss dann einen Bund mit ihnen, versprach, keine Sintflut mehr zu schicken.

Aber was hatte der Mensch denn Böses getan? „Sein Trachten in seinem Herzen war böse!" Das war alles! Und direkt vorher ist die Rede davon, dass die „Menschenkinder" mit den „Gottessöhnen" Unzucht trieben. Diese Rassenvermischung war sicher nicht im Sinne der Atlanter, und so wurde das Volk dafür eben auch getadelt!

Nun geht aber aus den sumerischen Unterlagen eindeutig hervor, dass da ein Gott war, der eine etwas andere Philosophie hatte als die anderen Götter. Einer, der die Menschen den Göttern gleich machen wollte, statt blinden Gehorsam gegenüber den „Göttern" zu erwarten. Wie kann man einen solchen Gott in eine monotheistische Religion einbauen? Moses erfand die Schlange im Paradies. Das Motiv der „Schlange" entnahm er wohl auch älteren Überlieferungen, in denen von der „Schlange, die vom Himmel fällt" (wir werden darauf noch zu sprechen kommen) und anderen Schlangenmythen die Rede ist. Die vom Himmel fallende Schlange ist sicherlich ein Hinweis auf den Einschlagkörper bei der Atlantis-Katastrophe. „Esst von dem Baume der Erkenntnis, und ihr werdet sein wie Gott", ließ er die Schlange sprechen. Und er (Moses) statuierte ein Exempel. Wer auf diese Schlange, den Urbegriff des Bösen, hört, wird aus dem „Paradies" vertrieben und mit dem Tode bestraft. Denn Moses war auch an blindem Gehorsam gegenüber seinem Gott interessiert. Das Bild der „Schlange" konnte sich natürlich auf Dauer nicht als Gottes böser Gegenspieler etablieren, und so trat später das Bild des gefallenen Engels, nämlich des Teufels und seiner Dämonen, an dessen Stelle.

Unsere Religion basiert also auf einer willkürlichen Manipulation der alt-sumerischen Texte durch einen ehrgeizigen Mann, der eine eigene Religion aufbauen wollte. Oder aber Mose hat ihm bekannte Fragmente aus dem *Gilgamesch-Epos* und anderer Überlieferungen lediglich interessehalber abgekupfert und jemand anders hat irgendwann möglicherweise ein Tagebuch des Moses gefunden und dann unter Moses' Namen eine Religion gegründet. Jedenfalls scheint klar, wie die Sintflut-Überlieferungen in das Alte Testament eingebracht wurden und wie somit die Begriffe „Sünde" und „Teufel"

Grundpfeiler der jüdischen, christlichen und islamischen Religion wurden, die heute eine so große Rolle in unserer Gesellschaft spielen.

Die Große Flut selbst freilich, auf die das alles aufbaut, wurde durch den Untergang von Atlantis ausgelöst, und somit sind alle drei monotheistischen Weltreligionen mit all ihren Abarten und Variationen auf das Vermächtnis von Atlantis zurückzuführen.

Da die Atlanter offensichtlich in nahezu allen Ländern, in denen es als Kolonialmacht einfiel, als „Götter" verehrt wurden und sich auch als solche verehren ließen (das ist ja auch viel gesünder als eine kriegerische Invasion), ist anzunehmen, dass ein Großteil der Göttersagen in der ganzen Welt auf jene heimliche vorsintflutliche Kolonialmacht zurückzuführen ist. Wie Donovan schon sagte: „All gods who play in the mythological dramas, in all legends from all lands were from fair Atlantis." Die Göttergeschichten der ganzen Welt sind ein weiteres Erbe von Atlantis!

Abgesehen von dieser Interpretation klingt im Epos jedoch noch eine ganz realistische Schilderung von Göttern an, die in der Ecke kauerten und gen Himmel flohen. Wird hier womöglich beschrieben, wie die atlantischen Kolonialherren, zitternd und bebend vor Angst, einen letzten Versuch starteten, mit ihren Fluggeräten zu fliehen, obwohl diese Aktion zum Scheitern verurteilt war?

Weitere Sintflut-Schilderungen aus Gebieten östlich des Katastrophenherdes

Im *Gilgamesch-Epos*, die vermutliche Vorlage für den biblischen Sintflut-Bericht, sind Hinweise auf mehr Vorgänge als nur die Wasserflut vorhanden, die Rede ist ebenso von Stürmen und Orkanen, von Dunkelheit, von Hagel und (evtl.) von Feuer.

Der *Koran* schildert noch einige interessante Details, die zeigen, dass hier von mehr als Regen und Wasserfluten die Rede ist:

„... die Oberfläche der Erde brodelte... die Arche hob und senkte sich... auf Wellen, die so hoch wie die Berge waren." (7. Sure)

Dieses heilige Buch der Moslems ist auch deshalb für uns interessant, da es von einem vorsintflutlichen Volk namens „Ad" berichtet, das bei der Sintflut unterging...

Es gibt noch andere Sintflutsagen aus dem mesopotanischen Raum, die alle den aufgezählten Geschichten sehr ähneln. Auf eine Wiedergabe möchte ich an dieser Stelle verzichten.

Wie sieht es aber mit der anderen großen Kolonie des atlantischen Imperiums aus, mit Ägypten? Gibt es auch dort Überlieferungen von der Großen Flut?

Ich zitiere aus den Grabtexten Seti I. und Ramses III., die in etwa wie folgt lauten sollen:

„Es ist in der Zeit, da Re alt wurde, der Gott, der sich selber geboren hat ... der König der Menschen und Götter. Da führten die Menschen Reden gegen ihn, als seine Majestät alt geworden war... und da hörte seine Majestät die Reden der Menschen. Da sagte er zu denen, die zu seinem Gefolge gehörten: ‚Rufet mir doch mein Auge herbei, und Schu, Tafnet, Geb und Nut!' ... die Götter wurden herbeigeholt... Sie sprachen zu Seiner Majestät: ‚Rede zu uns, damit wir hören!' Re sagte zu Nunu: ‚Du ältester Gott, aus dem ich entstanden bin, und ihr Göttervorfahren! Sehet die Menschen ... sie haben Pläne wider mich ersonnen. Sagt mir, was ihr dagegen tatet. Sehet, ich möchte es vermeiden, sie zu töten, bis ich gehört habe, welcher Ansicht ihr seit.' Die Majestät des Nunu sagte: ‚Mein Sohn Re, du Gott, der größer ist als sein Erzeuger und gewaltiger als sein Schöpfer! Setze dich auf deinen Thron! Groß ist die Furcht vor dir, wenn dein Auge gegen die auszieht, die sich gegen dich empört haben. Die Majestät des Re sagte: ‚Sehet, sie fliehen in die Wüste, da Ihr Herz sich fürchtet um dessentwillen, was sie gesagt haben.' Die Götter sprachen zu seiner Majestät. „Lass dein Auge hingehen und die Empörer mit Unheil schlagen. Das Auge bleibe nicht an der Stirn. Es steige als Hat-Hor herab."[132]

Was ist mit dem linken Auge des Re gemeint? Zunächst einmal haben wir hier wieder einmal das Motiv des zu mächtigen und zu wissenden Menschen, der gegen die Götter rebelliert. Der Mensch war zu wissend geworden, also musste er von den Göttern be-

---

[132] Zitiert aus Alles über Atlantis von Otto H. Muck (Muck hat diesen Aufsatz Das linke Auge des Re von Dr. Trofiimowitsch entnommen).

straft werden. Bekamen die Prä-Ägypter ebenfalls, wie die Prä-Sumerer, Strafe angedroht, da sie den „Göttern" immer ähnlicher zu werden drohten, und so den Götter/Kolonialmacht-Status der Atlanter auf längere Sicht gefährdeten?

Muck betont, dass sowohl am Nil als auch am Hellas die menschliche Überheblichkeit von den Göttern bestraft worden sei. Die Überheblichkeit der Atlanter war nach den Hieroglyphen die Ursache für die Sintflut. Um sie zu strafen, stieg das Auge Res von dessen Stirn herab auf die Erde und schlug sie mit Unheil. Und so fragt sich Otto Muck, was dieses „Auge" war. Er verweist darauf, dass der Text die wohl bekannte Augenhieroglyphe neben das Determinativzeichen für die Götter stellte, nämlich die sich aufbäumende Uräus-Schlange. Muck weiter: „Jenes, was als Auge Res galt, war zwar sein ‚linkes' Auge, tritt hier in spezifisch göttlicher Form als numiose Wirkkraft an sich auf; als Sechmet, die Mächtige.[133]

Interessant ist hier die Erwähnung dieser sich aufbäumenden Uräus-Schlange. Es liegt nahe, anzunehmen, dass Moses hier Anleihe gemacht hat, als er „seine" Schlange im Paradies sprechen ließ, und das Bild der „Schlange" kommt schließlich noch öfter im *Alten Testament* vor.

Im Leydener demeotischen Papyrus lesen wir:

„Sechmet verwandelte sich in die schöne Gestalt einer wütenden Löwin. Sie warf ihre Mähne von sich. Ihr Fell rauschte vor Feuer. Ihr Rücken war blutfarben. Ihr Antlitz glänzte wie die Sonnenscheibe, ihr Auge glühte wie Feuer. Ihre Blicke loderten vor Flammen und strahlten Feuer aus wie die Mittagssonne...sie glänzten davon ganz...Alle in ihrer Nähe fürchteten sich ob ihrer Kraft. Die Wüste staubte, wenn sie mit dem Schweife schlug. Sand wirbelte auf, wenn sie mit den Zähnen knirschte. Die Wüste spie Feuer, wenn sie die Krallen wetzte. Die Wälder von Huri-Bäumen verdorrten, da ihre Nüstern Rauch ausbliesen … in der Stunde bedeckte die Wüste ihr Antlitz, die Berge wurden schwarz, die Sonne verfinsterte sich am Mittag, und man sah den Himmel nicht mehr..."[134]

Wir erwähnten bereits eine sehr interessante Legende, die vom koptischen Geschichtsschreiber Masud (al Masudi) im Stil sorgfältiger Berichterstattung niedergeschrieben wurde. Nachfolgend eine weitere Zusammenfassung, die an das o.g. Zitat denken lässt.

Der prädynastische König Surid habe geträumt, so heißt es, dass eine große Überschwemmung und Brände über die Welt hereinbrechen würden, wenn sich die Sonne in der Mitte des Zeichens Löwe befände. Und er befahl daraufhin den Bau der großen Pyramiden, Khufu (griechisch Cheops) und Khafra (Chefren) „und ließ auf ihren Wänden alle geheimen Wissenschaften, die Konstellationen der Gestirne und alles, was man über die Arithmetik und die Geometrie wusste, aufzeichnen… damit es zum Zeugnis diene für jene, die es einst zu deuten verstünden."[135]

---

[133] Otto H. Muck: Alles über Atlantis.
[134] Zitiert aus: Otto Muck: Alles über Atlantis.
[135] Charles Berlitz: Die Suche nach der Arche Noah.

Diese Geschichte würde erklären, warum die Sphinx einen Löwenkörper erhielt. (Möglicherweise trug sie ursprünglich auch einen Löwenkopf, der später durch den Kopf des Pharao Chefren ersetzt wurde, denn der heutige Kopf „passt" von den Proportionen her nicht richtig und zeigt auch keine Wassererosionsspuren.

In einem weiteren interessanten Bericht geht es um die beiden Katzengöttinen Bast und Sechmet, die von den Göttern ausgesandt worden waren, um die Menschheit zu vernichten. Katastrophen und blutige Gemetzel brachten Bast und Sechmet beinahe an ihr Ziel, da erkannten die Götter mit einem Male, dass sie niemand mehr verehren würde, wenn es keine Menschen mehr gäbe. Daraufhin versetzten sie das Wasser mit Bier; und als die Katzengöttinnen davon tranken, schliefen sie ein und vergaßen ihre Sendung.[136]

Hier fällt auf: Muck hatte „Sechmet" mit dem „Auge Res gleichgesetzt. Und nach der Beschreibung des von Muck zitierten Textes ist für ihn klar, dass es sich hier um die Beschreibung „seines" „Planetoiden A" gehandelt habe, der auch Ägypten stark gestreift und damit in Mitleidenschaft gezogen haben soll.

Die Erwähnung des Schweifes scheint zunächst mehr für das Szenario des Ehepaares Tollmann zu sprechen. Diese schreiben, der Komet sei aus südöstlicher Richtung gekommen, und so sei Ägypten stark von jenem Kometenfragment, das in den indischen Ozean eingeschlagen war, getroffen worden. Und deswegen wären hier auch die bereits erwähnten Umweltgifte so stark gewesen, dass sie in jener Gegend Wasser und Land rötlich-braun färbten („Bier wurde über das Nilland gegossen"). Wenn wir uns aber Mucks Szenario ansehen, soll der „Planetoid A" aus nordwestlicher Richtung gekommen sein; die gleichen Wirkungen können also durchaus von einem im Atlantik eingeschlagenen Planetoiden verursacht worden sein.

Ließ tatsächlich einst ein ägyptischer König, der eine Vision von der Großen Flut hatte, die Pyramiden eigens dafür bauen, um Beweise für die Existenz des prädiluvialen Hochstandes zu erhalten, weil er wusste, durch die kommende Flut würde alles vernichtet werden? Edgar Cayce könnte dieses Informationen aus dem „kollektiven Unterbewussten" gezogen haben.

Hat ein atlantisch/ägyptisches vorsintflutliches Komitee hier tatsächlich ein bewusstes Testament hinterlassen, das „als Zeugnis dienen soll für jene, die es einst zu verstehen wüssten?" Ich finde, der Gedanke ist gar nicht so abwegig, und ich werde ihn später auch wieder aufgreifen.

Die griechisch-römische Überlieferung sagt uns folgendes:

„Deukalion und Pyrrha waren zusammen mit ihren Kindern und einer Anzahl wilder und zahmer Tiere in einem kastenförmig gebauten Schiff gerettet worden. Das Schiff war am Parnass gestrandet, und so bevölkerten sie die Welt aufs neue, so wie es ihnen von den Göttern befohlen worden war; indem sie, während sie den Berg hinabstiegen,

---

[136] Zitiert aus: Charles Berlitz: Auf der Suche nach der Arche Noah.

Steine hinter sich warfen. Und dabei hatten sich die von Männern geworfenen in Männer, und die von Frauen geworfenen in Frauen verwandelt."[137]

Gehen wir weiter nach Osten und betrachten die altpersische Überlieferung: Hier heißt der Held der Sintflut-Legende Jima. Er nahm 1000 Paare auf. Seine Arche war ein unterirdischer Bunker; er nannte ihn „vara". Dieser war aus Lehm gebaut, drei Stockwerke tief, mit breiten Gängen in der Mitte, so lang wie eine Pferdebahn. Seine Gefährten wurden sorgfältig auf Lepra, Charakterfestigkeit und schlechte Zähne hin überprüft. Jima und seine gesunden Begleiter blieben unter der Erde, während Brände, Erdbeben und Überschwemmungen das Land verwüsteten. und kamen erst wieder an die Oberfläche, als die Katastrophe vorbei war.[138]

Hier fällt auf, dass auch von Erdbeben und Bränden die Rede ist. Offensichtlich wird hier auch bereits die Flucht unter die Erde geschildert.

Die frühindischen Epen, das *Puranata* und das *Mahabharata*, berichten uns folgendes:

„Manu und sieben andere überlebten die Katastrophe. Der Gott Vishnu zog in Gestalt eines großen Fisches, der ein großes Horn auf seinem Kopf trug, woran ein Tau befestigt werden konnte, das Schiff zum Berg Himavet in Nordindien."[139]

Aus einem von chinesischen Gelehrten aufgezeichneten Werk geht folgendes hervor:

„…Die Erde erzitterte in ihren Grundfesten. Der Himmel im Norden senkte sich. Sonne, Mond und Sterne veränderten ihren Lauf. Die Erde brach entzwei; die Wasser in ihrem Inneren stiegen empor und überfluteten die Welt. Der Mensch hatte sich den hohen Göttern widersetzt; und das Universum war aus den Fugen geraten. Die Planeten änderten ihren Lauf und die große Harmonie des Universums und der Natur geriet aus dem Gleichgewicht."[140]

Hier haben wir erstmals einen Hinweis auf das „Torkeln" der Erde, der Verstärkung der Präzession.

Wir stellen fest: Es gibt zahlreiche Hinweise auf die Große Flut weit östlich des Katastrophenherdes.

Laut Muck müsste es aber, wie bereits erwähnt, *zwei* Regengebiete geben.

Für Muck waren ja der Aschenauswurf plus der Salzgehalt des mittransportierten Meerwassers die Quelle für die Entstehung jenes unwahrscheinlich großen Regengebietes. Die Wolken waren von der Asche tiefschwarz gefärbt, mussten wohl recht bedrohlich gewirkt haben und sie hingen schwer am Himmel.

Der in den höheren Breiten vorherrschende Weststurm soll diese unheilvollen Gebilde gen Osten, in die Landtafeln der Alten Welt, getrieben haben. Und Hinweise hierfür

---

[137] s. z. B. Charles Berlitz: Auf der Suche nach der Arche Noah oder Otto Muck: Alles über Atlantis.
[138] Charles Berlitz: Auf der Suche nach der Arche Noah.
[139] Charles Berlitz: Auf der Suche nach der Arche Noah.
[140] Zitiert aus Charles Berlitz: Auf der Suche nach der Arche Noah.

haben wir möglicherweise in den Ergebnissen von Woolley und in den Überlieferungen, nicht zuletzt in unsrer eigenen Sintflut-Überlieferung, gefunden.

Nun soll aber nach Muck ein zweites Regengebiet entstanden sein. Verantwortlich hierfür war der Ostpassat, der den unheilvollen „Regen" über die tropischen Gebiete der Neuen Welt verfrachtet haben soll.

Das hieße also, auch westlich vom Katastrophengebiet müssten wir Sagen von der Großen Flut vorfinden. Wir sollten uns nun also nach Westen wenden.

Die Sintflut westlich des Katastrophengebietes – ein weiteres schreckliches Erbe von Atlantis

Nachdem wir nun ausführlich das Zustandekommen unserer Sintflutlegende sowie potenzielle Beweise und weitere Sintflutsagen östlich des Katastrophengebietes besprochen haben, die bis nach China und Indien reichten, schauen wir uns nun einmal im Westen um. In einer Inka-Legende ist die Rede von einem Überlebenden, der an der Art, wie seine Lamaherden ständig traurig zum Himmel emporschauten, erkannte, dass eine Sintflut nahte. Auf diese Warnung hin bestieg er einen hohen Berg und auf diesem waren er und seine Familie vor der bevorstehenden Flut sicher. In einer anderen Inkalegende wird erwähnt, dass es sechzig Tage und sechzig Nächte regnete.[141]

Die Gurani-Indianer an der Ostküste Südamerikas berichten von einer Legende über Tamandere, der, als der Große Regen einsetzte, und die Erde zu bedecken begann, im Tal blieb, anstatt mit seinen Gefährten auf die Berge zu fliehen. Als das Wasser höher stieg, kletterte er auf eine Palme und aß während er abwartete, Früchte. Die Palme wurde schließlich von den immer weiter steigenden Fluten entwurzelt, und Tamandere und sein Weib trieben auf dem Baum wie auf einem Floß dahin, während das Land, der Wald und zuletzt sogar die Gebirge verschwanden. Gott gebot den Wassern Einhalt, bis sie den Himmel erreichten. Tamandere, der sich jetzt auf der Spitze eines Berges befand, stieg von der Palme herunter, als er den Flügelschlag eines himmlischen Vogels als Zeichen dafür vernahm, dass die Wasser zurückwichen und machte sich daran, die Erde wieder zu bevölkern.[142]

Die Azteken und andere mittelamerikanische Völker kennen verschiedene Namen für die Überlebenden. Solche Namen sind z. B. Coxcox, Tezpi und Teocipactli. Das große Floß sei in ihren Erzählungen aus den Wurzeln der Zypresse gezimmert worden, einem Holz, aus dem möglicherweise auch die biblische Arche gebaut wurde. Die Vögel, die ausflogen und nicht zurückkehrten, waren Geier, die von den Leichen und Tierkadavern fraßen, die zusammen mit den Trümmern angeschwemmt worden waren, während der Vogel, der mit einem Blatt im Schnabel zur Arche zurückflog und es Coxcox (oder Tezpi oder Teocipactli) damit möglich machte, auf dem Berg von Colhuacan zu landen, der kleine Kilibri war. Nach dem Zurückweichen der Flut errichtete man in Choula eine hohe Pyramide, die im Fall einer neuerlichen Katastrophe als sicherer Zufluchtsort dienen sollte.[143]

Offensichtlich gab es also eine Sintflutkatastrophe in Mittelamerika, die durch mehrere Indianerstämme bezeugt wurde.

Muck berichtet zur Bestätigung seiner Theorie von Sintflut-Legenden aus dem mittel-/südamerikanischem Raum. So bezieht er sich auf die Arawaken in Guayana, Nordbrasilien und Kolumbien. Deren guter Gott Sigoo hätte, bevor die entsetzliche Flut

---

[141] Charles Berlitz: Das Atlantis-Rätsel.
[142] Charles Berlitz: Das Atlantis-Rätsel.
[143] Charles Berlitz: Auf der Suche nach der Arche Noah.

kam, alle Tiere und Vögel auf einen hohen Berg gerettet. Dort hätten sie die furchtbare Zeit der Finsternis und der Stürme überlebt, während das flache Land überschwemmt war. Der arawakische Makuschinstamm erzähle von einem ersten postdiluvialen Menschenpaar, das Steine wieder in Menschen verwandelte und dadurch die verwüstete Erde neu bevölkerte. Die guayanischen Arawaken würden sich an beides erinnern: an das vorangegangene Feuer sowie an die anschließende Sintflut, so wie es nach Mucks These auch zu erwarten ist.[144]

Die Schlange, die vom Himmel fiel

Wie sieht es aber weiter im Norden aus? Muck betont, dass die Mayavölker überwiegend im Bereich vorherrschender Westwinde wohnten und somit von der Sintflut nicht betroffen wurden. Ihr Gebiet sei durch die Vulkankatastrophe, durch Erdbeben und Feuer sowie durch die beim Einschlag des „Planetoiden A" entstandene Flutwelle verwüstet worden.

Muck zieht das fünfte Kapitel des Buches *Chilam Balams* als Beleg heran, das in der Mayasprache, aber in lateinischen Lettern geschrieben sei.

„...Dies geschah, als die Erde zu erwachen begann. Niemand wusste, was kommen würde. Ein feuriger Regen fiel, Asche fiel, Felsen und Bäume fielen zu Boden. Bäume und Felsen schlug er auseinander ... Und die große Schlange wurde vom Himmel gerissen ... und dann fielen ihre Haut und Stöcke ihrer Knochen herab auf die Erde ... und Pfeile trafen Waisen und Greise, Witwer und Witwen, die lebten und doch keine Kraft hatten zu leben. Und sie wurden am sandigen Meeresgestade begraben. Dann kamen furchtbaren Schwalles die Wasser. Und mit der Großen Schlange fiel der Himmel herunter und das trockene Land versank."[145]

Hierzu muss noch erwähnt werden, dass nach Muck der so genannte „Carolina-Meteor", der an der Ostküste Amerikas um die Stadt Charleston das so genannte Trichterfeld von Carolina sowie Landeinbrüche an der Küste erzeugte, ein Fragment des „Planetoiden A" war,[146] und somit werden Berichte von einer „großen Schlange, die vom Himmel fällt" und von „Pfeilen" (kleineren Meteorteilchen) verständlich.

Wir erinnern uns weiter, dass der Planetoid A auch Ägypten gestreift haben muss, und so wird auch das Urbild der Unheil bringenden Schlange in unseren Überlieferungen verständlich. Auch die erwähnte Uräus-Schlange, die Moses (bzw. jene, die seine Aufzeichnungen ausgeschlachtet hatten), später in „sein Paradies" gesetzt hat, und die später zum Teufel werden sollte, ist eine Erinnerung an den Unheilbringer, der Atlantis vernichtete. Und selbst in den Zeiten der biblischen Propheten, in denen die „Schlange" als Gegenspieler Gottes weitgehend ausgedient hatte, finden wir immer noch Hinweise auf diesen Planetoiden, der später die Gestalt des Teufels annehmen sollte. Die deutlichste Stelle in dieser Richtung ist Jes. 14.V. 12-17:

---

[144]   S. Otto H. Muck: Alles über Atlantis.
[145]   S. Otto H. Muck: Alles über Atlantis.
[146]   S. Otto H. Muck: Alles über Atlantis.

„Wie bist du vom Himmel gefallen, du schöner Morgenstern! Wie bist du zur Erde gefällt, der du die Heiden schwächtest! Gedachtest du doch in deinem Herzen: Ich will in den Himmel steigen und meinen Stuhl über die Sterne Gottes erhöhen; ich will mich setzen auf den Berg der Versammlung in der fernsten Mitternacht; ich will über die hohen Wolken fahren und gleich sein dem Allerhöchsten. Ja, zur Hölle fährst du, zur tiefsten Grube. Wer dich sieht, wird dich schauen und betrachten [und sagen]: ‚Ist das der Mann, der die Welt zittern und die Königreiche beben machte?' Der den Erdboden zur Wüste machte und die Städte darin zerbrach und gab seine Gefangenen nicht los."[147]

Die Bezeichnung „Morgenstern" wird bekanntlich heute für die Venus verwendet, die am Morgen, wenn sie einen guten westlichen Winkelabstand zur Sonne hat, noch in der Dämmerung gesehen werden kann. In biblischen Zeiten wurde sie oft mit Satan oder „Luzifer", dem Lichtträger, in Verbindung gebracht. Der Teufel, ein Lichtträger? „Ja, vor seinem Fall, da war er ja eine Lichtgestalt, einer der drei höchsten Engel," wird aus evangelikalen Kreisen argumentiert. Ich habe, um etwas Licht (wie passend) in den Begriff des Morgensterns zu bringen, Jes. 14,12 noch einmal in der Zunz-Übersetzung nachgeschlagen, und dort heißt es: „Wie bist du vom Himmel gefallen, Glanzstern, Sohn des Morgenrots; zu Boden geschmettert, Völkerbezwinger!"

Sohn des Morgenrots. Hieraus können wir schließen, das dieser „Glanzstern" während oder erst nach dem Morgenrot auffällt. Und noch eine interessante Wendung habe ich in der Fußnote der evangelikalen Scofield-Bibel gefunden. Dort wird Luzifer als „Stern des Tages" bezeichnet.

Deutlicher geht es schon beinahe nicht mehr. Da war ein Stern, der am Tage sichtbar war, zu Boden geschmettert wurde und den Erdboden zur Wüste machte. Es sind Erinnerungen an den Planetoiden A als „Stern des Tages". Dann gibt es Erinnerungen in Ägypten und im Maya-Gebiet an die Schlange, die vom Himmel fiel. Diesen Unheil bringenden Stern, diese Schlange, die vom Himmel fiel, konnte man niemals vergessen. Vergessen konnte man aber, dass ein „Stern" ein dermaßen gewaltiges Unheil anrichten konnte, und so ist es kein Wunder, dass dieser „Stern" im Nachhinein personifiziert wurde, dass die Gestalt eines „Teufels" entstand.

Und ebenso ist es kein Wunder, dass die Europäer, als sie in der neuen Welt ankamen, Symbole vorfanden, die denen des Christentums stark ähnelten. Denn sowohl unsere Religionen als auch die Überlieferungen der Indianer und Indios sind nicht nur geprägt von der Erinnerung an den Einschlag des Planetoiden A bzw. an die Sintflut, sondern sie stellen beide ein Erbe von Atlantis dar! Aus dieser Sicht ist der Gedanke der in Amerika angekommen Europäer auch gar nicht so verkehrt, die Ähnlichkeit der Symbole sei ein Werk des Teufels, denn letztlich gehen beide auf jenen Unheilbringer, der vom Himmel kam und auf die Erde stürzte, zurück.

Es war jetzt notwendig, diese Vergleiche zu ziehen zwischen der Schlange, die im Maya-Gebiet vom Himmel fiel, und jener, die in Ägypten populär wurde, das ja auch

---

[147] Scofield-Übersetzung (Luthertext v. 1914).

ein Gebiet war, das vom Planetoiden A gestreift wurde, aber nun kommen wir wieder zu den Mayas zurück.

Eine weitere Überlieferung der Mayas ist das *Popol Vuh*, eine in den Hieroglyphen der Mayas verfasste Chronik der Quiche-Mayas, die von den spanischen Eroberern verbrannt und später aus dem Gedächtnis in lateinischen Buchstaben wieder zusammengesetzt wurde. Es berichtet uns:

„Da wurden die Wasser von dem Willen des Herzens des Himmels (Hurrakan) aufgewühlt; und eine große Überschwemmung kam auf die Häupter dieser Kreaturen...Sie wurden verschlungen, und eine harzige Masse senkte sich vom Himmel herab;... das Antlitz der Erde verdunkelte sich, und ein schwerer (alles) verfinsternder Regen begann – Regen bei Tag und bei Nacht. Über ihren Köpfen hörten sie schreckliches Getöse, wie von Feuer. Da sah man die Menschen voller Verzweiflung herumlaufen und sich gegenseitig umstoßen, sie wollten auf ihre Bäume klettern, und die Bäume schüttelten sie ab; sie wollten sich in die Grotten flüchten, und die Grotten schlossen sich vor ihnen...Wasser und Feuer trugen zu der vollständigen Vernichtung zur Zeit der letzten großen Flutkatastrophe bei, die der vierten Schöpfung voranging."[148]

Auf den ersten Blick sieht es so aus, als ob auch hier die klassische Sintflut geschildert würde, allerdings wird hier nicht der wochenlang anhaltende Regen betont, sondern neben dem Regen werden Begleiter – Scheinungen wie eine „harzige Masse", „Getöse wie von Feuer" und „Verdunklung" berichtet. Hier scheint es sich doch eher um die Direktfolgen des Einschlags zu handeln, bei dem „Regen" dürfte es sich eher um immense Flutwellen gehandelt haben.

Muck benennt als weiteren Beleg zur Untermauerung seiner Theorie noch die nordamerikanischen Algonkin. Diese lebten unmittelbar in der Westwindzone, und daher erlitten sie auch keine sintflutartige Überschwemmung. Ihr Gott und Held Minabozho habe sich in die See gestürzt, sodass diese überschäumte und die Erde überschwemmte – ein Erinnerungsfragment an den Einschlag des Planetoiden A.[149]

Alexander und Edith Tollmanns schildern die Beschreibung der Navajo-Indianer Kaliforniens in zwei Versionen:

1. Version: „Endlich ereignete es sich eines Morgens, als sie aufstanden, dass im Osten etwas erschien, ebenso im Süden, Norden, Westen, es war wie eine Bergwand ohne Lücke, das sich rings um sie ausdehnte. Es war Wasser, das sich um sie herum befand, es war undurchschreitbar, unüberfahrbar, und alles flüchtete. Sie liefen im Kreise herum bis dahin, wo sie den Himmel erreichten..."

2. Version: „Eines Tages sahen die Menschen, wie die Tiere alle von Ost nach West rennen, tagelang. Am vierten Tage, als das Tageslicht sich erhob, sahen die Menschen im Osten einen starken, weißen Glanz und sie senden Heuschrecken aus als Läufer; die zusehen sollen, was da los ist. Diese kommen von der Nacht zurück und berichten,

---

[148] Charles Berlitz: Das Atlantis-Rätsel.
[149] S. Muck: Alles über Atlantis.

dass eine gewaltige Wasserflut herannaht. Die Menschen versammeln sich und beklagen ihr Schicksal. Am anderen Morgen ist die Flut da, wie ein Gebirge den ganzen Horizont, außer im Westen einnehmend..."

Die Choctaw-Indianer im Oklahoma-Mississippi-Gebiet erzählen:

„Da gab es eine vollständige Dunkelheit für lange Zeit über der ganzen Erde. Die Zauberer von Choctaw schauten lange Zeit nach dem Tageslicht aus, bis sie endlich daran verzweifelten, es jemals wiederzusehen. Und die ganze Nation war sehr unglücklich. Zuletzt wurde ein Licht im Norden entdeckt. und es wurde ein großes Freudenfest begangen, bis man entdeckte, dass es große Berge anrollender Wogen waren, die die Leute alle umbrachten..."

Die Pima berichten:

„Da geschah in einem Augenblick ein fürchterlicher Donner und ein schreckliches Krachen, ein grüner Wasserhügel erhob sich über die Ebene. Eine Sekunde lang schien er aufrecht zu stehen, dann wurde er durch einen grellen Blitzstrahl gespalten und wälzte sich vorwärts wie ein großes Tier, der Hütte des Propheten (der vor dem Kommen der Sintflut vergeblich gewarnt hatte) entgegen. Als der Morgen anbrach, war nichts Lebendiges mehr zu sehen, außer einem einzigen Menschen – wenn es überhaupt ein Mensch war.."[150]

Also, auch hier wird von Flutwellen und keiner permanenten Regenflut wie im südlichen Teil Mittelamerikas und dem nördlichen Brasilien berichtet.

Auch die Hopis erzählen nicht von permanentem Regen, sondern von Meereswellen, höher als jeder Berg, die das ganze Land überfluteten..."Die Kontinente brachen auseinander und versanken in den Wogen." Die Hopi hätten das Unglück auf dem höchsten Berg überlebt, während „alle die stolzen Städte vom Wasser überflutet wurden.[151]

Scheinbare Ungereimtheiten und die Erben vom „Land, in dem die Lichter nie verlöschen"

Kommen wir nun zu einigen scheinbaren Ungereimtheiten, auf die ich beim Recherchieren für dieses Buch stieß:

Eine Huronenlegende (Die Huronen lebten an den Großen Seen) besagt: „In früheren Zeiten lebte der Vater der indianischen Stämme (näher) zur aufgehenden Sonne. Nachdem er in einem Traum gewarnt worden war; dass eine Sintflut über die Erde kommen würde, baute er ein Floß, auf dem er sich mit seiner Familie und allen seinen Tieren rettete. So trieb er mehrere Monate dahin. Die Tiere, die zu früherer Zeit sprachen, beklagten sich laut und murrten gegen ihn. Zuletzt tauchte eine neue Erde auf,

---

[150] Alexanander und Edith Tollmann: Und die Sintflut gab es doch.
[151] Charles Berlitz: Auf der Suche nach der Arche Noah.

auf der er mit all den Tieren landete; die seit jener Zeit die Macht der Sprache verloren haben als Strafe für ihr Gemurre gegen ihren Retter."[152]

In diesem Gebiet dürfte es, wenn Muck Recht hat, keine Sintflut gegeben haben, denn es liegt im Westwindbereich; doch hier wird beschrieben, dass die Stämme früher näher zur aufgehenden Sonne, also im Osten wohnten. Mehr wird dazu nicht gesagt. Stammten Sie möglicherweise aus einem Gebiet, das im Südosten lag und somit außerhalb des Westwindbereiches, stammten sie von einer karibischen Insel oder waren sie möglicherweise Überlebende von Atlantis selbst? Leider wissen wir nicht, woher die Vorfahren der Huronen kamen, aber wir können davon ausgehen, dass sie, als ihnen die Überschwemmung widerfuhr, außerhalb der Westwindzone beheimatet waren.

Die Überlieferung der Irokesen berichtet, dass die Welt einst von Wasser verwüstet und nur eine einzige Familie mit zwei Tieren von jeder Art gerettet wurden.[153]

Da die Irokesen später die Huronen kolonialisierten, könnten deren Überlieferungen sie beeinflusst haben. Ein zunächst etwas größer erscheinendes Rätsel geben die Mandan-Indianer auf.

Sie berichten von einem großen Weißen, der, aus dem Osten kommend, auf einem großen, gedeckten Kanu der Sintflut entging. Nach der Landung schlossen sich ihm andere Überlebende an, die in unterirdischen Tunnels so lange gewartet hatten, bis eine Maus, die sie ausgesandt hatten, nicht mehr zurückkam und sie daher wussten, dass das Wasser abgeflossen war.[154]

Wenn aber die These stimmt, dass die Weiße Rasse erst durch Bleichvorgänge in der Zeit *nach* der Sintflut entstand und wenn die Legende der Mandan-Indianer einen wahren Kern hat, dann muss dieser Vorgang zu einem späteren Zeitpunkt stattgefunden haben.

Noch verwirrender wird diese Angelegenheit dadurch, dass manche Atlantis-Forscher wie beispielsweise Donnelly die Mandan-Indianer selbst für die Nachfahren der Atlanter halten. In einem regelmäßigen Ritual werden nicht nur die Arche gefeiert, sondern auch das „einstige Land im Osten mit den unauslöschbaren Lichtern."[155]

Ich vermute, dass, wenn die Mandan-Indianer tatsächlich Flüchtlinge aus Atlantis waren, diese „Zwischenstation" auf einer (kleineren) Insel im Atlantik gemacht haben (vielleicht im Karibikraum), sich dort bis zum Ende der Dunkelheit unter der Erde versteckten und dort ausbleichten. Deren Nachkommen zogen vermutlich, als es wieder hell wurde, nach Westen weiter, um hier von der roten Urbevölkerung als „Weiße Götter" empfangen zu werden. Der Mythos von den weißen Göttern und der der Ankömmlinge dürfte sich um Laufe der Zeit vermischt haben, so dass auch dieser Widerspruch geklärt scheint.

---

[152] Charles Berlitz: Auf der Suche nach der Arche Noah.
[153] Charls Berlitz: Das Atlantis-Rätsel.
[154] Charles Berlitz in: Auf der Suche nach der Arche Noah.
[155] Murry Hope: Atlantis – Mythos oder Wirklichkeit?

Die Sintfluten – Zusammenfassung und Resümee

Was ich in den letzten Kapiteln an Sintflutsagen dargestellt habe, war nur ein Querschnitt aus etwa 200 Sintflutsagen der Welt. Ich denke, dass ich die wichtigsten dargestellt habe.

Ich habe bewusst die europäischen Sintflutsagen ausgespart, da diese durch das Christentum beeinflusst worden sein könnten und daher kaum Beweiswert hätten. Man mag sich darüber streiten, ob sich die Sintflut tatsächlich auf die beiden Muckschen Regengebiete beschränkt hat. Wir erinnern uns dass die Geologen Tollmann bei der Beschreibung des End-Kreide-Impakts von einer *globalen* Flut sprachen. Vermutlich dauerte die Flut in den Regengebieten nur länger. Ich halte es für unwahrscheinlich, dass andere Gebiete – wie bspw. Jene im Bereich des Westwindeinflusses gelegene – vollständig von der Sintflut verschont geblieben sein sollen.

Es gibt bei den Aborigenes in Australien, bei den Eskimos und überhaupt überall Sagen von Wasser, Feuer, Erdbeben, Vulkanausbrüchen, Sintfrösten usw. Das heißt, wir finden nicht überall die klassischen Schilderungen von der „Sintflut", also dem wochenlang andauernden Regen, sondern wir finden je nach Gebiet auch Berichte von lange andauernden Frösten, von ungewöhnlich langen und katastrophenartigen Schneefällen und dergleichen mehr.

Interessant daran ist folgendes: Muck berichtet, wie erwähnt, von einer permanenten Dunkelwolke, die über dem Norden lag, und folglich müssten nordische Katastrophenberichte eine andere Gewichtung aufweisen, was durch die isländische *Edda* bestätigt wird, die eine Katastrophe in Skandinavien beschreibt:

„Berge krachen aneinander. Der Himmel zerreißt, die Sonne verbleicht, die Erde versinkt im Meer; die hellen Sterne verschwinden, Feuer toben und lassen die Flammen bis in den Himmel lodern." [156]

Ich denke, die Sintflutsagen bestätigen die These Mucks vom Untergang der Insel Atlantis, der nachfolgend einsetzenden Sintfluten und die anderen von ihm beschriebenen Folgen.

Lediglich was Tiahuanaco betrifft habe ich bereits die Ausführungen von Schulz erwähnt, nach denen – bedingt durch die bereits beschriebene lokale Folgekatastrophe – wohl eine „zusätzliche" Sintflut und Dunkelheit in jener Region stattfand.

Und somit wird auch meine These bestätigt, dass alle Sintflutsagen der Welt nicht nur aus dem Erbe von Atlantis stammen, sondern dass all die Metamorphosen, die jene Sagen im Laufe der Zeit durchmachten, all ihre Infiltrationen in die Religionen und mythologische Erzählungen der Welt nur möglich wurden durch die ehemalige Existenz und den Untergang einer Großinsel im Azorengebiet, die heute noch das kulturelle Leben in aller Welt beeinflusst. Das Erbe von Atlantis ist allgegenwärtig!

---

[156] S. Charles Berlitz: Auf der Suche nach der Arche Noah.

Die Achsenverlagerung und ihre Folgen im äußersten Süden – ein weiteres Vermächtnis von Atlantis

Ich erwähnte bereits, dass Muck das Erhalten der erstickten oder ersäuften Mammutkadaver in Eisblöcken durch eine schnell vorrückende Klimaveränderung, die aus einer Verlagerung der Erdachse resultiert, erklärt.

Diesen Vorgang möchte ich hier an dieser Stelle noch einmal etwas genauer ausführen. Muck errechnete, dass der frühere Nordpol etwa 3500 Kilometer vom heutigen entfernt lag. Dieser frühere Nordpol lag laut Muck irgendwo zwischen den Inseln Nordkanadas und Grönland. Er habe vermutlich ortsgleich mit dem heutigen magnetischen Pol gelegen. Die dann eingetretene Polverschiebung würde in ihrem Winkelwert ziemlich genau der ekliptischen Schiefe – also ca. 23 Grad – der Erde entsprechen.

Da war also der Schock, der durch den Einsturz des „Planetoiden A" und den Auswurf gewaltiger Massen auf die Erde ausgeübt worden war. Der Erdkreisel reagierte auf diesen Schock sofort, und zwar dynamisch-stabilisierend. Das heißt, er begann *sofort* zu taumeln, oder zu *präzessieren,* um es wissenschaftlich auszudrücken. Dies muss schnell erfolgt sein, denn sonst hätten die Mammut-Kadaver in Nordost-Sibirien nicht konserviert werden können.

Nun hat sich die Erdachse noch schiefer gestellt, als dies vorher bereits der Fall gewesen war, vorausgesetzt, sie hat vorher überhaupt schräg gestanden. Diesen Punkt lässt Muck offen. Und mit der Erdachse hat sich auch der Drehpol verändert.

Muck betont, dass nur jener Drehpol, durch den die Rotationsachse, nicht etwa der ganzen Erdachse, sondern nur der starren Kruste läuft, sich um rund 3500 Kilometer verschoben habe. Diese Verschiebung sei auf einer Geraden erfolgt, die auf den Einschlagsort des „Planetoiden A" hinweise. Diese Gerade verbinde diesen mit der Lage des Drehpols vor der Katastrophe und der Lage desselben danach. Darin sieht Muck den Beweis, dass tatsächlich der Einfall dieses Himmelskörpers dafür verantwortlich war, dass der Drehpol, bedingt durch die Schwenkung der Erddrehachse um 20 % quasi „verrutscht" ist. Muck erklärt dies dynamisch als Folge der Superposition des durch den Einsturz ausgelösten Drehmoments über das Kreiselmoment der Erdkugel.

Die Drehachse verschob sich nun aber nicht allein. Genau genommen führte die gesamte Erdkruste, die auf einer Art „Gleitlager" aus leichtflüssigem Magma, das sich um die Erdkugel zieht, aufliegt, eine Schwenkung um ca. 20 Grad durch. Ursache hierfür war wieder der schräg erfolgte Stoß des Planetoiden. der sie zu dieser Ausgleichsbewegung zwang. Dann aber griff eine andere Kraft – die Reibungsdämpfung im Magmalager, die den Vorgang schnell wieder abbremste. Muck rechnete diesen Vorgang nach und kam zu dem Ergebnis, dass, wenn man für das Randmagma plausible Zähigkeitswerte ansetzt, die Bewegung der Tiefe nach innerhalb einer weniger 100 Meter mächtigen Magma-Randzone abgeklungen sein müsste. Der wichtige Schluss hieraus ist, dass die Polverlagerung ein reines Oberflächenphänomen war. Sie hatte keinen Einfluss auf das dynamische Gleichgewicht der Schmelzschale, die die eigentliche Erdmasse enthält. Die Rotationsachse der Erde – die wahre „tiefer liegende" Rotationsachse, die durch die vom Vorgang der oberflächlichen Polverlagerung unbetroffenen Schmelzschale, repräsentiert wird – behielt folglich ihre Lage bei und spiegelt sich am Himmel als „Pol der Ekliptik". Nur der Erdkrustenkreisel taumelt. Er präzessiert um den wahren Pol. Genauer gesagt, beschreibt er eine spiralige Kurve. Sie ist deswegen spiralig, weil die Reibungsdämpfung im Auflager dämpfend wirkt. So richtet sich der taumelnde Erdkrustenkreisel langsam auf, und hieraus resultierend nimmt die „Schiefe der Ekliptik", langsam, aber in bekanntem Tempo ab.[157]

Nun liegt aber der heutige magnetische Südpol nicht in der Nähe von Grönland, sondern auf der Insel Prince of Wales nördlich von Kanada, 1900 Kilometer vom heutigen geografischen Pol entfernt. Und zieht man durch diese Pole eine Gerade, so gelangt man nicht zum Katastrophenzentrum, sondern ins amerikanische Kernland.

Es gibt zwei Möglichkeiten, um dieses Problem zu erklären.

1. Der geographische vor der Katastrophe und der magnetische Pol lagen *nicht* ortsgleich, der Drehpol lag in Grönland und der magnetische Pol lag etwa da, wo er heute immer noch liegt.

2. Die Magnetpole selbst „wandern" schließlich auch. So sollen sie jedes Jahr ihre Lage minimal verändern. Es handelt sich um den so genannten Vorgang der Säkularvariation. Möglicherweise lagen tatsächlich beide Pole vor der Katastrophe ortsgleich nahe Grönland und die Bewegung der Magnetpole mag erst nach der Katastrophe eingesetzt haben, nachdem die Rotationsachse gewaltsam verlagert wurde, so dass eine oberflächliche Achse entstand, die um den „wahren Tiefenpol" prozessiert oder taumelt.

Was Muck nicht erwähnt, sind die Folgen der Verlagerungen der Erdachse am geographischen *Südpol*. Schließlich müsste auch dieser antipodisch zum Nordpol „verrutscht" sein. D. h., der frühere Südpol müsste am Rande der Ostantarktis gelegen haben – irgendwo zwischen dem Wilkesland um der nördlichen Packeisgrenze. Hieraus ist zu schließen, dass in der Westantarktis das Klima gemäßigter gewesen sein müsste, ähnlich, wie das damals bei Nordost-Sibirien der Fall war.

Interessant ist hierzu aber eine Aussage der Autoren R. u. R. Flem Ath:

„Die Westantarktis, der nach Südamerika weisende ‚Schwanz' des Kontinents, ist von Gebirgen, einer dünnen Eisschicht und starkem Schneefall geprägt. Die Ostantarktis dagegen, der Hauptteil des Kontinents, beherbergt den größten Teil aller Eismassen der Erde und ist eine gefrorene Wüste. Hier ist die Eisschicht über drei Kilometer dick, obwohl es dort kaum schneit. Dieser Widerspruch zwischen der heutigen jährlichen Schneefallmenge in der Ost- und West-Antarktika und der Dicke der Eisschicht

---

[157] Otto H. Muck: Alles über Atlantis.

ist ein deutliches Zeichen, dass dieser Kontinent früher ein völlig anderes Klima gehabt haben muss."[158]

Obwohl die Flem-Aths eine völlig andere Theorie vertreten – sie sind der Meinung, die Westantarktis sei das ehemalige Atlantis gewesen, das aufgrund einer Erdkrustenverschiebung geologischer Ursache die in regelmäßigen Abständen in Erscheinung treten soll (eine bis heute nicht bewiesene und entsprechend umstrittene Theorie, die auf Charles H. Hapgood zurückgeht), in den Polarkreis geschoben wurde, wo sie überschwemmt und von Eis und Schneemassen überzogen ihr Ende als kulturelles Zentrum fand – wird hier m. E. Muck bestätigt, obwohl jener kein Wort über die Antarktis verliert. Nicht eine ominöse Erdkrustenverschiebung relativ zum Erdmantel, über deren Genese man sich noch nicht einmal vollständig einig ist, hat die West-Antarktis in den Polarkreis gedrängt, sondern aufgrund der von Muck beschriebenen Erdachsenverlagerung befindet sich der (Oberflächen-) Südpol nun ziemlich inmitten der Antarktis.

Ich glaube nicht, dass mit dem Atlantik in Platos Beschreibung das Weltmeer gemeint war, wie die Flem-Aths annehmen; vielmehr spricht der Textzusammenhang der beiden Dialoge eindeutig dafür, dass mit dem „offenen Meer" der Nordatlantik bezeichnet wird. Es spricht weiterhin alles dafür, dass Platos Atlantis eine versunkene Insel im Nordatlantik ist.

Doch was ist mit der Westantarktis? Aufgrund des einstigen milderen Klimas ist es nicht unvorstellbar, dass sich am westlichen Rande des Kontinents tatsächlich eine ausgeprägte Flora und Fauna des Lebens erfreute; ob die Temperaturen für die Entstehung einer hoch entwickelten menschlichen Kultur allerdings ausreichend waren, wage ich dann doch wieder zu bezweifeln, möchte es jedoch auch nicht vollkommen ausschließen. Was den nach Südamerika weisenden „Schwanz" angeht, bestünde eine wage Möglichkeit. Vielleicht hat hier tatsächlich eine kleinere Menschenansammlung gelebt, die möglicherweise die Ur-Vorfahren der Hopis waren.

Jedenfalls brauchen wir uns nicht darüber zu wundern, dass es alte Karten gibt, die die Antarktis ohne Eis darstellen. Sie dürften von den Atlantern stammen, die sich sicherlich auch das ein oder andere Mal in die Gegend der Antarktis „verirrt" haben dürften.

Weiter wird klar – und hier stimme ich mit den Flem-Aths überein –, dass die Tatsache, dass die größten Eismassen der Erde einerseits in Grönland und andererseits in der Ostantarktis zu finden sind, dadurch erklärbar wird, dass diese beiden Gebiete sowohl bei der früheren Lage der (Oberflächen-) Drehpole als auch bei der jetzigen in polarem Einfluss lagen bzw. liegen. Die Hauptmenge an Eis dürfte dabei bei der früheren Lage der Pole angefallen sein.

Aufgrund der Rolle, die die Antarktis bei der Katastrophe spielte, deren Auslöser der „Planetoid A" mit seinem Einschlag im Atlantik war, können wir ein weiteres Puzzlestück einfügen, was die Zerstörung von Tiahuanaco betrifft. Wir erinnern uns, dass Paul Schulz einen scheinbaren Widerspruch in den Forschungen Posnanskys und

---

[158] Zitiert aus: Atlantis – Der versunkene Kontinent unter dem Eis von R. u. R. Flem Ath.

Mucks entdeckt hat. Wir erinnern uns weiter, dass Muck eine Kippbewegung nach der Katastrophe feststellte – der zum Katastrophenherd hin liegende Kontinentalschelf von Amerika senkte sich ab, während sich der gegenüber liegende anhob. Dies kam durch die enormen Magmaeruptionen aus dem Boden zustande. Muck stellte dabei eine Schräge der aktuellen Strandlinie des Titicacasees relativ zu der früheren in Richtung Südosten fest, wie es nach seiner Theorie auch zu erwarten war. Dem hingegen entdeckte Posnansky, dass das damalige Titicaca*meer* nach Süden kippte und dass der Großteil seiner Gewässer in diese Richtung hinab flossen, wo sich das ganze Salz der Erde gesammelt zu haben scheint.

Ich ging bereits auf Schulz' Theorie ein, nach der die südamerikanische Platte an einer oder mehreren Stellen gebrochen sein müsse. Kasskara, nach den Hopis der angebliche einstige Kontinent im Pazifik, sei laut Schulz langsam untergegangen, während sich Amerika langsam hob; und durch die plötzlich einsetzende Mucksche Kippbewegung sei die langsam aufsteigende Platte dann gebrochen. Ich deutete diesen Aspekt in jenem Kapitel lediglich an, weil ich die These von einem einstigen Riesen-Kontinent im Pazifik für nicht gerade glaubwürdig halte, und doch hielt ich notgedrungen an Schulz' „Plattenbruch" fest. Die Antarktis-Komponente könnte aber auch dieses Rätsel lösen.

Ich zitiere den Autor Fritz Nestke: „Der Inselkontinent Atlantis wurde mit dem Erdball durch die Rotationsveränderung … zum südpolaren antarktischen Kontinent. Die gewaltige Eislast der zu Schichten gefrorenen Flutwellen drückten Antarktika zum großen Teil unter den sich einpendelnden Meeresspiegel und bewirkte eine gigantische Hebelbewegung in der betroffenen Plattentektonik. Die frühere Inselkette, von der man vom einstigen Atlantis gelangen konnte, wurde mit einer enormen Kraft gehoben: Die Anden."[159]

Wie bereits erwähnt, halte ich Nestkes „Globale Umkehrung" für nicht sehr wahrscheinlich, ich glaube nicht, dass die Antarktis Atlantis war, genauso wenig, wie ich die Anden mit den gegenüber liegenden Inseln identifizieren möchte.

Aber: Durch das „Verrutschen" des Südpols mitten in die Antarktis, wie es die logische Weiterentwicklung von Mucks Theorie fordert, ist anzunehmen, dass sich das Klima der Westantarktis damals, analog zu Nordost-Sibirien, *drastisch* und *plötzlich* verschlechtert hat. D. h., zu den Flutwellen, die seit der Katastrophe ohnehin schon ihren Teil beigetragen hatten und die nun zu Eis wurden, kamen nun Schneefälle und letztlich Eisablagerungen hinzu, und ich kann mir vorstellen, dass der Kontinent nun tatsächlich z.T. unter Wasser gedrückt wurde.

Und nun kommt die „Nestkesche gigantische Hebelwirkung" zum Tragen, die Süd-Amerika anhebt. Wir haben also gleich zwei *plötzlich* auf den Kontinent einwirkende Kräfte: einmal die „Mucksche Kippbewegung" vom Nordosten her, die den nordöstlichen Kontinentalrand Südamerikas absenkte und den westlichen anhob (die Kippach-

---

[159] Fritz Nestke in dem Artikel „Das Olmeken-Rätsel" in der Fachzeitschrift Wissenschaft ohne Grenzen, Ausg. 2/96.

se befindet sich laut Muck in einer Linie etwa Panama-Bahia.), während die vom Süden ausgehende Hebelwirkung den gesamten Kontinent nach oben zu schieben versuchte.

Das bedeutet also: Im Osten von Südamerika wirkten Kräfte. die einander *entgegenwirkten,* und im Westen waren Kräfte aktiv, die sich verstärkten. Eine solche Kräfteverteilung kann durchaus die Ursache für einen Plattenbruch gewesen sein, und so flossen die Wasser des Titicacameeres nach Süden ab, wobei Tiahuanaco vollständig überschwemmt und vernichtet wurde. Nestkes „gigantische Hebelwirkung" hat letztlich lediglich die von Muck festgestellte Kippbewegung verstärkt oder zumindest beschleunigt, was den Teil westlich der Kippachse betrifft, so dass *beide Kräfte* letztendlich die Anden und mit dem Gebirge die ehemalige Hafenstadt Tiahuanaco 4000 Meter mit einer Geschwindigkeit, die enorm gewesen sein muss, in die Höhe geschleudert haben. Da östlich der Kippachse die südamerikanische Platte nach dem Muckschen Szenario *abgesenkt* wurde, kann die Kraft, die Südamerika nach oben drückte, diese bestenfalls *ausgeglichen* haben. Da aber das Mündungsgebiet des Amazonas und des Rio Para noch Spuren einer „ertrunkenen Küste" zeigen, scheint die Hebelwirkung diese lediglich *abgemildert zu* haben.

Genau hier scheint der Fehler in Posnanskys Schlüssen zu liegen, die von Blumrich und Schulz übernommen wurden. Posnansky schloss aus der Tatsache, dass der Westteil von Südamerika z.T. unter Wasser lag, dass der *gesamte* Kontinent unter Wasser gelegen haben müsse, zumal der Westteil Südamerikas bedeutend höher liegt als der Ost- und der zentrale Teil. Posnansky musste diesen Schluss ziehen, denn Mucks Arbeiten waren ihm nicht bekannt.

Bestätigt wurden die Auffassungen durch Fossilienfunde, das Brackwasser des Titicacassees (vermutlich wurde der Salzgehalt durch Regen- und Gletscherwasser deutlich reduziert), das Salzwasser des Popoo-Sees (die Fischfauna, die durch die „Abflussrinne", den Desaquaro eingeschwemmt wurde, kann sich aufgrund des hohen Salzgehaltes nicht fortpflanzen, sondern geht zugrunde), und weiter südlich gelegene Lagunen (Salzlager/getrocknete Salzfelder). Es handelt sich dabei um Befunde, die zum Teil auch von Edmund Kiss bestätigt wurden.

Seit Muck wissen wir aber, dass die südamerikanische Platte wie beschrieben gekippt ist, d.h., wir können nicht von der heutigen Gebirgs-Ebene-Verteilung ausgehen. Ebenso lässt sich nicht von der Anhebung im Westteil auf eine entsprechende Anhebung im Ost- und zentralen Teil schließen. Eher ist in diesen Regionen das Gegenteil der Fall, wenn auch in durch die allgemeine Aufwärtsbewegung abgemilderter Form.

Zusammengefasst lässt sich sagen: Die geographischen Pole haben sich, bedingt durch die Atlantikkatastrophe, von Grönland bzw. dem Wilkes-Land in ihre heutige Position verschoben. Dadurch geriet die Westantarktis vollständig in den südlichen Polarkreis. Durch Schneefälle und Flutwellen, die zu Eis wurden, wurde der Kontinent etwas abgesenkt; durch eine Hebelwirkung in der Plattentektonik wurde die südamerikanische Kontinentalplatte etwas angehoben, wodurch im Westen die Kippbewegung der Platte verstärkt, im Osten diese abgemildert wurde. Der Ostteil des Kontinents – vor der Katastrophe Küstengebiet, das um ein großes Binnenmeer gelegen war, von dem heute nur noch der Titicaca- und der Popoo-See übriggeblieben sind – wurden mitsamt der Hafenstadt Tiahuanaco fast 4000 Meter in die Höhe gestemmt. Die Anden (nachweislich ein junges Gebirge) waren geboren! Durch das gleichzeitige Einwirken der beiden Kräfte ist die südamerikanische Platte zumindest an einer Stelle gebrochen. Der Ost- und Zentralteil Südamerikas lag vor der Katastrophe *nicht* unter Wasser.

Letztendlich gehen die drastische Veränderung des afrikanischen Kontinents und die vollständige Vereisung der Antarktis, möglicherweise verbunden mit dem Auslöschen dort ansässiger Lebensformen, auf das Konto des Erbes von Atlantis.

Weitere Folgen der Katastrophe

Strahlenschäden

Im Szenario der Tollmanns ist der Punkt „Strahlenschäden" ein wichtiger Faktor. Es gibt aber keinen Grund anzunehmen, warum diese Strahlenschäden nicht auch infolge des Einschlages eines Planetoiden aufgetreten sein sollen.

Die Tollmanns schreiben, dass bei einem Einschlag massenhaft Stickoxide produziert werden und Salpetersäure entsteht, wie in diesem Buch bereits beschrieben. Und durch diese Massenproduktion der erwähnten Gase würde die Ozonschicht radikal und für einen langen Zeitraum abgebaut - die harte UV-Strahlung der Sonne könnte ungehindert zur Erdoberfläche durchdringen.

Nun werden wir ständig mit Berichten über die Abnahme der Ozon-Schicht überhäuft, das Risiko von Krebskrankheiten nehme eben durch diese weniger gefilterten UV-Strahlen der Sonne zu. Wir wissen auch, dass diese Strahlung, ungefiltert, zu einer Schädigung der Keimzellen oder gar zu Missgeburten und Unfruchtbarkeit führen kann.

Wie muss das erst nach einem Impakt ausgesehen haben?

Die Tollmanns führen zahlreiche Sagen an, in denen von Kindern mit körperlichen Gebrechen, von Missbildungen, von stumm geborenen Kindern, ja sogar von „runden formlosen, blutigen Fleischklumpen" die Rede ist.

Eine ganz interessante Beachtung verdient die Beschreibung einer „Einäugigkeit." Die Tollmanns führen als Beispiel für eine solche Strahlenschädigung die sagenhafte Gestalt des Zyklopen *Polyphem* aus der griechischen Mythologie an, sie führen diese Sage eben auf eine in der Vergangenheit aufgetretene nachsintflutliche Strahlenschädigung zurück, die den Griechen noch in Erinnerung war.[160]

Auf jeden Fall haben wir hier einen ganz konkreten Ansatz, wie wir die Sagen von Zyklopen, Riesen, Monstern und ähnlichem, erklären können.

Diese Sagen sind demnach letztendlich wiederum ein Erbe von Atlantis.

Störungen des Magnetfelds in der Einschlagregion?

Ich möchte nun noch einmal Muck zitieren, der, nachdem er auf die Wirkungen des Einschlags der Meteorstücke bei Carolina eingegangen ist, sich zu den Tiefseelöchern äußert:

„… Ungleich gewaltiger war die Schlagwirkung bei den beiden Tiefsee-Löchern. Hier schlugen die beiden Kernhälften ein – jede gegen eine halbe Tonne schwer, jede mit einer Einschlagwucht von rund 2,5 Billionen Kilometertonnen, jede auf ein Areal von ungefähr 10 Millionen Quadratmetern, also mit einer Energiedichte von etwa 250.000

---

[160]   Alexander und Edith Tollmann: Und die Sintflut gab es doch.

Tonnen-Quadratmetern, entsprechend 2,5 x 10^{11} mkg/m^2. Dieser Wert übertrifft den entsprechenden Faktor einer Feldkanone hunderttausendfach und den eines Steinmantelbrockens hundertfach.

Das quantitative Verhältnis lässt einen ungefähren Schluss zu auf die Einschlagtiefe. Die Erdkruste ist unter dem Atlantik nicht allzu stark, keinesfalls über 40 Kilometer dick. Sie wurde bestimmt glatt durchschlagen. Unter dem Großen Paukenschlag zerriss das Paukenfell an der Stelle, wo der Schlegel es traf. Heute, nach elftausendjähriger Rückverformung und oberflächlicher Einschwemmung, sind die beiden Löcher immer noch über sieben Kilometer dick.

In welcher Tiefe ganz unten die Reste des Meteorkerns stecken, weiß man nicht. Vielleicht bestand er, wie die meisten seiner Gattung, aus Nickeleisen, die vielleicht Millionen Tonnen Platin enthalten. Wahrscheinlich ist das himmlische Projektil – (...) zum Teil in höchst gespannte, unvorstellbar heiße Gase verdampft, und diese haben wie mit einer gigantischen Panzerfaust maßlos große Löcher und Höhlungen in den tiefsten Krustenschichten ausgeweitet. An ihren Wandungen haben sich dann – nach Jahrzehnten oder Jahrhunderten – die abgekühlten Gase niedergeschlagen und vielleicht dicke Nickelkrusten gebildet. Kaum wird es jemals gelingen, diese unermesslichen Schätze der Tiefe zu entreißen. Schon ihr Nachweis wäre äußerst schwierig. Wegen der undefinierbaren Zerlochung des Bodens müsste das Gravimeter versagen, und auch die Magnetnadel ist nur ein sehr unsicherer Gehilfe, da solche Nickel-Eisen-Legierungen sehr leicht antimagnetisch sein und so selbst dieses sonst so empfindliche Instrument nicht zu einer Reaktion bringen könnten."[161]

Was aber ist, wenn ein Flugzeug oder ein Schiff sich in der Nähe dieser Nickelkrusten aufhalten? Wäre es nicht denkbar, dass diese Störungen des Magnetfelds in dieser Gegend verursachen? Diese Fragen warfen zumindest jene Redakteure auf, die Mucks Buch *Atlantis – Die Welt vor der Sintflut* neu auflegten, und wiesen dabei auf das berühmt-berüchtigte „Bermuda-Dreieck hin.

Charles Berlitz hat diesen Ausdruck in den 70er Jahren hierzulande populär gemacht. Eine ganze Anzahl von Schiffen und Flugzeugen soll in jenem Gebiet in der Gegend der Bermudas größtenteils bei schönem Wetter, „spurlos verschwunden" sein, wie Berlitz schreibt. Nun, sie sind *nicht* spurlos verschwunden, wie wir heute wissen. Und in den allermeisten Fällen war auch schlechtes und nicht wie der Autor pauschal anzugeben pflegte, *„schönes* Wetter". Die klassischen Fälle sind heute aufgeklärt. Oft hat man einfach nur an der falschen Stelle gesucht. Aber wie konnte es dazu kommen, dass erfahrene Piloten aufgrund einer Schlechtwetterlage so die Orientierung verlieren, dass sie sich in vollkommen anderen Gegenden aufhielten, als in jenen, in denen sie zu sein glaubten? Was ist mit der Navigation? Und was ist mit dem immer wieder auftauchenden Phänomen der „kreiselnden Kompasse?" Wäre es nicht denkbar, dass ein Zusammenwirken von schlechtem Wetter und damit schlechter Sicht und einem (wenn auch nur geringfügigen) Beeinflussen der Kompassnadeln durch diese Nickel-

---

[161] Zitiert aus: Otto H. Muck: Alles über Atlantis.

ablagerungen die Piloten und Kapitäne erstens die Orientierung verlieren lässt und zweitens sie in eine andere Gegend führt; irritiert durch die von der Nickelkruste (wenn auch nur leicht) abgelenkte Kompassnadel?

Dort, in jenem Gebiet, in das ihr Kompass sie verschlagen hatte, gehen sie unter, und die Suchtrupps finden keine Spuren, weil sie an der Stelle suchen, an der sich die Kapitäne/Piloten sich zu befinden *glaubten.* Selbstverständlich können sie diese dort nicht finden. Sie scheinen spurlos verschwunden. Und irgendwann hat sich aus diesem Phänomen, wahrscheinlich auch durch Überlebende, die diese Kompassanomalien verfolgen und sich keinen Reim darauf machen konnten, der Mythos um das „Todesdreieck" gebildet. Schiffe und Flugzeuge verschwinden spurlos bei schönem Wetter, Kompasse kreiseln. – Der Stoff, aus dem ein Mythos entsteht.

Doch der Mythos um das „Bermuda-Dreieck" konnte – dem Gedankengang der bearbeitenden Redakteure von *Atlantis – Die Welt vor der Sintflut* bzw. *Alles über Atlantis* folgend – nur deshalb aufkommen, weil durch den Nickelkern des sich immer noch in der Tiefe des West-Atlantik befindlichen Planetoidenfragments die Kompass-Nadeln derart irritiert wurden, dass die Flugzeuge und Schiffe in ein vollkommen anderes Gebiet verschlagen wurden, dort z.B. wegen Treibstoffmangels ihr Ende gefunden haben und verständlicherweise an der falschen Stelle gesucht wurden.

Die Redakteure weisen weiter auf die These hin, dass ehemalige Energiekomplexe von Atlantis immer noch auf dem Meeresboden existieren und durch vorbei fliegende Flugzeuge sporadisch ausgelöst werden könnten, so dass sie es letztlich sind, die das Versagen magnetischer und elektrischer Gebiete verursachen.

Die erste These, scheint, wenn wir Muck selbst folgen, etwas fraglich zu sein, denn wenn er sagt: „....Schon ihr Nachweis wäre äußerst schwierig. Wegen der undefinierbaren Zerlochung des Bodens müsste das Gravimeter versagen, und auch die Magnetnadel ist nur ein sehr unsicherer Gehilfe, da solche Nickel-Eisen-Legierungen sehr leicht antimagnetisch sein und so selbst dieses sonst so empfindliche Instrument nicht zu einer Reaktion bringen könnten" – wie soll dann ein Flugzeug auf dieses Nickeleisen so stark reagieren, dass es einen Kapitän vollkommen in die Irre führt?

Und auch bezüglich der zweiten These bin ich recht skeptisch, da ich glaube, dass nach dieser Katastrophe, die bereits geschildert wurde, kaum eine Energiequelle, gleich welcher Genese, noch funktionieren könnte, und sei es auch nur sporadisch.

Sollte freilich die erste Thesen doch richtig sein, so ist das Bermuda-Dreieck ein Erbe des „Planetoiden A", der Atlantis vernichtet hat, und somit ein Vermächtnis der Atlantis-Katastrophe. Sollte gar die zweite These korrekt sein, so hätten wir es einmal mehr mit einem direkten Erbe von Atlantis zu tun.

Änderungen im Verhalten der Neugeborenen seit der Sintflut?

Manchmal fragt man sich, warum Kinder weinend auf die Welt kommen. Oft weinen die Kinder viel länger, als es notwendig ist, die Lunge „einzustimmen". Die Kinder scheinen unglücklich, ja wütend. Viele Theorien über diese Problematik wurden angestellt und die landläufige Meinung ist die, dass es eben im Mutterbauch gemütlich und warm war, und nun kommt man in die Kälte des Kreißsaales, da muss man doch einfach weinen. Vertreter der Reinkarnationsthese würden vielleicht argumentieren, dass es ‚drüben' eben schöner ist und man sich erst wieder an das harte Erdenleben, auf dem man schließlich mehr oder weniger schwere Aufgaben zu erfüllen habe, erst wieder gewöhnen muss.

Paul Schulz hat hierzu seine eigenen Überlegungen angestellt. Er glaubt, dass es einfach nicht natürlich sein kann, dass ein Kind schreiend auf die Welt kommt. Und so führt er dieses Verhalten auf eine verborgene Ur-Erinnerung an jene schreckliche Zeit nach der Sintflut zurück, in der es tatsächlich eine „Strafe" war, auf die Welt zu kommen; und das Neugeborene versuche eben, sich auf diese Weise Gehör zu verschaffen.[162]

Man mag über diesen unkonventionellen Gedankengang schmunzeln, doch interessant ist er allemal. Das Schreien der Kinder bei der Geburt als eine Erinnerung an jene schreckliche Zeit nach der Katastrophe – ein weiteres Vermächtnis von Atlantis?

Änderungen im Verhalten der Tiere

Man muss davon ausgehen, dass nach der Sintflut nur wenige Tiere überlebt haben. Und die mussten sich nun an eine radikal veränderte Umwelt anpassen, genauer gesagt an eine Umwelt, deren Bedingungen sich rapide verschlechtert hatten. Wir haben gesehen, dass der Mensch nach der Katastrophe in seiner Entwicklung drastisch zurückgeworfen wurde. Doch wie sieht es in der Tierwelt aus? Müssten hier nicht auch Degenerationserscheinungen zu verzeichnen sein?

Zunächst kurz zu einer physischen Veränderung: Posnansky untersuchte die Fischfauna im Titicacasee und kam zu dem Schluss, dass die Fische nach der Katastrophe deutlich kleiner wurden.[163]

Die psychischen Veränderungen haben aber wesentlich mehr Bedeutung. Bevor ich die Veränderungen nenne, die Schulz beschreibt, möchte ich noch einmal kurz zwei Bibelstellen zitieren:

1. Mose 1,29-30: „Und Gott sprach: Siehe, ich geb' euch alles Kraut Samen tragend, das auf der Fläche der ganzen Erde, und jeglichen Baum, an welchem Baumfrucht, Samen tragend, euer sei es zum Essen.

Und allem Getier des Landes und allen Vögeln des Himmels und allem, was sich regt auf der Erde, worin ein Lebensodem, (geb' ich) alles grüne Kraut zum Essen; und es ward also."[164]

In der Schöpfungsgeschichte ist also die Rede davon, dass die Tiere *vegetarisch* essen sollten, und das gleiche wird interessanterweise auch über den Menschen geschrie-

---

[162] P. Schulz: Die Menschheit u. das Leben vor und nach der Sintflutkatastrophe am 5. Juni 8498 v. u. Z.
[163] P. Schulz: Die Menschheit u. das Leben vor und nach der Sintflutkatastrophe am 5. Juni 8498 v. u. Z.
[164] Zunz-Übersetzung.

ben! Nach den Quellen, die Moses zusammentrug, scheint es vollkommen normal gewesen zu sein, dass die Tiere (und zwar alle, einschließlich der Löwen und anderer Raubtiere) ausschließlich pflanzliche Nahrung zu sich nahmen! Kein Fleisch! Und auch der Mensch wäre wohl nie auf die Idee gekommen, Fleisch zu essen! Im neuen Testament erlaubt Paulus ausdrücklich den Verzehr von Fleisch, und wir wissen, dass gerade der Löwe von Gras und Heu nicht satt wird. Unter den Tieren gibt es ausgesprochene Fleischfresser wie den eben erwähnten Löwen. Und sich rein vegetarisch ernährende Menschen gibt es nur sehr wenige, wobei anzumerken ist, dass jenen diese Ernährungsweise ganz offensichtlich ausgezeichnet bekommt. Was ist passiert? Oder: *Wann* hat sich hier Grundlegendes geändert?

Dazu hier die zweite Bibelstelle:

1. Mose 9,2 u 3: „Und Eure Furcht und Euer Schrecken sei auf allem Getier der Erde und auf allem Gevögel des Himmels; von allem, was sich regt auf dem Erdboden und von allen Fischen des Meeres – In Eure Hand sind sie alle gegeben. Alles, was sich reget, was da lebet, euer sei es zum Essen; wie das grüne Kraut gebe ich Euch alles."[165]

Hier schreibt Mose, dass Gott sich quasi revidiert und dem Menschen nun plötzlich erlaubt, auch Fleisch zu essen. Warum? Leider kennen wir die Quellen des Mose nur zum Teil, doch er schreibt eindeutig, dass ab einem gewissen Zeitpunkt der Mensch vom Vegetarier zum „Allesfresser" wurde! Aber wann war dieser Zeitpunkt? Erwartungsgemäß bezieht sich die genannte Bibelstelle auf die Zeit *direkt nach der Sintflut!*

Der Mensch und die (meisten) Tiere wurden nach der Flutkatastrophe zu Allesfressern, und es scheint naheliegend, diese Veränderung auf die verschlechterten Umweltbedingungen zurückzuführen.

Und ob Sie es mir nun glauben mögen oder nicht, auf die folgende Stelle im erwähnten Buch von Alexander und Edith Tollmanns stieß ich erst Wochen nach der (erstmaligen) Niederschrift der obigen Zeilen:

„Bei den Sumerern zeichnet sich übrigens bereits in einem speziellen Schöpfungstext, dem Dilmun-Mythos, das Wissen um das „Paradies", diesen noch heilen Zustand der Welt vor der Sintflut, ab: In dieser unberührten Welt von Dilmun „krächzt" keine Rabe, es kräht kein Hahn. Der Löwe tötet noch nicht, der Wolf raubt noch keine Lämmer..."[166]

Paul Schulz führt einige Beispiele merkwürdigen Tierverhaltens in dieser Richtung auf. Er spricht hier von „tierischem Kannibalismus".

Schulz bezieht sich zunächst auf einen Fernsehbericht, in dem das tierische Leben auf einem winzigen Eiland, das jährlich von einer viel zu großen Zahl von Wandervögeln aufgesucht wird. Zwei Untergruppen der gleichen Art brüten da zusammengepfercht auf engstem Raum, die eine kleiner, die andere größer, und sie vollbringen dort all-

---

[165] Zunz-Übersetzung.
[166] Zitiert aus: Alexander und Edith Tollmann: Und die Sintflut gab es doch.

jährlich ihr Brutgeschäft. Nun kommt es durch diese Enge nicht nur zum Kampf um das kleinste Plätzchen, sondern es führt auch dazu, dass Vögelmütter der etwas größeren Art sich öfter über die frisch Geschlüpften der kleinen Unterart hermachen und sie auffressen. Dieses Verhalten zeigt sich jedoch nur auf jenem engen Raum!

Als zweites Beispiel nennt Schulz die Grizzlybären Nordamerikas. Hier ist es so, dass, wenn die Mutter nicht genügend aufpasst, der Vater seine eigenen Kinder verspeist. Schulz sieht dieses Verhalten als eine Degenerationserscheinung aufgrund der verschlechterten Bedingungen nach der Katastrophe an.

Dieser Autor führt nun noch weitere Beispiele an. Bei verschiedenen Wildkatzenarten stünden sich die weiblichen Tiere bei Angriffen der männlichen Tiere gegenseitig bei, schreibt er, und auch männliche Spinnen verschiedener Arten müssten beim Geschlechtsakt höllisch aufpassen, dass dieser Akt nicht zum letzten ihres Lebens wird, schreibt Schulz. Denn nicht selten würde das arme Tier hinterher von seiner größeren Gefährtin verspeist.[167]

In der Aquaristik gibt es ähnliche Beispiele:

Analog zu der Spinnengeschichte ist es bei der lebend gebärenden Fischart *elesox belizanus kner,* dem so genannten Hechtkärpfling so, dass das Weibchen größer als das Männchen ist. Zur Begattung schießt das kleinere Männchen aus dem Gestrüpp, vollführt den Akt, und wenn es nicht schnell genug wieder im Gebüsch verschwunden ist, wird es mitunter gefressen!

Sollte das normal sein?

Es ist auch bekannt, dass lebend gebärende Fische häufig den eigenen Nachwuchs verspeisen, vom Nachwuchs anderer Fische einmal ganz abgesehen.

Vor wenigen Jahren hatte ich 100 z.T. sehr schöne Exemplare der Gattungen *Xiphophorus helleri* (der so genannten Schwertträger) und *Xiphophorus maculatus* (Platys) gezüchtet. Sie waren etwa eine Woche alt, als ich sie in ein Becken setzte, das lediglich mit drei Fischen der Albino-Form des *Corydoras aneus* (Panzerwels) und zwei (kleineren) Fischen der Gattung *Ancistrus dolichopterus*, den so genannten Antennenwelsen, besetzt war. Reine Pflanzenfresser, sagt die gängige Literatur. Alles falsch! Innerhalb von einer Woche waren von den 100 Jungfischen lediglich noch ganze vier (!) Exemplare übrig. Doch die Panzerwelse laichten plötzlich wie noch nie! Zweimal in zwei Wochen, was absolut unüblich ist.

Halten wir fest: Es kann nicht normal sein, dass ein Grizzlyvater von Natur aus seine eigenen Jungen verspeist! Es kann nicht normal sein, dass eine Spinne oder ein Hechtkärpfling nach dem Geschlechtsakt gefressen werden.

Wir wissen aber aus Schulz' erstem Beispiel, dass unter schlechten Lebensbedingungen Tiere zu Kannibalen werden können, und diese schlechten Bedingungen herrschten eben nach dem Atlantik-Kataklysmus vor. Moses benennt die Zeit nach der Sintflut auch als den Beginn des Verzehrens von Tieren durch Tiere und Menschen.

---

[167] P. Schulz: Die Menschheit u. das Leben vor und nach der Sintflutkatastrophe am 5. Juni 8498 v. u. Z.

Ich möchte an dieser Stelle diesen Gedankengang noch weiter spinnen. Wie sieht es denn mit dem *menschlichen* Kannibalismus aus? Könnte er nicht auch durch jene Nahrungsmittelknappheit nach der Sintflut-Katastrophe entstanden sein?

Menschen und Tiere wurden nach der Sintflut aufgrund der verschlechterten Lebensbedingungen zu Kannibalen, die Menschen begannen Fleisch zu essen. Stärkere überlebende Tiere fraßen die Schwächeren, oder, was noch einfacher war, den eigenen Nachwuchs. Tiere wie die Löwen besannen sich nun ganz auf das Verspeisen von Fleisch, und im Zuge der Notwendigkeit wuchsen ihnen entsprechende Kauwerkzeuge, von denen sie heute noch regen Gebrauch machen. Die Erinnerung an die Zeit, in denen sie Gras fraßen, ist ihnen verloren gegangen. Die Urarten des Grizzlybären wurden von Generation zu Generation weitervererbt usw. Glücklicherweise hat sich der menschliche Kannibalismus nicht allzu weit verbreitet.

Wir folgern: Die Tatsache, dass der Löwe Fleisch isst, ist erst aus der Notwendigkeit nach der Nahrungsmittelknappheit heraus entstanden. Zur Zeit, als Atlantis noch obermeerisch war, ernährte er sich von Gras und Heu. Doch seine Gewohnheit, Fleisch zu essen, hat sich bis heute in extremer Form erhalten. Also, wenn wir demnächst einen Löwen im Zoo sehen, dann sollten wir ein paar Grüße an den Meeresgrund schicken, denn die Atlantis-Katastrophe hat die Löwen wie fast alle Tiere zu Fleischfressern gemacht. Wieder ein Vermächtnis von Atlantis.

Fast alle *Tiere* (?) Ja sicher. Aber, da muss ich gleich anschließen: Wenn wir das nächste Mal ein Schnitzel verzehren, dann sollten wir ebenfalls Grüße an den Meeresgrund schicken, denn auch *unsere* vollkommen naturwidrige Angewohnheit, Fleisch zu essen, stammt aus der schlimmen Zeit nach der Katastrophe und hat sich derart etabliert, dass die wenigsten heute auf Fleisch verzichten können oder wollen.

Zugegebenermaßen bin ich selbst auch ein großer Fleischesser. Ich habe diese Gewohnheit letztendlich dem Vermächtnis von Atlantis zu verdanken. (Dass mir das Fleisch derart gut schmeckt, so dass ich nicht gewillt bin, vom Fleischverzehr Abstand zu nehmen, ist freilich eine persönliche Sache, die ich Atlantis nicht in die Schuhe schieben kann, um hier möglichen Einwänden von Seiten überzeugter Vegetarier vorzubeugen).

Gewohnheitsänderungen aufgrund des veränderten Klimas und der Jahreszeiten

Schulz führt noch ein paar interessante Ideen an:

Er empfindet die Metamorphose der Schmetterlinge als eine umständliche Prozedur und könnte sich vorstellen, dass dies einen Degenerations- oder Umwandlungs-Prozess darstellt, um sich den radikalen Lebensbedingungen anzupassen.

Schulz kann es sich nicht vorstellen, dass die Zugvögel von Anfang an diese sonderliche Angewohnheit hatten, bei Einsetzten der kälteren Jahreszeit in südliche Gefilde zu wandern. Seiner Meinung nach wurde dies erst nach Einsetzen der Taumelbewegung unseres Planeten in einer ekliptischen Schiefe aufgrund der nun einsetzenden Jahreszeiten als Überlebensstrategie eingeführt.

Auch die Eigenschaft des „Winterschlafs" erklärt Schulz durch die veränderten klimatischen Bedingungen. Diese Tiere seien vorher an wärmere Gefilde gewöhnt gewesen, und als der brüske Wechsel einsetzte, konnten sie nur auf diese Art überleben.[168]

Schulz führt noch weitere Beispiele auf, doch lassen wir es hiermit genug sein. Aber eines ist mir bei Schulz' Argumentation aufgefallen. Offensichtlich ist er nicht davon überzeugt, dass die Präzession durch den Impakt nur *verstärkt* wurde, sondern er scheint der Meinung zu sein, dass durch diesen Impakt die Präzession, und somit die Jahreszeiten, überhaupt erst begannen!

Ich möchte das Kapitel mit einer Bibelstelle schließen, die ebenfalls direkt nach der Sintflut ausgesprochen worden sein soll:

„Solange die Erde steht, soll nicht aufhören Saat und Ernte, Frost und Hitze, Sommer und Winter, Tag und Nacht."[169]

---

[168] P. Schulz: Die Menschheit u. das Leben vor und nach der Sintflutkatastrophe am 5. Juni 8498 v. u. Z.
[169] 1. Mose 8,22, Luthertext.

Teil 4: Die Suche nach Atlantis

Hat uns die alte Kultur ein bewusstes Testament hinterlassen?

Ergebnisse der bisherigen Suche und die zwei großen Irrtümer – Atlantis und die Kontinentaldrift

Vielen Forscher und Autoren machten sich auf die Suche nach Atlantis und viele glauben, es tatsächlich gefunden zu haben. Nicht wenige glauben, dass Atlantis in ihrem Heimatland liegt, andere verlegen es in die unglaublichsten Regionen der Welt. Für ihre Thesen führen sie jeweils einige Indizien an, die aber meist nicht sehr stichhaltig sind, und selbst wenn ein Forscher *irgendwo außerhalb des Nordatlantik* Beweise für eine ehemalige Hochkultur gefunden haben sollte, dann kann es sich dabei nicht um die eigentliche Großinsel Atlantis gehandelt haben. denn Platos Beschreibung lässt eine Lokalisierung außerhalb des Atlantiks nicht zu.

Wie kommt es dann aber dazu, dass auch ernst zu nehmende Forscher Spuren von Zivilisation in den verschiedensten Teilen der Welt zu finden glaubten? Die Lösung ist denkbar einfach. Der erste Irrtum, der bei der Atlantis-Problematik oft gemacht wird, ist, dass Atlantis als die „Wiege der Zivilisation" bezeichnet wird, so als ob Atlantis das einzige Gebiet der Welt gewesen wäre, in dem sich intelligentes menschliches Leben hätte entwickeln können.

Muck schreibt ja, dass auf dieser klimatisch begünstigten Insel sich am ehesten eine Zivilisation hätte herausbilden können, was sicherlich richtig ist. Aber klimatisch passable Bedingungen haben sicherlich auch in Mesopotamien, Ägypten, Indien, China und Südamerika, möglicherweise auch in einem Teil der Westantarktis geherrscht. Doch Atlantis war offensichtlich nicht die einzige, wenn auch die am weitesten fortgeschrittene, Kultur. Urerinnerungen der Völker weisen immer wieder auf den Atlantischen Ozean hin, und Atlantis war offensichtlich das Zentrum einer Welt umspannenden Kolonisationstätigkeit. Die Einnahme der anderen Länder könnte möglicherweise ohne viel Blutvergießen abgegangen sein, denn überall existieren Göttersagen, eben von Göttern, die auf umständlich beschriebenen Fluggeräten kamen. Und dieser Götterstatus kam den Atlantern offensichtlich sehr gelegen. Wie beschrieben, finden wir sowohl in Amerika (Donnervogel-Mythos der Mandan-Indianer) wie auch in alten indischen und chinesischen Schriften Hinweise auf Fluggeräte und Flugaktivitäten. In Ägypten und Kolumbien existieren sogar Modelle von Fluggeräten aus vorsintflutlicher Zeit. Rund um die Erde existiert ein Ring von Pyramiden. Das Zentrum dieser Weltmacht scheint auf Atlantis gelegen zu haben und die „Pyramide" scheint gewissermaßen ein „Herrschaftssymbol" von Atlantis gewesen zu sein, denn überall, wo Atlantis einfiel und kolonialisierte, wurden auch Pyramiden gebaut.

Atlantis war aber nicht die einzige hoch entwickelte Zivilisation, muss auch nicht zwangsweise die „Mutter aller Zivilisationen gewesen sein", aber es war die technisch mit Abstand am weitesten fortgeschrittene und wohl auch die cleverste Zivilisation, die ihren „Götterstatus" geschickt einzusetzen wusste.

Atlantis war – zumindest in den letzten Jahrhunderten vor dem Untergang – ein kriegerisches und herrschsüchtiges Volk. Vorher war es nach Platos Dialogen weniger dekadent, und auch Cayces Tranceaussagen deuten Ähnliches an.

Aber wie es oft so ist, je höher der technische Fortschritt, je mächtiger eine Nation ist, desto mehr fallen die moralischen Werte. Und Atlantis war technisch sehr weit, wollen wir den Indizien-Beweisen, die wir gesammelt haben, Glauben schenken.

Die Könige von Atlantis leisteten keine Entwicklungshilfe. Das Gefälle zwischen höher- und niedriger entwickelten Nationen war damals deutlich größer. Höher entwickelte Nationen mögen erkannt haben, dass die Atlanter eine kriegerische hoch entwickelte Nation war, und sie mögen sich dieser entweder entgegengestellt oder sie unterworfen haben, was aufgrund des technischen Fortschritts der Atlanter durchaus sinnvoll war. Anderen Kulturen, die diese Erkenntnis nicht hatten, erschienen die Atlanter als Götter. Doch hatte Atlantis erst einmal ein Volk unterjocht, verhalf das nunmehrige Großreich den unterjochten Völkern immer wieder Schritt für Schritt zu Kultursprüngen. Davon waren offensichtlich hauptsächlich die viel versprechenden Kulturen der (Prä-) Sumerer und der (vorsintflutlichen) Ägypter betroffen. Man wollte die unumstrittene Nr. 1 in der Welt sein und auch bleiben, und unter dieser Prämisse war man bereit, anderen Völkern mit Bedacht zu helfen.

Aber wie sieht es denn mit den Spuren aus, die wir im Nordatlantik gefunden haben? Nach Muck müsste eine Golfstrom-Sperrinsel auf dem Azorenplateau gelegen haben, die in etwa die Flächenausdehnung von Platos Atlantis hatte. Die Belege hierfür habe ich im entsprechenden Kapitel niedergelegt. Wir haben die geologischen Argumente von Termier, Hartung u.a., die für mich plausibel klingen und die zusammen genommen eindeutig den schnellen Untergang der Großinsel Atlantis belegen, doch die Mehrzahl der Geologen ist der Meinung, im Atlantik könne niemals ein Kontinent gelegen haben.

Und das ist der zweite Irrtum. Atlantis war eine Großmacht, es war von größerer Bedeutung als Kleinasien und Libyen zusammen, aber von der Größe her war es *kein* Kontinent, genauso wie das alte „Rom" ja auch kein Kontinent und trotzdem ein riesiges Reich zu unterjochen im Stande war. Oder denken Sie an das britische Empire, das von einer europäischen Großinsel ausging. Und so war Atlantis ebenfalls nichts weiter als eine Großinsel, die zudem noch auf der Reißnaht der Erde lag und später in einer riesigen Katastrophe im Meer versank.

Der Begriff „Reißnaht" muss hier noch einmal genauer beschrieben werden, damit klar wird, warum die atlantische Großinselscholle Platz in der Kontinentaldrift-Theorie findet.

Nach Muck riss irgendwann im Vortertiär die damals zusammenhängende Gesamt-scholle im Atlantik. Der Grund muss eine Erdumwälzung gewesen sein. Entgegen der ursprünglichen Auffassung Wegeners beschrieb Muck, dass die Urscholle nicht einheitlich, sondern ein Mosaik war, das, als es über der heißen Schmelzschale erkaltet und dabei geschrumpft, in viele Teile zerrissen, wurde. Leicht flüssiges Magma drang nun in die Spalten ein und verklebte diese. Diese Nahtstellen zwischen den Sialtafeln (bestehend aus Silizium und Aluminium) müssen demnach also aus Sima (Silizium-Magnesium) bestehen, das eben von unten her in diese schmalen Schrumpfrisse eingedrungen war.

Daraus ergibt sich Folgendes: Als die Naht im Atlantik entstanden war, wanderten die nun getrennten Sialtafeln westlich und östlich von der Nahtstelle weg. Doch von dem Sima, das zäh an ihren Rändern klebte, mussten sich die Tafeln erst befreien. Dieser Kittstoff, der wie der Untergrund aus Sima bestand, blieb jedoch an Ort und Stelle zurück, und dieser „Kittrücken" ist uns heute unter dem Begriff „Mittelatlantischer Rücken" bekannt. Wenn Wegener davon ausging, dass die Kontinente von Amerika und Afrika zusammen passten, so ging er dabei von Südamerika und Afrika aus, wo genau das auch zutrifft, doch im Norden hat er bei seinen Betrachtungen nicht so genau gearbeitet. Die Kontinentalschelfe passen nördlich von Südamerika nämlich nicht mehr aneinander. Wegener versäumte es, der Reißnaht, dem Mittelatlantischen (Kitt-) Rücken, Beachtung zu schenken. Da die Kontinentalschelfe sich rechts und links vom Kittrücken losrissen, wäre dies jedoch unabdingbar gewesen. Der Mittelatlantische Rücken ist im Nordatlantik breiter als im Süden und aus diesem Grund kann die gesamte Drift-Konzeption ohne Einbeziehung des Mittelatlantischen Rückens nicht funktionieren. Und siehe da: Muck fand heraus, dass die Schelfe tatsächlich an den Mittelatlantischen Rücken passen, und auf dieser verkitteten und immer noch instabilen Reißnaht hatte Atlantis das zweifelhafte Privileg, liegen zu dürfen.

Genau betrachtet passt eine Großinselscholle wie Atlantis also sehr gut in das Bild der Kontinentaldrift-Theorie. Doch dummerweise schlug der Impaktor gerade in der Nähe dieser empfindlichen und mit Vulkanen besetzten Stelle ein.

Die Auswirkungen des Impaktors haben wir gesehen. Nur: Reicht uns die Beweislage? Für viele von Ihnen mögen meine Darlegungen plausibel klingen, die Zusammenhänge mögen Ihnen einleuchten. Viele von Ihnen werden der Meinung sein, dass das Konglomerat aus wenigen geologischen Beweisen, vielen Überlieferungen (auch von Sintfluten u.ä., von Göttern usw.) die Annahme einer einstigen Großinsel im Atlantis erhärtet.

Vielen wird die Notwendigkeit einer ehemaligen Golfstrom-Sperrinsel, die einige Phänomene am besten erklären kann, einleuchten. Zudem erhärtet die Aussage eines Ägyptologen, dass die Sumerer und die Ägypter von einer älteren Zivilisation beeinflusst worden sein *müssen*, die in diesem Buch vorgestellte These. Die Tatsache, dass durch das Mucksche Katastrophenszenario geologische Umwälzungen sowie unerklärliches Tiersterben erklärt werden können, legt die Existenz von Atlantis ebenfalls nahe.

Vielen werden diese Beweise dennoch zu spekulativ sein. Sie werden sich die Indizien einzeln vornehmen und jeweils andere Erklärungen suchen. Man kann die Ruinen und Mauern auf dem Meeresgrund, die uns die Atlanter hinterlassen haben, als natürliche Gebilde abtun und das Thema abhaken. Dann kann man sich den Golfstrom vornehmen und sich eine andere Erklärung zusammenreimen. Thema Golfstrom abgehakt. Kein Erbe von Atlantis. Man kann die Sintflutsagen der Völker als reine Geschichten ohne historischen Hintergrund abtun und die Ergebnisse von Woolley irgendwie versuchen, auf Erinnerungen an kleinere lokale Katastrophen abzutun oder sogar als „Dammbruch" hinzustellen und Woolley aufgrund seiner fundamentalchristlichen Einstellung als unglaubwürdig erklären. Thema Sintflut abgehakt. Nächster Punkt:... usw. usf.

Konservative Wissenschaftler werden Beweise ganz anderer Art fordern. Besser erhaltene Ruinen. Gut erhaltenes und ohne jeden Zweifel technisches Gerät aus jener Zeit; wohl wissend, dass diese Beweise nach jener Katastrophe kaum erhalten geblieben sein können.

Ist denn allen Ernstes anzunehmen, dass, nach dieser gewaltigen Katastrophe allzu viel von der einstigen Weltmacht „Atlantis", deren Kern sich gerade mal auf dem Azorenplateau befand und das durch eine riesige Katastrophe ausgelöscht wurde, übrig blieb? Was würde denn bei einem atomaren Holocaust bestehen bleiben, der die wenigen Überlebenden in ihrer Entwicklung sicherlich um Jahrhunderte, wenn nicht um Jahrtausende zurückwerfen würde? Würde man da nach einer Jahrtausende langen Phase des Überlebenskampfes und des daran anschließenden mühseligen und Jahrhunderte langen Wiederaufbaus noch allzu große Spuren der Vergangenheit finden? Wäre es nicht naheliegender, dass sich nur noch Mythen und Sagen um eine glorreiche Vergangenheit gehalten haben?

Und, sehen Sie, ähnlich ist es mit der Wirkung des Impaktors. Die Spuren des technischen Hochstandes wurden mit Atlantis vernichtet, Spuren bei den Kolonien wurden größtenteils, wie beschrieben, weggeschwemmt.

Ein Kritikpunkt, den ich vor einiger Zeit zu hören bekam, ist der, dass Plato mit keinem Wort „Eisen" beschrieb, geschweige denn irgendwelche Dinge, die auf eine hoch technisierte Zivilisation hinwiesen. Er beschrieb ausführlich den göttlichen Ursprung, die Flora und Fauna, die Bewässerung und die Landwirtschaft. Doch Plato kannte kein Eisen, und er kannte keine Flugzeuge. Vielleicht hatte der ägyptische Priester, der Solon von Atlantis erzählte, eine vage Erinnerung, aber wie soll er Solon Dinge beschreiben, die er gar nicht kennt? Möglicherweise hat er das versucht und Solon sollte nun die Dinge, die er selber nicht verstanden hat, weiterleiten, so dass sich Plato außer Stande sah, diese verstümmelten Informationen, mit denen er rein gar nichts anfangen konnte und mit denen seine Leser vermutlich noch weniger anfangen konnten, in seine Dialoge einbauen. Ich glaube, es wird verständlich, warum Plato dergleichen einfach wegließ.

Ich habe wenig Hoffnung, dass man im Atlantik derart gewaltige Spuren von Atlantis finden wird, die den großen Teil der Schulwissenschaftler zum Umdenken zwingen könnte, auch wenn wir ein gewaltiges Erbe gefunden haben, eine Ansammlung von Indizien, die meiner Ansicht nach an der ehemaligen Existenz von Atlantis kaum einen Zweifel lässt. Vermutlich bleibt „Atlantis" eine schöne Legende, die noch für lange Zeit die Menschheit beschäftigen wird, doch sie wird immer eine Legende bleiben, es sei denn, das atlantische Imperium hätte seinen Nachfolgern, einer Generation, die einen ähnlichen wissenschaftlichen Stand erreichen würde, ein bewusstes Testament hinterlassen.

Keine Ruinen auf dem Meeresgrund, keine Grabbeilagen, die an Flugzeuge erinnern, keine verschwommenen Erinnerungen, die in unsere Religionen Einzug fanden, keine ominösen möglichen Energiequellen im Bermuda-Dreieck, keine Änderungen im äußeren Erscheinungsbild und an den Gewohnheiten der Menschen, aufgrund der nach der Katastrophe aufgetretenen Geschehnisse, nein, *dieses* Erbe, das ich ausführlich besprochen habe, meine ich nicht.

Wie beschrieben, gibt es tatsächlich Hinweise auf ein atlantisches Testament, das in Ägypten hinterlassen wurde. Hinterließ uns Atlantis mit voller Absicht ein bewusstes Testament, das unsere bisherigen Erkenntnisse über unsere Vergangenheit vollständig auf den Kopf stellen und das die Existenz einer vorsintflutlichen Hochkultur, die in Atlantis ihren Ausgang nahm, beweisen würde?

Betrachten wir die Hinweise genauer!

Das Testament von Atlantis

Mir fiel bei der Beschreibung des Dinosaurier-Impakts ein sehr interessanter Umstand auf. Die Dinosaurier waren bereits am Aussterben, sie wurden ganz langsam immer weniger, schon *bevor* der Unheilsbringer aus dem All kam. Es war so, als hätte der Impaktor lediglich das sich bereits ganz langsam vollziehende Schicksal der Tiere endgültig besiegelt.

Und möglicherweise handelte die „Natur" (wer oder was immer das auch sein mag) bei Atlantis ähnlich. Das Volk war dekadent geworden, wurde immer kriegerischer und arroganter, möglicherweise verschlechterten sich die Umweltbedingungen immer mehr, so dass sich die Lebensbedingungen, analog zu jenen der Saurier im Endkreide-Zeitakter, immer mehr verschlechterten, bis dann – einem ominösen Naturprinzip folgend – der Einschlagskörper von außen kam, der das Schicksal des Großreiches Atlantis besiegelte und der das fünfte Erdzeitalter, das Quintär,[170] einleitete.

In jener Zeit der Dekadenz und der sich verschlechternden Umweltbedingungen – es mögen vermehrt Vulkanausbrüche und Erdbeben geherrscht haben – mag eine Gruppe von Wissenschaftlern oder vielleicht Priestern auf den Gedanken gekommen sein, das Ende der Welt könne kurz bevor stehen. Und man wusste: Von Atlantis würde kaum etwas übrig bleiben. Wenn die Insel, aus welchen Gründen auch immer, zu massiv erschüttert würde, würde die Reißnaht der Erde platzen, eine Kette von schrecklichen Ereignissen würden eintreten und die Erinnerung an jene technisch hoch stehende Zivilisation würde mit der Zerstörung der Insel und des Inventars ein für allemal verloren gehen.

Vielleicht beschloss man für diesen Fall, eine Nachricht an die nächste sich auf Erden entwickelnde Hochkultur, die den Stand von Atlantis erreichen würde, zu hinterlassen. Und so schickte man auf die eine oder andere Weise dem vorsintflutlichen König Saurid oder Surid auf technischem Wege eine „Vision", die ihn davon überzeugen sollte, dass eine riesige Katastrophe kommen würde und dass der Bau von katastrophensicheren Bauten, in denen das Wissen der damaligen Zeit gespeichert werden sollte, unumgänglich sei. Die Ägypter taten, wie ihnen geheißen, und die atlantischen „Weisen" versteckten Beweise für die Existenz des Großreiches in den großen Gisch-Monumenten. Da erst eine technische Zivilisation, die so weit wäre wie die der Atlanter, diese Beweise finden sollte, wurden die Bauwerke getarnt. Sie wurden vordergründig als Königsgräber benutzt, vielleicht spornte man die Ägypter dazu an, aus der Mumifizierung einen Kult zu machen, um dem Ganzen einen vordergründigen Sinn zu geben. Auch die Pyramiden auf den kanarischen Inseln und jene in Mittelamerika dienten als Königsgräber, doch nur die Großen Pyramiden von Gisch sind auffällig markiert durch einen merkwürdigen Steinkoloss – und in ihnen wurden keine mumifizierten Könige gefunden.

---

[170] Muck bezeichnet entgegen der konservativen wissenschaftlichen Ansicht die Zeit nach der Katastrophe als Quintär.

Wenn man sich die eine oder andere Information ansieht, mag man sich fragen, ob das Testament bereits gefunden wurde und ob dieser Fund verschleiert wird. Möglicherweise ist man heimlich gerade dabei, ihn zu dechiffrieren.

1998 herrschte in dieser Sache eine heillose Konfusion.

Am 14. Januar 1998 kündigte der archäologische Leiter der Abteilung Giseh-Plateau – der Kairoer Ägyptologe Dr. Zahi Hawass – an , dass die Große Pyramide jetzt für die Dauer eines halben Jahres gesperrt würde. Während dieser Zeit sollten Untersuchungen stattfinden, die offene Fragen klären sollten. Dabei ginge es vor allen Dingen um die Frage, ob sich tatsächlich Gänge und Hallen unterhalb der Sphinx befänden und ob tatsächlich eine Geheimkammer der Cheopspyramide existiere.

Angeregt von der Entdeckung der kupfernen Griffe und eines winzigen Spalts in der Ecke eines Steins durch Gantenbrinks Miniaturroboter Upuaut sowie der Entdeckung von Schwarzem Staub kurz davor, die die Anwesenheit eines bislang unbekannten Raumes andeuten könnten, sagte Hawass: „Wir sind jetzt dabei herauszufinden, was hinter diesem Stein oder dieser Tür ist. Und wir werden es wissen – ich hoffe, noch vor Ende dieses Jahres." Man beachte, dass Hawass das Wort „Tür" benutzte. Allerdings gehörte Gantenbrink selbst zu dieser Zeit nicht mehr zum Mitarbeiterstab, denn man hatte einer kanadischen Firma die Zusage zur Fortführung der Untersuchungen erteilt.[171]

Wie Tatjana Gunkel im Internet-Forum der Ancient Astronaut Society (heute Forschungsgruppe für Archäologie, Astronomie und SETI) berichtet, wurde auch auf dem „Ersten Weltkongress über Verbotene Archäologie in Berlin", der am 10./11. April 1998 stattfand, über dieses Thema diskutiert. Als sensationell wurden dabei die Äußerungen des Veranstalters Erdogan Ercivan im Rahmen seines Vortrags „Die verborgene Kammer des Thot" angesehen. Der Berliner Fernsehjournalist und Bestsellerautor berichtete von den von wissenschaftlicher Seite ignorierten Messungen eines französischen Teams im Jahr 1986. Jene hatten laut Ergivan ergeben, dass sich in der Cheopspyramide eine bislang unentdeckte, mit Quarzsand gefüllte Kammer mit den Ausmaßen 3 x 5,5 Meter befände. Die Messergebnisse sollen von einem unabhängig von den Franzosen arbeitenden Team der Waseda Universität, Tokio im Jahre 1987 bestätigt worden sein. Ercivan berichtete, dass er von einem ägyptischen Bekannten gehört habe, dass man die Kammer tatsächlich schon 1996 geöffnet hätte. Und deswegen erscheine es ihm merkwürdig, dass der Direktor des Gizeh-Plateaus – Dr. Zahi Hawass – in einem Interview vom 15.01.1998 bekannt gab, dass die Gantenbrinkblockierung erst jetzt – d.h. im Jahr 1998 – geöffnet würde. Hawass teilte lediglich einer Druck ausübenden und interessierten Öffentlichkeit widersprüchlich mit, dass man den Blockierungsstein erst in diesem Jahr innerhalb von fünf Minuten mit der kanadischen Technik öffnen werde und dass die Cheopspyramide somit ein halbes Jahr geschlossen sei. Dem Referenten leuchtete jedoch nicht ein, dass die Pyramide für einen Eingriff, der lediglich fünf Minuten dauern sollte, gleich für sechs Monate geschlos-

---

[171] Dr. Johannes Fiebag IN: Ancient Skies 2/1998.

sen würde. Aus unterschiedlichen Insiderquellen will er wissen, dass im Februar und März diesen Jahres etwa drei Tonnen Geröll aus der Cheopspyramide heraus getragen und in LKWs abtransportiert worden seien. Außerdem hätte man die Arbeiter, die in der großen Pyramide arbeiteten, beobachtet, wie sie zwei Hydraulikpumpen in die Pyramide getragen hätten. Weiter herrsche – wie Ercivan berichtet – zur Zeit im gesamten Pyramidenumfeld Fotografierverbot und außerdem hätten die ägyptischen Verantwortlichen die Westseite der Pyramide mit einer riesigen Plastikplane abgedeckt. In Gizeh befänden sich zur Zeit nicht nur kanadische, japanische, französische und deutsche Forscher, sondern man hätte darüber hinaus zwei Forschungsteams der NASA (!) hinzugezogen. Der Vortragende wusste auch von Hohlräumen unter der Sphinx zu berichten, wo sich zur Zeit (damit war 1998 gemeint) ebenfalls geheime Forschungen abzuspielen scheinen. Drei Zugänge zu den Hohlräumen seien bereits bekannt: Einer an der südlichen Seite des Bauwerks, einer unter der rechten Pfote und einer westlich des Hinterteils.

Im gleichen Forum meldete sich auch der Geologe und Paläo-SETI-Autor Dr. Johannes Fiebag zu Wort, der feststellte, dass „zur Zeit offenbar überhaupt nichts mehr stattfindet und die von Hawass versprochenen Untersuchungen sich in Luft aufzulösen scheinen." Der Mann wisse offenbar nicht, was er rede, oder er unterläge irgendwelchen Restriktionen von höherer Seite, die das ganze gestoppt hätten, so Fiebag. Er spricht von einer Riesenkonfusion.

Nach der Wiedereröffnung der Pyramide erklärte Hawass, dass die Pyramide zu Renovierungszwecken so lange geschlossen geblieben war, und auf seiner Homepage präsentiert er auch reichlich Bildmaterial. Außerdem erklärt er, dass es keinerlei Hinweise für die Theorie gäbe, dass die Giseh-Monumente Überbleibsel einer früheren Hochkultur sein könnten.[172]

Wurde nun etwas gefunden oder waren alles nur Gerüchte? Tatsache ist, dass das Jahr 1998 für Edgar Cayce eine ganz besondere Bedeutung hatte. Er beschrieb die Jahre 1958 bis 1998 als den Beginn von Veränderungen, in denen auch das Wiederauftauchen von Atlantis eine Rolle spielte...

---

[172]   http://www. guardians.net/hawass/remnants.htm

Teil 5: Die Rückkehr von Atlantis

Wird Atlantis in unserer Zeit wieder auftauchen?

Edgar Cayce

Sein Biograph Jess Stearn bezeichnet ihn – und damit steht er ganz gewiss nicht allein da – als das begabteste Medium der Neuzeit. In Trance konnte er präzise Aussagen über Menschen und Ereignisse machen, von denen er bei normalem Wachbewusstsein nichts wusste: Edgar Cayce.

Cayce wurde 1877 auf einer Farm nahe Hopkinsville, Kentucky, geboren. Schon in frühem Alter bewies er sein Talent. Er konnte für den Unterricht lernen, indem er auf seinen Büchern schlief. Im Alter von einundzwanzig Jahren entwickelte sich eine fortschreitende Lähmung seiner Kehle, die den Verlust seiner Stimme hätte bedeuten können. Die Ärzte konnten die Ursache für seine Erkrankung nicht finden, doch Cayce trat in den gleichen hypnotischen Schlaf ein, der ihm in den Jahren zuvor zum Lernen verhalf, und in diesem Zustand war er in der Lage, ein Heilmittel zu empfehlen, das er mit Erfolg gegen seine Lähmung im Kehlbereich einsetzte. Seine Stimme kam wieder, und bald erkannte der junge Cayce, dass er das gleiche für andere tun konnte.

Nach den Aussagen seines Sohnes Edgar Evans Cayce wurde es Edgar damals erst durch das Aufsuchen eines Hypnotiseurs möglich, in den Zustand der Trance zu gelangen. Cayce hielt so genannte Readings ab und erzielte damit unglaubliche Heilerfolge, doch es sollte nicht bei den reinen Körperreadings, bei denen es um die Heilung eines menschlichen Organismus geht, bleiben.

In den frühen zwanziger Jahren kam Cayce in Kontakt mit Arthur Lammers. Lammers wollte von Cayce ein Horoskop bekommen. In den Readings wurde jedoch gesagt, dass die Wirkungen von Sternen und Planeten auf das Leben einer Person bei weitem nicht den Einfluss haben könnten wie das vergangene Leben der Person auf das gegenwärtige. Nun gab Cayce einen Bericht über Lammers frühere Leben. Es war das erste Lebensreading, das Cayce hielt. Bei weiteren Lebensreadings stieß Cayce mehr und mehr auf frühere Leben seiner Klienten, die einst auf der versunkenen Insel Atlantis oder einem vorsintflutlichem Ägypten lebten.

Edgar Cayce machte eine Reihe von Prophezeiungen, die sich zum Teil auf politische Geschehnisse, teilweise auf erdumwälzende Ereignisse und zum Teil auf zu erwartende Entdeckungen bei den Großen Pyramiden in Ägypten drehten. Letztere besprachen wir bereits ausführlich in den vorangegangenen Kapiteln.

Der Heiler starb Anfang 1945 in Virginia Beach.

Die Prophezeiungen des Edgar Cayce

Im Gegensatz zu Muck, der sagte, die Rückverformungskräfte seien viel zu gering, um Atlantis je wieder an die Oberfläche zu heben, wies Cayce in Trance immer wieder darauf hin, dass Atlantis noch in unserem Jahrhundert wieder auftauchen würde. Dies stünde in Verbindung mit katastrophalen Veränderungen in der Geologie der Erde.

Ich liste zu Beginn gerafft die wesentlichen Prophezeiungen des Edgar Cayce in Bezug auf geologische Umwälzungen auf. Der Seher sieht umwälzende Ereignisse voraus, die im Zeitraum zwischen 1958 und 1998 *beginnen* sollten.

Die frühere Periode wird eine Veränderung des physikalischen Aussehens der Westküste Amerikas bringen.

Starke Hebungen und Senkungen im Mittelmeer werden stattfinden.

Neues Land wird 1968 oder 1969 in der Karibik erscheinen.

Land wird im Pazifik und im Atlantik (das untergegangene Atlantis) auftauchen.

Die Erde wird im westlichen Teil Amerikas aufbrechen.

Der größere Teil Japans muss im Meer untergehen.

Der obere Teil Europas wird sich im Handumdrehen verändern.

Land wird vor der Ostküste Amerikas erscheinen.

Los Angeles, San Francisco und New York werden zerstört werden.

Der Abfluss der Großen Seen wird eines Tages in den Golf von Mexiko statt in den St. Lorenz-Strom führen.

1936 sei das maßgebende Jahr im weltweiten politischen Machtkampf sowie jenes Jahr, da im Erdkern mit der Verlagerung der Erdachse große Veränderungen unbemerkt beginnen würden.[173]

Zweifelsohne erfüllten sich etliche von Cayces Prophezeiungen. So sagte er die weltweite Wirtschaftsdepression von 1929 sowie den Börsenkrach voraus, wies aber – richtigerweise – darauf hin, dass es ab 1933 wirtschaftlich wieder aufwärts gehen würde. 1932 sagte der Seher den wirtschaftlichen Aufschwung von Virginia Beach und Norfolk für die Zeit um 1957 voraus, und tatsächlich wurde genau zu diesem Zeitpunkt dort der *Hampton-Roads-Bridge-Tunnel* eröffnet, und die Arbeiten am *Chesapeake-Bay-Bridge-Tunnel* wurden aufgenommen. Weiter sah Cayce – vermutlich als erster – die Rassenkonflikte in Amerika voraus, die später tatsächlich eintrafen.

1939 prophezeite Cayce, dass zwei amerikanische Präsidenten während ihrer Amtszeit sterben würden, und neben den eben erwähnten Rassenkonflikten wies er auf bevorstehende Arbeitskämpfe und die allgemeine Gewalttätigkeit im Lande hin. Der Autor A. T. Mann ist der Meinung, diese Prophezeiungen würden indirekt auf den

---

[173]   Jess Stearn: Der schlafende Prophet.

Tod von Franklin D. Roosevelt im Jahr 1945 und die Ermordung John F. Kennedys im Jahre 1963 zutreffen.

Nun könnte man sagen, diese Prophezeiungen seien möglicherweise erst im Nachhinein so „hingedeutelt" worden, dass es den Anschein erfüllter Prophezeiungen hat. Doch wie verhält es sich dann mit der folgenden Prophezeiung?

„Denn Veränderungen kommen, das kann sicher sein -- eine Entwicklung oder Revolution in den Ideen des menschlichen Denkens. Deren Grundlage für die Welt wird schließlich aus Russland kommen. Nicht der Kommunismus, nein. Sondern eher das, was die Basis desselben ist, was Christus lehrte -- seine Art von Kommunismus."[174]

Diese Aussage stammte aus den späten 30er Jahren. Damals litt die Sowjetunion, die heute bereits Geschichte ist, unter Stalins Terrorregime, das von sich behauptete, „kommunistisch" zu sein. Erst gegen Ende dieses Jahrhunderts wurde die Sowjetunion liberaler und löste sich schließlich auf. Heute wird Russland demokratisch regiert – die Länder in Osteuropa folgten dieser Entwicklung – wurden frei. Die DDR löste sich auf und die Länder Ostdeutschlands schlossen sich der Bundesrepublik Deutschland an. Eine solche Entwicklung war in den frühen 40er Jahren wahrlich nicht abzusehen.

Es sollte auch erwähnt werden, dass Russland eine herausragende und wichtige Rolle im Kosovo-Konflikt spielte. Als einziges maßgebliches Land sprach es sich gegen einen Angriffskrieg gegen Jugoslawien aus, und als die NATO Jugoslawien ohne UNO-Mandat angriff und den Kosovo schließlich einer NATO-„Friedens"-Truppe, der KFOR unterstellte, marschierten auch russische Friedenstruppen in den Kosovo ein, um das nun gestörte Gleichgewicht zwischen den von der KFOR unterstützten Kosovo-Albanern und den dort beheimateten Jugoslawen zu bewahren. In dieser prekären Angelegenheit spielte Russland also durchaus eine positive Rolle. Die positive Entwicklung Russlands setzt sich also fort – genau so, wie Cayce es prophezeit hat.

Cayce sprach von weltweiten geologischen Veränderungen, die „zwischen den Jahren 1958 und 1998 *beginnen*" sollten. Offensichtlich sind diese Zeitangaben lediglich als Richtschnur gedacht, denn Cayce nannte auf der einen Seite 1936 als das maßgebliche Jahr, in dem „die Katastrophe von Außenkräften kommt", die „durch die Verlagerung des Gleichgewichts der Erde im Weltraum mit den in direkten Auswirkungen auf verschiedenen Teile des Universums" begonnen hätte, während Cayce in einem Traum die Zerstörung New Yorks erst in ferner Zukunft, nämlich im Jahr 2100, sah.

Tatsächlich wurden erst in jüngster Vergangenheit Hinweise dafür gefunden, dass sich New York tatsächlich in großer Gefahr befindet.

„Teile der neuen Ost-Küste von New York bzw. New York selbst werden in der Hauptsache verschwinden. (...)"[175], sagte Edgar Cayce zu seiner Zeit, und am 3. Mai 2000 erhielt ich über Internet-Mailingliste atlantis@angus.mystery.com eine AP-Meldung aus Falmouth, Massachusetts. In dieser Meldung hieß es, dass Wissenschaft-

---

[174]   übersetzt vom Autor. Original bei: http://www.dreamscape.com/morgana/phoebe.htm
[175]   übersetzt vom Autor. Original bei: http://www.dreamscape.com/morgana/phoebe.htm

ler Erdrisse im Atlantik entdeckt hätten, die eine Flutkatastrophe auslösen können. „Bedroht eine Super-Welle New York?" fragte sich die *Bild am Sonntag* vom 7. Mai 2000.

Was dahinter steckt: Auf Sonar-Aufzeichnungen wurden Erdrisse – die *Bild am Sonntag* spricht von einem Riss von 50 Kilometern Länge – unter der nordamerikanischen Kontinentalplatte, die unter dem Meeresboden des Atlantiks weiter läuft, entdeckt. Die Risse befinden sich entlang eines etwa 40 Kilometer großen Abschnittes der Küsten von Virginia und North Carolina. Diese Gebiete und die untere Chesapeake Bay seien dem Risiko eines Hurrikans am meisten ausgesetzt.

Wenn die Risse in Bewegung geraten, verschieben sich einige hundert Millionen Tonnen Gestein – die Folge wäre eine gigantische Flut-Welle, eine so genannte Tsunami-Welle – der AP-Bericht spricht von 5 ½ Meter hohen Wellen. Es wird nicht ausgeschlossen, dass riesige Wasserwellen – die *Bild am Sonntag* spricht sogar von Wellen von 15-20 Metern – New York City erreichen könnten, und dann besteht tatsächlich die Gefahr, dass Teile New Yorks verschlungen werden. In der Mai-Ausgabe des *Journals Geology* berichteten Neal Driscoll von der Woods Hole Oceanographic Institution, Jeffrey Weissel von der Columbia University und John Goff von der University of Texas von ihren Erkenntnissen und erklärten, dass der Kontinentalschelf mit hoher Wahrscheinlichkeit instabil ist.

Die Risse könnten auf ein lawinenartiges Absinken hindeuten, wobei riesige Wellen entstehen. Hierdurch könnte der Ozeanboden in Schieflage geraten. Laut Driscoll ist es nicht sicher, ob die Risse fossile Gebilde sind oder ob sie noch aktiv sind. Nach Driscoll ist es sicher, dass sich vor 16.000 oder 18.000 Jahren eine Tsumami-Welle, die durch ein Erdbeben oder eine vulkanische Eruption verursacht wurde, ereignete. 1998 wurden durch eine Tsunami-Welle in New Guinea 2000 Menschen getötet.

Cayce prophezeite unter anderem, dass im Pazifik und im Atlantik Landmassen auftauchen würden, wobei im Atlantik Atlantis wieder zum Vorschein kommen würde. Land soll vor der Ostküste Amerikas erscheinen, heißt es. Die Erde wird nach Cayce im westlichen Teil Amerikas aufbrechen.

Los Angeles, San Francisco und New York würden nach Cayces Prophezeiungen zerstört werden, und der Abfluss der Großen Seen würde eines Tages in den Golf von Mexiko statt in den St. Lorenz-Strom führen.

Soviel zum Thema „Zerstörung New Yorks".

Interessant ist Cayces Prophezeiung, die besagt, dass die Großen Seen einst in den Golf von Mexiko abfließen würden. Stellen wir uns einmal vor, Atlantis würde wieder auftauchen und die Muckschen Kippbewegungen der Kontinente würden wieder rückläufig, dann könnte, je nach dem, wie stark sich die Rückwärts-Kippbewegung auswirken würde, auf jeden Fall der östliche Teil Nordamerikas angehoben werden, das hieße, der St.-Lorenz-Seaway käme zumindest ins Stocken, wenn er nicht gar stehen bleiben oder sogar die Richtung ändern würde. Die Rocky Mountains würden sicherlich einiges von ihrer Mächtigkeit einbüßen, aber vermutlich würden sie nicht so tief einsinken, als dass die Seen in diese Richtung abfließen könnten. Es wäre also tatsächlich nicht auszuschließen, dass in diesem Fall die Wasser der Großen Seen in den Golf von Mexiko abflössen. Weiter gibt es den Hinweis auf ein erneutes Kippen der Erdachse, wenn auch Cayce der Meinung ist, dass dies bereits 1936 begonnen hätte. Hier spricht Cayce allerdings von der Verlagerung der Erdachse im Erdkern, während Muck ja schrieb, die Erdachse habe sich nur „oberflächlich" verlagert.

Für den oberen Teil Europas sagte Cayce eine „Veränderung in der Zeit eines Augenzwinkerns" voraus. Gleichzeitig prophezeite er starke Hebungen und Senkungen im Mittelmeer. Cayce sprach weiter von „Unfrieden", der in der Zeitspanne von 1958 bis 1998 entstehen sollte. Man solle besonders in Libyen und Ägypten, in Ankara und Syrien darauf achten.

Sobald es größere Aktivitäten im Vesuv oder Pelé und dann an der Südküste Kaliforniens und in den Gegenden zwischen Salt Lake und den südlichen Teilen von Nevada gäbe, könnten wir – innerhalb der drei darauf folgenden Monaten – Überschwemmungen durch die Erdbeben erwarten, die allerdings mehr in der südlichen als in der nördlichen Halbkugel auftreten würden[176].

Orakelhaft sagte Cayce:

„Wenn das erste Aufbrechen einiger Stellungen in der Südsee und jenen, die ebenso offensichtlich im Sinken oder Auftauchen beinahe Gegenstücke sind, stattfinden, oder im Mittelmeer und im Ätna-Gebiet, dann wissen wir genau, dass es begonnen hat."[177]

Nun wissen wir alle, dass es in der von Cayce genannten Zeitspanne zu keinerlei derartigen Umwälzungen kam, wobei die Interpretation der Datierung nicht ganz einfach ist. Manchmal sprach er davon, dass gewisse Dinge „innerhalb dieser Zeitspanne" zu erwarten seien, andererseits sprach er von diesem Zeitalter als der Zeit des *Beginns* der Veränderungen. Und er sagte, dass die Zukunft nicht unabänderlich festgelegt sei.

Tatsächlich kam es in der von Cayce genannten Zeitspanne zu Erderschütterungen in Kalifornien, was nach dem Jahrhunderterdbeben von 1906 und aufgrund der Geologie jenes Gebietes allerdings auch nicht schwer zu erraten war. So gab es im Jahr 1990 südlich von San Francisco ein schweres Erdbeben. 1994 kam es zu einem Beben in Kalifornien, das eine Stärke von 6,7 auf der Richterskala erreichte.

Im Jahr „1999 kam es zu zahlreichen Erdbebenkatastrophen in den von Edgar Cayce genannten Gebieten". Diese Erdbebenserie riss auch im Jahr 2000 nicht ab.[178]

---

[176] http://www.dreamscape.com/morgana/phoebe.htm
[177] übersetzt vom Autor. Original bei: http://www.dreamscape.com/morgana/phoebe.htm
[178] Interessant ist die Tatsache, dass es im August 1999 – die Folgezeit sollte sich ohnehin als ausgesprochen erdbebenträchtig erweisen – Erdbeben in Kalifornien und Costa Rica geben sollte. In der Nacht zum Samstag, dem 16.10.1999 kam es zu einem sehr starken Erdbeben in Kalifornien. Interessant sind in diesem Zusammenhang auch die riesigen Überschwemmungen im Mittleren Westen der Vereinigten Staaten, von denen die Staaten Mississippi, Missouri und Louisiana betroffen waren – jene Gebiete also, über die nach Edgar Cayce zukünftig die Großen Seen in den Golf von Mexiko abfließen werden. Cayce sagte auch voraus, dass große Teile der Nordküste wie Connecticut und New York stark zerstört werden würden, während Teile von South Carolina und Georgia wie New York City zur Gänze verschwinden würden.

Was den von Edgar Cayce angekündigten teilweisen Untergang Japans betrifft, so weiß man heute, dass Japan tatsächlich langsam absinkt. Auch dort kam es in der zweiten Hälfte des Jahres 1999, genauer am Samstag, dem 21. August, zu einem Erdbeben. Bereits in der ersten Jahreshälfte wurde dort die Erde schwer erschüttert. Das Beben der Stärke 5,7 auf der Richterskala erschütterte am frühen Morgen des 19.3. den Nordosten Japans. Das Epizentrum lag 50 Kilometer von der Küste entfernt im Meer. Am 30.10.1999 war es zu einem weiteren Erdbeben in Japan, den dritten im Jahr 1999, gekommen. Es hatte eine Stärke von 5,1 und erschütterte den Süden des Landes.

Interessant ist auch die Aufmerksamkeit, die Cayce dem Ätna in Sizilien widmete. Die Ausbrüche dieses Vulkans hätten große Relevanz, was die weiteren Ereignisse beträfe. Tatsächlich kam es zu Beginn der von Cayce genannten Periode – nämlich im Jahr 1960 – zu einem Ausbruch des Ätna. Nach diesem Vulkanausbruch kam es zu Bodenerhebungen von mehr als siebeneinhalb Metern. Im Jahr 1991 kam es erneut zu starken Ausbrüchen: Die Ortschaft Fornazzo am Fuße des Ätna wurde von den Lavamassen überzogen und Tausende von Menschen mussten flüchten. Bereits 1992 kam es zu einem erneuten Ausbruch des Vulkans, der eine Ortschaft mit glühender Lava überschüttete. Im Januar des Jahres 1998 erwartete man erneut eine Ätna-Eruption. Tatsächlich kam der Ätna während der schweren Erdbeben in der zweiten Hälfte des Jahres 1999 ins Gespräch: Am 30.10. stieß der Vulkan glühende Lava-Fontänen aus. Bereits einige Tage zuvor war es zu ähnlichen Ätna-Aktivitäten gekommen.

Was die Erwähnung des Vesuv und des Mount Pelé auf Martinique angeht, so sagte Cayce, wenige Monate nach dem Ausbruch dieser Vulkane würde es an der Südküste Kaliforniens – in der Gegend zwischen Salt Lake City und dem südlichen Nevada wie auch auf der südlichen Erdhalbkugel zu verstärkter Erdbebentätigkeit kommen, und tatsächlich gab es im Frühjahr 1992 mehrere Erdbeben der Stärke 6 auf der Richterskala.

Die verheerendsten Erdbeben des Jahres 1999 fanden jedoch im Mittelmeergebiet statt, das ja – wie bereits gesagt – auch von Cayce erwähnt wurde. Im Zusammenhang mit der Nennung der Stadt „Ankara" und dem Begriff „Unfriede" denkt man zunächst an den Kurdenkonflikt, an umstrittene Waffenlieferungen, von denen in dieser Zeit die Rede war, aber auch an die mangelnde Unterstützung der Regierung während schwerer Erdbeben, die von der türkischen Bevölkerung beklagt wurde. Am Dienstag, dem 17. August erschütterte ein Erdbeben die Türkei, das eine Stärke von 7,4 auf der Richterskala maß. Bei diesem Beben kamen etwa 70.000 Menschen ums Leben.

Ein US-Forscher warnte damals, dass es in Kürze zu einem weiteren starken Erdbeben im Nordwesten der Türkei kommen könnte, dessen Epizentrum vermutlich noch näher bei Istanbul liegt. Folgt man dem Erdbebenforscher Ross Stein vom Geologischen Institut Menlo Park (USA), so ist es eine Besonderheit dieses Gebietes, die Erdbeben auslöse. Hier treffen zwei Erdplatten aufeinander und reiben sich. Dies wiederum führt zu Verspannungen, die sich schlagartig entladen. Die so genannte nordanatolische Verwerfung beginnt etwa 1000 Kilometer östlich von der Stadt Izmit und läuft unter der Stadt hindurch, wo sie dann 40 Kilometer südlich von Istanbul ins Marmarenmeer verlaufe. Nach den Berechnungen des Experten wird das nächste Erdbeben um bis zu 50 Kilometer näher an Istanbul liegen als das vorherige, das 90 Kilometer entfernt stattfand.

Die Türkei sollte nicht zur Ruhe kommen. In den Tagen und Wochen nach diesem verheerenden Erdbeben kam es zu zahlreichen Nachbeben, die bis zu einer Stärke von 5,8 auf der Richterskala reichten.

Zu einem neuen verheerenden Erdbeben in der Türkei kam es am Freitagabend des 12. November 1999. Die Erderschütterungen hatten eine Stärke von 7,2 auf der Richterskala und forderten mehrere hundert Todesopfer und zahlreiche Verletzte. Das Epizentrum des Bebens lag in der Nähe der rund 150 Kilometer von Istanbul gelegenen Städte Düdzce und Bolu. Das Beben war auch in Istanbul, Izmit und Ankara, wo es 30 Sekunden andauerte, zu spüren. Wieder gab es zahlreiche, teils heftige Nachbeben.

Doch nicht nur in der Türkei, sondern auch im benachbarten Griechenland kam es zu einem starken Erdbeben. Bei dem schwersten Erdbeben in Athen seit beinahe 100 Jahren kamen am 7. September 1999 mindestens 27 Menschen ums Leben und es gab Hunderte von Verletzten. Das Beben hatte eine Stärke von 5,9 auf der Richterskala und das Zentrum lag rund zwanzig Kilometer nördlich von Athen. Es gab zahlreiche Nachbeben.

Ein weiteres Erdbeben erschütterte am 5. Oktober 1999 die Ägäisküste. Die Erderschütterung hatte eine Stärke von 5,2 auf der Richterskala. In der Folge kam es zu rund 40 Nachbeben. Der türkische Ort

Marmaris war am stärksten betroffen. Es gab etwa 100 Verletzte. Die griechische Insel Rhodos wurde von einem Seebeben erschüttert.

Nur nebenbei soll erwähnt werden, dass es in dieser erdbebenträchtigen Zeit auch in anderen Orten der Welt zu Erdbeben kam, so in Afghanistan, Mexiko, Taiwan, den Philippinen und Algerien. Das Erdbeben in Taiwan, das sich am 22. September 1999 ereignete und als „Jahrhundertbeben" bezeichnet wurde, hatte eine Stärke von 6,8. Auch hier gab es zahlreiche Nachbeben. Interessant ist, dass die Volksrepublik China der von ihr nicht anerkannten demokratischen Republik Taiwan Hilfe anbot – Edgar Cayce hatte auch eine Demokratisierung in China vorausgesagt.

In der Nacht zum Samstag, dem 16.10.1999 um 11.46 Uhr unserer Zeit kam es einmal mehr zu einem noch stärkeren Erdbeben in Kalifornien: es hatte eine Stärke von 7,0. Glücklicherweise lag das Epizentrum des Bebens in der dünn besiedelten Mojava-Wüste, rund 170 Kilometer nordöstlich der von Los Angeles entfernt, weswegen die Schäden verhältnismäßig gering ausfielen: Die massiv gebauten Häuser wackelten, stürzten jedoch nicht ein. In einem Personenzug hatten sich Reisende Verletzungen zugezogen, als ihr durch Joshua Tree in der Nähe des Epizentrums fahrender Zug durch die Erschütterungen entgleiste, jedoch nicht umkippte. Die Erschütterungen waren bis Las Vegas im Osten und San Diego im Süden sowie in Phoenix, Arizona und Tijhana, Mexiko, zu spüren. Zahlreiche kleinere Nachbeben folgten, von denen eines eine Stärke von 5,8 hatte. Betont wurde, dass dieses Beben, das den Namen Hector (benannt nach einem Bergwerk im Epizentrum) erhielt, nichts mit den Erdbeben, die Wochen zuvor in verschiedenen Gebieten der Erde auftraten, zu tun hatten. Nur eine halbe Woche vor dem Beben hatten übrigens Experten des Amerikanischen Geologischen Instituts gewarnt: „Die Bevölkerung von Kalifornien muss sich für ein schweres Erdbeben innerhalb der nächsten 30 Jahre rüsten."

Nachdem nun einige Wochen lang Ruhe geherrscht hatte, kam es in den letzten beiden Monaten des Jahres 1999 erneut zu Erdbeben. In der Nacht vom 7. auf den 8. November kam es zu Erschütterungen der Türkei. In der nordwesttürkischen Provinz Sakarya erreichten zwei schwere Nachbeben die Stärke 5,0 bzw. 4,3 auf der Richterskala. Das Epizentrum der Beben lag in der Stadt Hendek.

In den Tagen zuvor waren geplante Panzerlieferungen der Bundesregierung in die Türkei heftig kritisiert worden. Zuvor war es am 30.10.1999 zu einem weiteren Erdbeben in Japan gekommen. Es hatte eine Stärke von 5,1 und erschütterte den Süden des Landes. Am gleichen Tag stieß der Ätna glühende Lava-Fontänen aus. Bereits einige Tage zuvor war es zu ähnlichen Ätna-Aktivitäten gekommen.

Am Donnerstag, dem 11.11.1999 kam es in der Türkei zu einem schweren Nachbeben, bei dem mindestens ein Mensch getötet und 91 verletzt wurden. Das Beben hatte eine Stärke von 5,7. Am nächsten Tag kam es bereits zum nächsten verheerenden Erdbeben in der Türkei. Die Erderschütterungen hatten eine Stärke von 7,2 auf der Richterskala und forderten über 320 Todesopfer und mindestens 1800 Verletzte. Das Epizentrum des Bebens lag in der Nähe der rund 150 Kilometer von Istanbul gelegenen Stadt Düdzce bzw. der Provinz Bolu. Das Beben war auch in Istanbul, Izmit und Ankara zu spüren. In den Tagen darauf wurden 30 Nachbeben registriert.

Am Sonntag, dem 12.12.1999 kam es auf den Philippinen zu einem schweren Erdbeben der Stärke 6,8 auf der Richterskala. Im Verlauf des Sonntags wurden insgesamt 14 Nachbeben mit einer Stärke von bis zu 5,5 Punkten auf der Richterskala registriert.

In der Nacht zum 29.12.1999 erschütterte ein Erbeben der Stärke 5,9 auf der Richterskala den Süden Mexikos. Die Erde bebte 30 Sekunden lang.

Auch im Jahr 2000 sollte es in einigen von Cayce erwähnten Regionen zu Erderschütterungen kommen.

Am 16.1.2000 kam es zu zwei schweren Erdbeben im Südwesten Chinas, die eine Stärke von 5,9 bzw. 6,5 (nach anderen Quellen sogar 6,8) auf der Richterskala aufwiesen. Am Freitag, dem 28. Januar 2000 kam es am Abend in Japan zu mehreren Erdbeben. In der gleichen Nacht wurde auch die Erde auf den russischen Kurilen-Inseln erschüttert. Die Beben hatten eine Stärke von 4-5 auf der Richterskala, wobei bezüglich des Bebens in Japan manche Quellen von Beben bis zu 6,8 sprachen. Das Epizentrum lag 60 Kilometer unter dem Grund des Pazifiks vor der Insel Hokkaido, wo zwei Menschen verletzt wurden.

Am Samstag, dem 05.2.2000 kam es zu einem Erdbeben der Stärke 6 im Nordosten Kolumbiens. Am 13.2.2000 stieß der Ätna erneut glühende Lava aus. Drei Lavaströme ergossen sich über die Gipfelhänge des Vulkans. Fontänen stiegen auf. Am Sonntag, dem 12.3.2000 erschütterte ein schweres Erdbeben von der Stärke 6,4 Mexiko und Guatemala. In der Nacht vom 22. auf den 23. März 2000 wurde wieder einmal Athen durch ein Erdbeben erschüttert. Die Stärke des Erdstoßes betrug 4,1 auf der Richterskala. Am 26. März 2000 kam es erneut zu einem Ätna-Ausbruch. Glühende Lava strömte aus zwei Rissen.

Am 30. März 2000 kam es vermehrt zu kleineren Erdbeben auf der nordjapanischen Insel Hokkaido und tags drauf brach der Vulkan Usu aus und spie riesige Mengen Asche, Steine und kleine Felsbrocken aus. Die Asche wurde rund 100 Meter hoch in die Luft geschleudert. Bis zum 1. April kam es insgesamt zu drei Ausbrüchen des Usu. Am Montag, dem 10.4.2000 wurde Tokio von einem Erdbeben der Stärke 4,9 erschüttert. Das Zentrum des Bebens lag in 60 Kilometern Tiefe in der Präfektur Ibaraki. Diese Gegend liegt etwa 55 Kilometer nördlich von Tokio.

Ende April geriet der Ätna einmal mehr in die Schlagzeiten: Eine Wolke mit glühenden Lavastücken zwang nahe Mailand einen Airbus-Piloten, der von Sizilien nach Mailand unterwegs war, zur Landung. Die Maschine musste nach Sizilien zurückkehren, denn Zentimeter große Stücke hatten das Fenster des Cockpits beschädigt. Wenige Stunden zuvor war ein Nebenkrater ausgebrochen.

Am frühen Morgen des 6.6.2000 kam es in der mittleren Türkei einmal mehr zu einem starken Erdbeben, das etwa 30 Sekunden lang andauerte. Nach ersten Berichten kamen zumindest zwei Menschen ums Leben und es gab sieben Verletzte. Die Stärke des Bebens betrug 5,9. Das Epizentrum des Bebens lag gut 100 Kilometer nordöstlich von Ankara entfernt.

Am 7. Januar bebte die Erde am Morgen zuvor in China und Japan. Das Beben in China hatte eine Stärke von 5,9, das Erdbeben in Japan maß 5,8. Es erschütterte die Region um Ishikawa im Westen des Landes. Am Morgen darauf kam es erneut zu einem Erdbeben in Japan. Die Erschütterungen, die sich im Südwesten des Landes bemerkbar machten, erreichten eine Stärke von 4,9.

In der Nacht auf den Pfingstsonntag des Jahres 2000 (10. auf 11. Juni) kam es in Taiwan erneut zu einem heftigen Erdbeben der Stärke 6,7. Insgesamt kam es zu sechs Nachbeben mit Stärken zwischen 4,3 und 5,1.

Am 26. Juni 2000 kam es erneut zu einem Erdbeben in Japan, genauer gesagt in Südjapan, das eine Stärke von 5,8 aufwies. Am 18. Juni war Island von einem Erbeben erschüttert worden.

Zuvor war es Mitte Juni zu einem Erdbeben in Chile gekommen.

Am 27.6.2000 drohte der Vulkan Oyama auf der japanischen Pazifik-Insel Miyakejima auszubrechen. An diesem Tag wurden 2400 Erdbeben registriert. Am 1.7.2000 erschütterten Erdstöße der Stärke 6,1 mehrere japanische Inseln. Das Zentrum lag zehn Kilometer unter der Erdoberfläche.

Am 7.7.2000 wurde einmal mehr die Türkei erschüttert. Das Beben mit der Stärke von 4,2 hatte sein Epizentrum auf den Prinzeninseln vor Istanbul. Am gleichen Tag erschütterte ein Erdbeben mit der Stärke 5,9 Nicaragua. Am darauf folgenden Tag kam es zu weiteren Erdbeben in Nicaragua nahe Managua.

Am 9. Juli wurden zwei japanische Inseln südlich von Tokio durch ein schweres Erdbeben (Stärke 6,0) erschüttert. In den Tagen zuvor war es in Japan bereits zu einem Vulkanausbruch und einem Taifun, der vier Todesopfer forderte, gekommen. Am 14.7.2000 brach auf der japanischen Insel Miyakejima, die etwa 200 Kilometer südlich von Tokio liegt, erneut der Vulkan Oyama aus. In der Folge kam es zu einem Erdbeben und sieben weiteren Ausbrüchen. 600 Bewohner der Inseln Miyakejima und Nijima mussten evakuiert werden. Bedingt durch das Beben kam es zu Erdrutschen – Häuser und Straßen wurden unter Geröll begraben. Am 30.7. kam es bereits wieder zu einem starken Erdbeben in Japan. Betroffen waren mehrere Inseln südlich von Tokio. Die Stärke des Bebens betrug 5,8. Außerdem gab es ein Erdbeben in Panama. Stärke: 5,2.

Am 2. August 2000 lief über die Mailing-Liste Atlanteans@egroups.com eine Information von Wayne Moody, der auf eine momentane Anhäufung von Erdbeben in der Azorengegend hinwies. Die jeweiligen Beben seien nicht von langer Dauer, träten jedoch häufig hintereinander auf, was auf eine gebündelte Energie hinweise. Moody listete gleich vier Erdbeben auf, die am 31.7. stattfanden. Die Stärken dieser Beben betrugen 4,6; 4,9; 5,3 und 4,9. Moody beruft sich auf verschiedene Quellen, nach denen

1999 und 2000 gab es, wie in der letzten Fußnote geführt, erstaunlich viele Katastrophen in von Edgar Cayce zu Krisengebieten erklärten Regionen. Das Jahr 1999 wurde von den Medien gar zum Jahr der Katastrophen erklärt und 2000 wurde dieser traurige „Rekord" noch gesteigert. Ursache für diese Erhöhung der Katastrophenereignisse wie Überschwemmungen, Waldbrände und vieles andere mehr sei die weltweite Erhöhung der Temperaturen und somit eine Klimaänderung.

„Achtet auf den Ätna!" sagte Cayce, und der Ätna spuckte. „Japan wird im Meer untergehen", sagte Cayce, und es kam zu zahlreichen Erdbeben und Vulkanausbrüchen dort. „Land wird im Atlantik erscheinen", sagte er, und es kam zu einer Reihe von Beben auf den Azoren, die das Wiederauftauchen von Atlantis ankündigen könnten. „Achtet auf die Gegend um Ankara" sagte Cayce im Zusammenhang mit Unruhen, und dort gab es zahlreiche Erdbeben.

---

die Beben nach dem 26. Juli gehäuft aufgetreten seien. Eine Häufung von Azoren-Beben, wie sie z. Zt. stattfände, sei ungewöhnlich. Moody spricht von einem „Ablösen der atlantischen Platte, das letztlich zu einem Wiederauftauchen von Atlantis" führen würde. Zudem spricht er von einem langsamen Prozess, der sich über Jahre hinzieht und nun ernsthaft begonnen habe.
Am Sonntag, dem 6.8.2000 erschütterte ein Beben der Stärke 7,3 die unbewohnte südjapanische Insel Torishima. Am 29. August 2000 brach der Oyama erneut aus und es kam zu einem Erdbeben. Die südlich von Tokyo gelegene Inselkette Izu wurde erschüttert. Auch am darauf folgenden Tag kam es wieder zu Ausbrüchen des Oyma und zu Erdbeben.
Während man sich in Japan via Großübungen gegen weitere Erdbeben wappnete, kam es im nördlich von San Francisco gelegenen Napa Valley am Morgen des 4.9. zu einem Erdstoß der Stärke 5.2. Bei dem Beben wurden 25 Menschen verletzt, davon zwei schwer.
Am 6.10.2000 erschütterte ein weiteres starkes Erdbeben den Südwesten Japans. Die Stärke des Bebens betrug 7,1 bzw. 7,3 auf der Richterskala. Die Erschütterung fand in der Präfektur Tottori statt. Es kam zu zahlreichen Erdrutschen, und Menschen wurden evakuiert. Am Samstag, dem 7.10. war der Vulkan Sakuramjiama in der Bucht von Kagoshima im Süden Japans ausgebrochen. Tags drauf kam es zu einem weiteren Erdbeben in Japan. Ort der Erschütterung war die Präfektur Shimane und das Beben hatte eine Stärke von 5,4. Das Zentrum lag zehn Kilometer unter der Erde und es handelte sich nicht um ein Nachbeben des Bebens vom Freitag. Die Nachbeben in Tottori erreichten Stärken von bis zu 4,9. Das Erdbeben war das heftigste seit 1995.
Nach einer Meldung aus dem SAT-1-Text vom 21.10.2000 wurde die Touristeninsel Rhodos von einem heftigen Erdbeben erschüttert. Von dem Beben betroffen war auch die Inselgruppe der Dodokades. Zu größeren Schäden kam es nicht.
Am 31.10.2000 kam es in Japan zu einem neuerlichen Beben. Zentraljapan wurde von einem Erdbeben der Stärke 5,5 auf der Richterskala heimgesucht, das Epizentrum lag rund 400 Kilometer südwestlich von Tokio in einer Tiefe von 40 Kilometern. Es gab sieben Verletzte.
Am Samstag, dem 28. Oktober 2000 hatte einmal mehr der Ätna Lava und Dampf ausgespuckt.
Am 16. Dezember 2000 traf es bereits wieder die Türkei. In Zentralanatolien kam zu einem Beben der Stärke 5,8.
„Der gefährlichste Vulkan der Welt spuckt wieder Feuer", hieß es am 19.12.2000 in den Schlagzeilen. Nachdem der Vulkan bereits Tage zuvor brodelte, spuckte der mexikanische Vulkan Popocatepetl nun Lava. Ängstlich und doch voller Ehrfurcht musste die Bevölkerung mit ansehen, wie der 5442 Meter hohe Vulkan glühendes Gestein nach oben schoss. Evakuierungen wurden angeordnet. Die Explosionsserie sprengte den Lavadom im Krater – ein Vulkanologe sprach von den stärksten Eruptionen seit 500 Jahren. (http://www.alien.de/horn/direct.php3?page=erdbeben.html)

179

Doch Japan ging nicht unter. In Amerika kam es zu Erdbeben, doch es kam nicht zu den vorausgesagten verheerenden geologischen Umwälzungen. In Nordeuropa geschah gar nichts.

Wie sollen wir die Befunde nun deuteten? Waren die Ereignisse der Jahre 1999 und 2000 schlicht und einfach Zufälle? Oder waren sie nur Vorzeichen der noch ausstehenden Katastrophen? Oder ist es dem Menschen tatsächlich gelungen, die Katastrophen abzumildern, denn wie wir bereits hörten, sagte Cayce, die Zukunft sei nicht unabänderlich festgelegt. Er war der Meinung, durch Gebete könnte man verheerende Geschehnisse abwenden oder abmildern. Kann man, wie Joseph Murphy sagt, den Begriff „Gebet" mit „Ansprache an das Unterbewusstsein" gleichsetzen? Konnten wir Katastrophen durch eine mehrheitliche Ansprache an unser Unterbewusstsein und somit an das kollektive Unterbewusstsein verhindern? Hat möglicherweise der Nostradamus-Forscher Francis X. King Recht, nach dessen Interpretation Nostradamus *zwei mögliche* Zukünfte sah – eine, die in ein Goldenes Zeitalter, und eine, die zu Katastrophen führt? King glaubt, dass wir mit dem Ende des Kalten Krieges und dem weltweit zunehmenden Wunsch, unseren Planeten Erde schonender zu behandelt, der Ast für die positive Zukunftsmöglichkeit bereits erschaffen sei und wir auf dem guten Weg seien. Doch sind wir das wirklich? Warum kam es dann zu diesen lokalen Katastrophen? Bewegen wir uns auf einem dritten, zwischen den Kingschen Ästen liegenden Zeitast? Liegt ein Großteil der Entscheidungen noch vor uns?

Fakt ist, dass es im Anschluss an die von Cayce geschilderten verheerenden Umwälzungen kaum zu einem goldenen Zeitalter kommen kann. Zu lange würden wir brauchen, um die Erde wieder einigermaßen bewohnbar zu machen. Oder werden wir gerade durch die Katastrophen näher zueinander rücken? Meint Cayce das mit einem „Goldenen Zeitalter?" Auch die Bibel spricht von „Strafgerichten", die mit katastrophalen Umwälzungen einhergehen, und prophezeit direkt im Anschluss die Wiederkunft Jesu Christi, bzw. die Ankunft des Messias, wenn wir nur das Alte Testament sehen und damit friedfertiges Zeitalter. Auch zur Wiederkunft Christi äußert sich Cayce:

Dass, wie die Propheten und Weisen seit alters her verheißen, die eine und eine halbe Zeit dieser Tage und dieser Generation erfüllt war und ist, und dass bald auf Erden der Eine wiedererscheint durch den viele aufgerufen werden, vor jene zu treten, die den Weg für Seinen Tag auf der Erde ebnen.[179]

Auf die Frage, *wann* diese Wiederkunft stattfinden würde, antwortete Cayce:

Wenn jene, die sein sind, den Weg für ihn bereitet haben. Glaubt nicht dass es keine Unruhe geben wird, aber jene, die ganz auf den Herrn vertrauen, werden nicht verloren gehen, sondern werden Bedingungen vorfinden, irgendwie und auf irgendeine Weise die großen Dank verdienen.[180]

Parallel zu seinem „Katastrophen-Zeitplan" sagte Cayce:

---

[179] Zitiert aus Jess Stearn: Der schlafende Prophet.
[180] Zitiert aus Jess Stearn: Der schlafende Prophet.

„Und diese (Veränderungen) werden in jenen Perioden von achtundfünfzig bis achtundneunzig beginnen, da diese als die Periode ausgerufen wird, wo Sein Licht wieder in den Wolken zu sehen ist."[181]

Also ein Hinweis auf die Wiederkunft Christi, sollte man meinen. Danach gehen die Katastrophen aber weiter. Oder meint Cayce mit dem „Ausrufen der Periode" vielleicht nur die entsprechende Propaganda der fundamentalistischen Prediger und mancher Sekten, die die Wiederkunft Christi vielleicht *fälschlicherweise* für diese Zeit voraussagen? Möglicherweise weist Cayce mit diesem rätselhaften Vers auf diese Propaganda hin.

Cayce sprach von einer neuen Weltordnung, von einem Neubeginn und davon, dass die Menschen nach dem Ziel der Verherrlichung Gottes leben würden. In diesem Zusammenhang sprach er von dem neuen Himmel, der neuen Erde und dem Neuen Jerusalem, das auch in der Offenbarung des Johannes erwähnt wird.

Doch Cayce betont, dass es zuvor zu geologischen und klimatischen Umwälzungen kommen müsste. Und klimatische Veränderungen werden von unseren Wissenschaftlern bereits seit vielen Jahren vorausgesagt. Für den möglicherweise zu erwartenden Klimakollaps wird jedoch kein Kippen der Erdachse und kein Strafgericht Gottes, sondern allein die Menschheit verantwortlich gemacht, die mit unkontrolliertem FCKW-Ausstoß die Erdatmosphäre langsam in ein Treibhaus verwandelt. Für den endgültigen Untergang von Atlantis machte Cayce schließlich auch die Menschheit und deren unkontrollierten Gebrauch von Energien verantwortlich.

„Es wird Umwälzungen in der Arktis und der Antarktis geben, die verantwortlich für Vulkanausbrüche in den heißen Gegenden sein werden, und es wird eine Verschiebung der Pole geben, so dass dort, wo zuvor die frostigen oder die subtropischen Gebiete waren, diese tropischer werden, und Moos und Farne werden wachsen."[182]

Am Montag, dem 21. August 2000 stand ein Artikel mit der Überschrift „Wie die globale Erwärmung den Nordpol zerstört – ein führender Umweltschützer warnt vor katastrophalen Konsequenzen" in der *UK Daily Mail*, der freundlicherweise durch David Haith via Internet-Mailingliste übermittelt wurde.

In der Zweitunterschrift wird die Frage „Eine eisige Vision unserer Zukunft?" gestellt.

Im Artikel selbst wird auf einen Eisbrecher verwiesen, der in der Nordpol-Gegend unterwegs war, aber erstaunt feststellte, dass es dort gar nichts zum Brechen gab. Das Schiff bewegte sich auf freiem Wasser. Die gesamte Erde erwärmt sich, und das Eis schmilzt.

„Die Beweise dafür, dass die klimatischen Veränderungen, die katastrophale Konsequenzen für Britannien und den Rest der Welt haben, schneller vor sich gehen, als dies je jemand vorausgesagt hätte, summieren sich," schreibt Geoffrey Lean, der Autor des Artikels. Nach neuen Befunden, die im renommierten Wissenschaftsjournal

---

[181] Zitiert aus Jess Stearn: Der schlafende Prophet.
[182] übersetzt vom Autor. Original bei: http://www.dreamscape.com/morgana/phoebe.htm

Nature veröffentlicht wurden, existiert zur Zeit mehr Kohlendioxid – der Hauptverursacher für die globale Erwärmung – in der Atmosphäre als zu irgendeiner Zeit während der letzten 20 Millionen Jahre. Im vergangenen Monat berichtete die NASA, dass die Eisdecke, die den größten Teil Grönlands bedeckt, schnell zurückgeht. Im frühen Sommer dieses Jahres schloss ein Bericht des Washington Worldwatch Institute: „Die Eisdecke der Erde schmilzt mit erstaunlicher Geschwindigkeit."

Wasserflecken, Polynyas genannt, öffneten sich diesen Sommer (gemeint ist der Sommer 2000, d. A.) in der Arktis. Sie erschienen, als das Eis sich darüber schob, wobei es See-Flächen zurückließ, die nicht gefrieren, bis die Temperaturen im Winter fallen. Dr. Peter Wadham vom Polare Research Institute in Cambridge sagt, dass sie größer werden und häufiger vorkommen, wenn die Erde sich aufheizt.

Die Eis-Kappe, die er und andere Wissenschaftler entdeckt haben, ist nun ein wenig mehr als halb so dick als vor einem Viertel-Jahrhundert, und das Gebiet schrumpft schnell. Wadham sagt voraus, dass innerhalb von ein paar Jahrzehnten die Arktis im Sommer beinahe eisfrei sein und Schifffahrt zwischen Nordrussland und durch die Nord-West-Passage von Kanada möglich sein wird.

Die Antarktis verändert unterdessen ihre Form. Drei große See-Eis-Schichten – die Wordie-, Larsen- und Price Gustav-Schelfe – verschwanden in der jüngsten Vergangenheit, und zwei weitere, die Larsen B- und die Wilkings-Schelfe, schrumpften in allein den letzten beiden Jahren, und es ist zu erwarten, dass sie bald auseinander brechen.

Der Schwund dieses treibenden Eises sei alarmierend genug, heißt es weiter. Auch auf dem Land schwindet Eis – Gletscher ziehen sich von den Eiskappen Grönlands und der Antarktis zurück und durch diese Massen steigt der Meeresspiegel und gefährdet Küsten und Inseln.

Die weltweiten Gletscher sind laut dem Worldwatch Institute heute kleiner als in jeder Zeit vor 5000 Jahren. Jedes Jahr verliert die Grönland-Eisdecke, die nahezu ein Zehntel des gefrorenen Wassers der Erde einschließt, ungefähr zwölf Kubikmeilen Eis, während einer der wichtigsten Gletscher der West-Antarktis-Eisdecke auf beinahe eine Meile zurückgeht. Zwei pazifische Inseln, die zum Kiribati-Archipel gehören, verschwanden bereits unter den steigenden Wellen.

Schmölze die Eisdecke der Antarktis vollständig, würde der Meeresspiegel um 20 Fuß anwachsen, und somit würden Küstengebiete und Landmassen bedroht – einschließlich London, Ost-England und dem britischen Tiefland.

Durch den anwachsenden Meeresspiegel würde auch der Golfstrom in Mitleidenschaft gezogen, der für unser mildes Klima verantwortlich ist. Dieser Strom ist abhängig von einer bestimmten Stelle auf Grönland, die „Odden Feature" genannt wird. Sie sorgt dafür, dass kaltes Wasser drei Meilen hinunter zum Ozeanboden sinkt. Dieses kalte Wasser bewegt sich dann entlang dem Meeresboden und treibt einen tiefen kalten Fluss an, der sich mit dem Golfstrom verbindet wie die Unterseite eines Laufbandes. Dieser Mechanismus geriet in den letzten 30 Jahren, als sich die Welt erwärmte, ins Stocken. Während fünf der vergangen sieben Jahre fehlte er komplett.

Sollte sich dieser Trend fortsetzen und dazu führen, dass wir den Golfstrom verlieren, wären die Auswirkungen katastrophal.

Britannien, das auf gleicher Höhe wie Sibirien liegt, könnte zufrieren, während der Rest der Welt wärmer wird. Doch das ist noch nicht alles, denn die ganze Welt wäre vom Ausbleiben des Golfstroms betroffen – und das ganz schnell.

Wissenschaftler glauben, dass das, was gegenwärtig geschieht, als ein Auslöser fungieren könnte, der das Weltklima in drei Zustände springen lassen könnte: ein mildes, wie wir es derzeit haben, ein deutlich kühleres und ein wesentlich wärmeres.

Untersuchungen vergangener Klimata zeigen, dass derart dramatische Veränderungen in der Vergangenheit bereits vorkamen, und zwar innerhalb von ein paar Jahrzehnten – mit weltweiten zerstörerischen Effekten. Die Vorgänge in der Arktis können also das gesamte Weltklima verändern. Die Konsequenzen wären unabsehbar.

Nun sollte man annehmen, dass die Führer der Welt schnell handelt würden, um die Umweltverschmutzung, die die globale Erwärmung verursacht, zu zügeln, doch dies ist wohl nicht der Fall. Anfängliche Bemühungen erstickten mehr oder weniger im Keim.

Edgar Cayce sagte globale Veränderungen voraus. Und er datierte sie in etwa auf unsere Zeit. Er sagte aber auch, dass die Zukunft nicht unabänderlich festgelegt ist.

Negative Entwicklungen können abgewandt werden! Auch wenn es fünf Minuten vor Zwölf ist. Wir sollten es endlich konsequent angehen!

Wir wissen nicht, ob Cayces Prophezeiungen in vollem Umfang eintreffen werden, und wenn ja – ob die Katastrophen die Erde zerstören werden oder ob wir auf eine bessere Welt zusteuern. Wir wissen nicht, ob Atlantis wieder auftauchen und ob sich unser Klima dramatisch verändern wird. Wir können erstaunt feststellen, dass Edgar Cayce und andere Seher[183] verblüffend ähnliche und sich im Keim erfüllende *Perspektiven* aufzeigten. Nicht mehr und nicht weniger. Prophezeiungen müssen sich nicht zwangsweise erfüllen. Letztlich liegt an uns, was wir aus unserer Zukunft machen.

---

[183] S. Roland M. Horn: 2000: Der große Umbruch.

- Anhang -
Adressen, Anlaufstellen und empfehlenswerte Zeitschriften

Ancient Mail
Werner Betz
Europaring 57
64521 Groß-Gerau
E-Mail: WernerBetz@t-online.de
Vierteljährlich erscheinende Fachzeitschrift

A.R.E.
Association for Right and Enlightment
A.R.E., Inc.
P.O. Box 595
Virginia Beach, VA 23451-0595
USA
E-Mail: are@are-cayce.com
http://www.are-cayce.com/

ET-Magazin für Parawissenschaften
Dennis Kistein
Alfons-Härtef-Weg 11
70567 Stuttgart
E-Mail: Dkufo@aol.com
http://www.et-magazin.de
Dreimonatlich erscheinendes grenzwissenschaftliches Magazin.

Jenseits des Irdischen
Gerd Kirvel
Postfach 1551
47715 Krefeld
Zweimonatlich erscheinende esoterische Zeitschrift, die sich u.a. auch mit der Atlantis-Thematik beschäftigt

Omicron
Roland Roth
Rothwestenerstraße 9
34233 Fuldatal-Simmershausen
E-Mail: rothomicron@01019freenet.de
http://www.magazin-omicron.de
Vierteljährlich erscheinende grenzwissenschaftliche Zeitschrift

Sagenhafte Zeiten
Erich von Däniken
Postfach
CH-3803 Beatenberg
E-Mail: admin@aas-fg.org
Internet: http://www.aas-fg.org/
Zweimonatlich erscheinende Zeitschrift zur Paläo-SETI-Thematik

UFO-Report
Wladislaw Raab
Rumfordstr. 20
D-80469 München
Erscheint vierteljährlich.

Wissenschaft ohne Grenzen
Weisser Stein 11
07937 Greiz
Monatlich erscheinende grenzwissenschaftliche Zeitschrift

Internet-Adressen:

http://www.dreamscape.com/morgana/phoebe.htm
http://wrldnet.net/~bluapple/atl.htm
http://www.geocities.com/Athens/5692
http://www.ufomind.com/people/c/cayce/
http://www.psyclops.com/hawking/
http://www.lauralee.com/japan.htm
http://www.geocities.com/TheTropics/Shores/9173/tikal1.htm
http://home.t-online.de/home/Roland.M.Horn/
http://www.alien.de/

Literaturverzeichnis

Aldred Cyril: *Ägypten*. Köln 1962

Andersen, Hans J.: *Polsprung und Sintflut*. Bochum 1992

Aschenbrenner, Klaus: *Die Antiliden*. München 1993

Berlitz ,Charles: *Der 8. Kontinent*. Wien/Hamburg ohne Jahresangabe

Berlitz Charles: *Spurlos*. Wien/Hamburg 1977

Berlitz, Charles: *Das Atlantis-Rätsel*. Wien/Hamburg 1976

Berlitz, Charles: *Das Bermuda-Dreieck*. Wien/Hamburg 1975

Berlitz, Charles: *Die Suche nach der Arche Noah*. Wien/ Hamburg 1987

Berlitz, Charles: *Geheimnisse versunkener Welten*. Frankfurt 1972

Blumrich, J. F.: *Kasskara und die sieben Welten*. München 1985

Braem, Harald: *Das Geheimnis der Pyramiden*. München 1992

Budge, E. A. Wallis: *The gods of the Egyptians*. London 1904

Bürgin, Luc: *Geheimakte Archäologie*. München 1998

Cayce, Evans Edgar; Cayce-Schwarzer, Gail.; Richards, D. G.: *Das Atlantis- Geheimnis*. München 1988

Collin, Rodney: *The Theory of Celestial Influence*. London 1984

Däniken, Erich von: *Auf den Spuren der Allmächtigen*. Düsseldorf 1972

Däniken, Erich von: *Die Augen der Sphinx*. München 1989

Däniken, Erich von: *Im Namen von Zeus*. München 1999

Die Heilige Schrift. Bibelübersetzung von Hermann Menge. Stuttgart 1949/84

Die vierundzwanzig Bücher der heiligen Schrift übersetzt von Leopold Zunz. Basel 1980

Donnelly, Ignatius: *Atlantis, die vorsintflutliche Welt*. Esslingen 1911

Emery, Walter B: Ägypten: *Geschichte und Kultur der Frühzeit*. München 1961

Flem-Ath, Rand und Rose: Atlantis – *Der versunkene Kontinent unter dem ewigen Eis*. Hamburg 1996

Freksa, Martin: *Das verlorene Atlantis*. Frankfurt am Main 1999

Gilbert, Adrian und Cotterell, Maurice: *Die Prophezeiungen der Maya*. München/Düsseldorf 1998

Graefe, E. (Hrsg., Übersetzer): *Das Pyramidenkapitel in Al Makrizi's Hitat*. Leipzig 1911

Griaule, Marcel und Dieterlen, Germaine: *Conversations with Ogotemmeli*. Oxford 1977

Großes Universal-Volkslexikon. Wiesbaden 1983

Haase, Michael und Sasse, Thorsten: *Im Schatten der Pyramiden* Düsseldorf 1997

Hausdorf, Hartwig und Krassa, Peter: *Satelliten der Götter*. München 1995

Hausdorf, Hartwig: *Die Weiße Pyramide*. München 1994

Hawking, Stephen W.: Die kurze illustrierte Geschichte der Zeit. Reinbek 1997

Hope Murry: *Atlantis, Mythos oder Wirklichkeit?* Frankfurt am Main 1994

Hope, Murry: *Im Zeichen des Sirius*. München 1999

Horn, Roland: *2000 Der große Umbruch*. Wien 1998

Horn, Roland: *Erinnerungen an Atlantis*. Lübeck 1999

Horn, Roland: *Gelöste und ungelöste Mysterien dieser Welt*. München 2000

Horn, Roland: *Sie kamen aus der Zukunft*. Lübeck 2000

Huf, Hans-Christian: *Sphinx*. Bergisch Gladbach 1997

Keller Werner, Dr.: *Und die Bibel hat doch recht*. Düsseldorf 1955

King, Francis X: *Nostradamus: Das große Buch der Voraussagen*. Gütersloh 1994

Langbein, Walter-Jörg: *Am Anfang war die Apokalypse*. Lübeck 2000

Langbein, Walter-Jörg: *Bevor die Sintflut kam*. München 1996
Langbein, Walter-Jörg: *Das große Buch der Esoterik*. Rastatt 2000
Mackowiak, Bernhard: *Atlantis*. Stuttgart 1997
Mann. A.T.: *Prophezeiungen zur Jahrtausendwende*. München 1993
Mehner, Thomas (Hrsg.): *Das Große Experiment*. Suhl 1994
Mendelsson, Kurt: *Das Rätsel der Pyramiden*. Augsburg 1993
Muck, Otto: *Alles über Atlantis*. München 1979
Muck, Otto: Atlantis – Die Welt vor der Sintflut. Olten 1956
Murphy, Joseph: Die Macht Ihres Unterbewußtseins. München 2000
Nestke, Fritz: Platon und die „sezierte Überlieferung". Suhl 1996
Papke, Werner: Die geheime Botschaft des Gilgamesch. Augsburg 1993
Paturi, Felix R.: *Vision und Wahrheit*. Stuttgart 1993
Pischel, Barbara: *Die Atlantische Lehre*. Übersetzung und Interpretation der Platon Texte aus Timaios und Kritias. Frankfurt am Main/Bern 1982
Pitman Walter und Ryan William: *Sintflut*. Bergisch-Gladbach 1998
Posnanski, Arthur: *Tiahuanaco. Band I*. New York 1945
Rätselhafte Vergangenheit. Rastatt 1993.
Reisner, G. A.: *Mycerinus*. Cambridge 1931
Rienecker, Fritz: *Lexikon zur Bibel*. Wuppertal 1980
Roth, Roland (Hrsg.): *Vorstoß zu den Göttern der Vorzeit*. Lübeck 2000
Schulz, Paul: *Die Menschheit und das Leben vor und nach der Sintflutkatastrophe am 5. Juni 8498 vor unserer Zeit*. Berlin 1993
Schwaller de Lubicz, Rene: *Sacred Science*. New York 1982
Scofield, C. I.; D. D. (Hrsg.): *Die Heilige Schrift nach der Deutschen Übersetzung D. Martin Luthers*. Pfäffikon 1978
Sitchin, Zecharia: *Der zwölfte Planet*. München 1989
Stearn, Jess: *Der schlafende Prophet*. München 1967
Sugrue, Thomas: *Edgar Cayce*. München 1981
Temple, Robert K. G: *Das Sirius-Rätsel*. Frankfurt am Main 1977
Tollmann, Alexander und Edith: *Und die Sintflut gab es doch*. München 1993
Velikovski, Immanuel: *Erde im Aufruhr*. München 1994
Velikovski, Immanuel: *Welten im Zusammenstoß*. München 1994
West, Jahn Anthony: *Die Heiligtümer des Alten Ägypten*. Frankfurt am Main 2000
West, John Anthony: *Die Schlange am Firmament*. Frankfurt am Main 2000

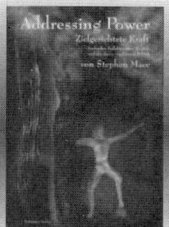

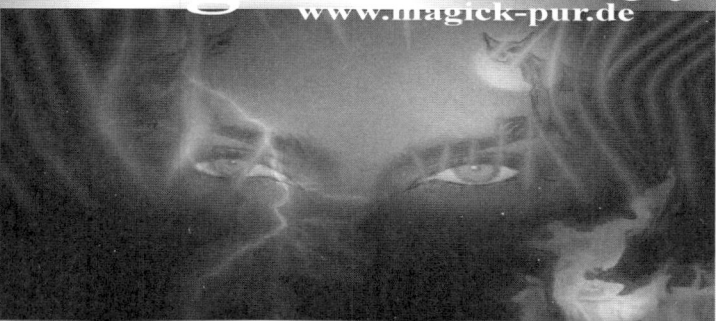